序　文

　本書は、当研究所が平成24年1月に公表した『日本の将来推計人口－平成24年1月推計』について、それらがよりよく理解され、有効に活用されるよう、推計の基本的性質や推計結果に見られる人口変動のメカニズム、さらに仮定設定の考え方などについて解説を行ったものである。また、その後に実施された各種の参考推計（条件付推計）の結果についてもあわせて報告し、利用に附すものとする。

　「日本の将来推計人口」（平成24年1月推計）は、近年の人口動向を反映し、わが国が今後長期にわたる人口減少過程に入るとともに著しい人口高齢化を経験することを描き出している。それらの結果は、わが国の社会経済を再構築するための基礎資料として、すでに各方面において大いに活用されているところである。しかし、一方で、将来推計人口はその捉え方に難しい側面も有しており、効果的な利用にあたっては、その基本的性質や人口変動の仕組みについての理解が欠かせない。そこでこれらに関する基礎的事項について、解説をまとめることにした。

　また、将来推計人口の仮定値の持つ意味や効果について分析するために、いくつかの条件付推計を実施してその結果を示した。ここで条件付推計とは、平成24年1月推計をもとに、出生、死亡の仮定値を一定とした推計（仮定値一定推計）、国際人口移動をゼロとした推計（封鎖人口推計）、平成73(2061)年以降について出生率が100年後に人口置換水準に到達する推計（人口置換水準到達推計）及び出生・外国人移動仮定の変動に対する将来推計人口の感応度分析のため、出生率と外国人純移入数に複数の仮定を設けた推計のことであり、いずれも人口推移の分析や仮定値となる人口動態率の効果測定などに応用するための推計である。

　本書は、公的な将来推計人口に付随する説明責任の遂行に資することを目的としたものであり、これによって結果の利用の幅が広がり、よりよい日本社会の将来を展望するための基礎資料として、大いに活用がなされることを期待している。

　「日本の将来推計人口」の作成にあたっては、活発な議論によって科学的な指針を賜った社会保障審議会人口部会（部会長　津谷典子）をはじめ、必要な資料等について協力を得た厚生労働省政策統括官付社会保障担当参事官室、同大臣官房統計情報部、総務省統計局に対し、ここに再び感謝の意を表したい。

　本報告書の作成は、石井太（人口動向研究部長）を中心に、岩澤美帆（人口動向研究部第1室長）、守泉理恵（人口動向研究部第3室長）、佐々井 司（企画部第4室長）、別府志海（情報調査分析部第2室長）、石川 晃（国際関係部研究員）、三田房美（企画部主任研究官）、鎌田健司（人口動向研究部研究員）の8名が担当し、金子隆一（本研究所副所長）の指導のもとに行われた。

　平成25年1月

国立社会保障・人口問題研究所長

西村　周三

目　次

はじめに‥‥‥　1

Ⅰ．日本の将来推計人口－平成24年1月推計について‥‥‥‥‥‥‥‥‥‥‥‥‥‥‥‥‥‥‥‥‥　1
　１．将来推計人口の基本的性質と見方‥‥‥‥‥‥‥‥‥‥‥‥‥‥‥‥‥‥‥‥‥‥‥‥‥　1
　　(1)「日本の将来推計人口」の概要‥‥‥‥‥‥‥‥‥‥‥‥‥‥‥‥‥‥‥‥‥‥‥‥‥　1
　　(2) 将来推計人口の基本的性質‥‥‥‥‥‥‥‥‥‥‥‥‥‥‥‥‥‥‥‥‥‥‥‥‥‥　2
　　(3) 将来推計人口の見方‥‥‥‥‥‥‥‥‥‥‥‥‥‥‥‥‥‥‥‥‥‥‥‥‥‥‥‥‥　6

　２．推計結果の解説‥‥‥‥‥‥‥‥‥‥‥‥‥‥‥‥‥‥‥‥‥‥‥‥‥‥‥‥‥‥‥‥‥　9
　　(1) 将来の人口規模（減少モメンタム）‥‥‥‥‥‥‥‥‥‥‥‥‥‥‥‥‥‥‥‥‥‥　9
　　(2) 将来の人口構造（人口構造指数・人口ピラミッド）‥‥‥‥‥‥‥‥‥‥‥‥‥‥‥　13
　　(3) 将来推計人口における仮定値改定の効果－推計結果の比較分析‥‥‥‥‥‥‥‥‥‥　17

　３．仮定の解説と将来推計人口の国際比較‥‥‥‥‥‥‥‥‥‥‥‥‥‥‥‥‥‥‥‥‥‥‥　21
　　(1) 出生仮定‥‥‥‥‥‥‥‥‥‥‥‥‥‥‥‥‥‥‥‥‥‥‥‥‥‥‥‥‥‥‥‥‥‥　21
　　(2) 死亡仮定‥‥‥‥‥‥‥‥‥‥‥‥‥‥‥‥‥‥‥‥‥‥‥‥‥‥‥‥‥‥‥‥‥‥　33
　　(3) 国際人口移動仮定‥‥‥‥‥‥‥‥‥‥‥‥‥‥‥‥‥‥‥‥‥‥‥‥‥‥‥‥‥‥　37
　　(4) 将来推計人口の国際比較‥‥‥‥‥‥‥‥‥‥‥‥‥‥‥‥‥‥‥‥‥‥‥‥‥‥‥　48

Ⅱ．参考推計（条件付推計）‥‥‥‥‥‥‥‥‥‥‥‥‥‥‥‥‥‥‥‥‥‥‥‥‥‥‥‥‥‥‥　55
　１．条件付推計について‥‥‥‥‥‥‥‥‥‥‥‥‥‥‥‥‥‥‥‥‥‥‥‥‥‥‥‥‥‥‥　55
　　(1) 条件付推計とは‥‥‥‥‥‥‥‥‥‥‥‥‥‥‥‥‥‥‥‥‥‥‥‥‥‥‥‥‥‥‥　55
　　(2) 一定仮定や封鎖人口による将来推計人口‥‥‥‥‥‥‥‥‥‥‥‥‥‥‥‥‥‥‥‥　55
　　(3) 出生・外国人移動仮定の変動に対する将来推計人口の感応度‥‥‥‥‥‥‥‥‥‥‥　56

　２．推計結果表‥‥‥‥‥‥‥‥‥‥‥‥‥‥‥‥‥‥‥‥‥‥‥‥‥‥‥‥‥‥‥‥‥‥‥　63
　　(A) 仮定値一定推計、封鎖人口推計：平成22（2010）年～平成122（2110）年
　　　　総人口、年齢3区分（0～14歳、15～64歳、65歳以上）別人口および年齢構造係数‥　63
　　　A-1　仮定値一定推計：出生一定（死亡中位）‥‥‥‥‥‥‥‥‥‥‥‥‥‥‥‥‥‥　65
　　　A-2　仮定値一定推計：出生一定（死亡高位）‥‥‥‥‥‥‥‥‥‥‥‥‥‥‥‥‥‥　67
　　　A-3　仮定値一定推計：出生一定（死亡低位）‥‥‥‥‥‥‥‥‥‥‥‥‥‥‥‥‥‥　69
　　　A-4　仮定値一定推計：出生中位（死亡一定）‥‥‥‥‥‥‥‥‥‥‥‥‥‥‥‥‥‥　71
　　　A-5　仮定値一定推計：出生高位（死亡一定）‥‥‥‥‥‥‥‥‥‥‥‥‥‥‥‥‥‥　73
　　　A-6　仮定値一定推計：出生低位（死亡一定）‥‥‥‥‥‥‥‥‥‥‥‥‥‥‥‥‥‥　75
　　　A-7　仮定値一定推計：出生一定（死亡一定）‥‥‥‥‥‥‥‥‥‥‥‥‥‥‥‥‥‥　77
　　　A-8　封鎖人口推計：出生中位（死亡中位）‥‥‥‥‥‥‥‥‥‥‥‥‥‥‥‥‥‥‥　79

－ i －

A-9　封鎖人口推計：出生高位（死亡中位） ･････････････････････････････ 81
　　A-10　封鎖人口推計：出生低位（死亡中位） ･････････････････････････････ 83

(B)　仮定値一定推計、封鎖人口推計：平成22（2010）年～平成122（2110）年比較表 ････ 85
　　B-1　総人口 ･･･ 87
　　B-2　年少人口(0～14歳) ･･･ 89
　　B-3　年少人口割合(0～14歳) ･･･ 91
　　B-4　生産年齢人口(15～64歳) ･･･････････････････････････････････････ 93
　　B-5　生産年齢人口割合(15～64歳) ･･･････････････････････････････････ 95
　　B-6　老年人口(65歳以上) ･･･ 97
　　B-7　老年人口割合(65歳以上) ･･･････････････････････････････････････ 99

(C)　出生・外国人移動仮定による感応度分析：平成22（2010）年～平成122（2110）年、
　　総人口、年齢3区分（0～14歳、15～64歳、65歳以上）別人口および年齢構造係数 ････ 101
　　C-1　出生率2.00(2060年)、外国人移動本推計仮定（死亡中位） ･･･････････ 103
　　C-2　出生率1.75(2060年)、外国人移動本推計仮定（死亡中位） ･･･････････ 105
　　C-3　出生率1.50(2060年)、外国人移動本推計仮定（死亡中位） ･･･････････ 107
　　C-4　出生率1.25(2060年)、外国人移動本推計仮定（死亡中位） ･･･････････ 109
　　C-5　出生率1.00(2060年)、外国人移動本推計仮定（死亡中位） ･･･････････ 111
　　C-6　出生中位、外国人移動　0万人(2030年)（死亡中位） ･･･････････････ 113
　　C-7　出生中位、外国人移動　5万人(2030年)（死亡中位） ･･･････････････ 115
　　C-8　出生中位、外国人移動　10万人(2030年)（死亡中位） ･･･････････････ 117
　　C-9　出生中位、外国人移動　25万人(2030年)（死亡中位） ･･･････････････ 119
　　C-10　出生中位、外国人移動　50万人(2030年)（死亡中位） ･･･････････････ 121
　　C-11　出生中位、外国人移動　75万人(2030年)（死亡中位） ･･･････････････ 123
　　C-12　出生中位、外国人移動100万人(2030年)（死亡中位） ･･･････････････ 125

(D)　出生中位～人口置換水準到達（死亡中位）推計：平成22(2010)年～平成122(2110)年 ･･･ 127
　　D-1　総人口、年齢3区分(0～14歳、15～64歳、65歳以上)別人口および年齢構造係数 ･･･ 129
　　D-2　総人口、年齢4区分(0～19歳、20～64歳、65～74歳、75歳以上)別人口および
　　　　年齢構造係数 ･･ 131
　　D-3　総人口、年齢4区分(0～17歳、18～34歳、35～59歳、60歳以上)別人口および
　　　　年齢構造係数 ･･ 133
　　D-4　総人口、高年齢区分(70歳以上、80歳以上、90歳以上、100歳以上)別人口およ
　　　　び年齢構造係数 ･･ 135
　　D-5　人口の平均年齢、中位数年齢および年齢構造指数 ･････････････････ 137
　　D-6　総人口ならびに年齢3区分(0～14歳、15～64歳、65歳以上)別人口の増加数
　　　　および増加率(1年) ･･ 139
　　D-7　総人口ならびに年齢3区分(0～14歳、15～64歳、65歳以上)別人口の増加数
　　　　および増加率(5年) ･･ 141
　　D-8　出生、死亡および自然増加の実数ならびに率 ･････････････････････ 143

日本の将来推計人口
－平成24年1月推計の解説および参考推計（条件付推計）－

はじめに

　国立社会保障・人口問題研究所は、平成24年1月に平成22年国勢調査の結果を基にした『日本の将来推計人口』を公表した。日本の将来推計人口は、わが国の将来の出生、死亡、ならびに国際人口移動について仮定を設け、これらに基づいてわが国の将来の人口規模、ならびに年齢構成等の人口構造の推移について推計を行ったものである。その推計結果、ならびに推計手法や基礎データ等については、すでに刊行した報告書において明らかにしているところである[1]。これに対し、本報告書では、第Ⅰ章においてそれら将来推計人口を利用する際に有用と考えられる解説を収録するとともに、第Ⅱ章ではその後に実施された、付随するいくつかの応用的人口推計（条件付推計）の結果について報告するものである。

Ⅰ．日本の将来推計人口－平成24年1月推計について

1. 将来推計人口の基本的性質と見方

(1)「日本の将来推計人口」の概要

　国立社会保障・人口問題研究所（旧人口問題研究所）は、戦前より各方面からの要請に応えて日本の人口の将来推計を行ってきた。戦後においては昭和30年以降ほぼ定期的に行なうようになり、とりわけ近年では国勢調査結果の公表に合わせて5年ごとに、全国人口、都道府県別人口、世帯数などの将来推計を行っている。全国人口については、平成24年1月に、戦後公表した第14回目の将来推計人口にあたる『日本の将来推計人口－平成24年1月推計』を公表した。

　「日本の将来推計人口」は、これまで政府の社会保障制度の設計を始めとして、各種経済社会計画の基礎資料として用いられてきた。また、上述の地域別人口・世帯数の推計をはじめ、労働力人口や進学・就学人口の推計、あるいは各種の施策対象人口の推計など、広範な応用分野においてその基礎数値として用いられている。

　『日本の将来推計人口－平成24年1月推計』の推計対象は、外国人を含め、日本に常

---

[1] 国立社会保障・人口問題研究所『日本の将来推計人口－平成23(2011)～72(2060)年－附：参考推計 平成73(2061)～122(2110)年』（平成24年1月推計）、平成24年3月。

住する総人口である。これは国勢調査における総人口の定義と同一である。推計期間は、平成22(2010)年国勢調査を出発点（基準人口）として、平成72(2060)年までの50年間とし、各年10月1日時点の人口について推計している。ただし、長期人口推移の分析の参考とするため、平成72(2060)年以降動態率等の仮定値を一定として、平成122(2110)年までの人口（各年10月1日時点）を算出して報告している（参考推計）。

推計方法は、人口の変動要因である出生、死亡、国際人口移動について年齢別に仮定を設け、コーホート要因法により将来の男女別、年齢別人口を推計するものである。仮定設定は、それぞれの要因に関する実績統計に基づき、人口統計学的な投影手法によって行った（詳しくは『日本の将来推計人口』報告書[2]「Ⅲ 推計の方法と仮定」ならびに本報告書、本章第3節「仮定の解説」を参照されたい）。

(2) 将来推計人口の基本的性質

1) 公的推計の要件

将来人口推計（population projection）とは、どのようなものであろうか[3]。上述のとおり、「日本の将来推計人口」は、わが国の将来の出生、死亡、および国際人口移動について仮定を設け、これらに基づいて将来の人口規模ならびに年齢構成等の人口構造の推移について推計を行ったものである。それは国や自治体による諸制度ならびに諸施策立案の基礎資料として用いられるのをはじめとして、広範な分野において利用されている。すなわち、それは多様な目的をもって用いられるものであるから、推計が特殊な意図や考え方に基づいて作成されたものであることは望ましくない。したがって、公的な将来推計人口には、可能な限り恣意性を廃した客観性、中立性が求められる。

それでは、いかにしたら客観的で中立な推計が可能となるであろうか。一言でいえば、そのためには、正確な実績データを用い、科学的な手法によって推計を行わなくてはならない。現状で求め得る最良のデータと最良の手法を組み合わせて用いることができれば、現時点における最も客観的な推計が行えることになるだろう。そして、こうした推計を実施するためには、一方では国際的視野に根ざした高い専門技術の応用と、他方では推計結果とその根拠を利用者に正確に伝える説明責任の遂行が求められる。こうしたことを確実に行うことが、公的な推計を行う上での一つの目指すべき方向であると考えられる。

---

2) 前掲、脚注1)を参照。
3) 用語「将来推計人口」は推計された人口を指し、これを推計することを将来人口推計という。将来人口推計は、技術的観点からは将来の人口規模と構造の変化に関する計量的情報を提供する数値シミュレーションの一種と考えられるが、それらは大きく分けると、公的利用のための推計と、研究等の目的で恣意的な前提を与えて行う実験的推計の二種類がある。本書では前者に限定して説明することにする。

2) 予測としての将来人口推計

　一方で、将来推計人口は、「当たる」ことが最も重要な特質なのではないかという見方もあるだろう。将来の社会経済の計画を立てる上で、基礎となる人口が外れていたら、誤った選択をすることになるだろう。だから将来人口推計は、できるだけ正確に将来を言い当てることを目指すべきではないか。これは自然な見方だが、推計の指針として適切かどうかは、もう少し考えてみる必要がある。このことを論じるためには、まず社会科学にとって予測とは何かという問題にふれる必要がある。

　人口変動を含め、社会科学が対象とする事象について「予測」を行うということは、未来を言い当てるという種類の予測、すなわち予報（forecast）をするということとは異なる。天体の軌道や天候などと違って、社会経済は人間が変えて行くものであるから、われわれの今後の行動しだいで無数の展開の可能性を持っており、現在において定まった未来というものは存在しない。したがって、科学的にそれを言い当てるという行為もあり得ないだろう。すなわち、将来の社会経済を予測するということは、標本データから母集団の未知の平均値を推定するといった作業とは本質的に異なるものである。すなわち、推定すべき真の値はわからないのではなく、（まだ）存在しないのである。そして、何よりわれわれ人間は、しばしば望ましくない予測がその通りに実現しないように行動するのであるから、この場合の予測に求められる正確性とは、その通りに実現するという性質ではないということがわかる。

　したがって、一般に社会科学における科学的予測とは、結果として将来を言い当てることに役割があるのではなく、科学的妥当性のある前提の下に、今後に何が起こり得るかを示すことを目的としている。将来人口推計についても同様であり、人口動態事象（出生、死亡、ならびに人口移動）の現在までの趨勢を前提として、それが帰結する人口の姿を提示することを役割としている。

3) 投影としての将来人口推計

　ちなみに、各国の将来人口推計についてみると、ともに正式な名称には、projection（投影）という言葉が用いられている。本来この言葉は、手元にある小さな物体に光を当て、前方のスクリーンに拡大投影して細部を明らかにするという行為を指す。すなわち、将来人口推計は、直近の人口動態に隠された兆候を、将来というスクリーンに拡大投影して詳細に観察するための作業であるということを意味している。実際「日本の将来推計人口」においても、人口動態の現状と趨勢を実績データの分析によって詳細に把握し、これを将来に向けて投影することによって仮定値を得ている。この仮定値に基づいて推計されたのが「日本の将来推計人口」である。すなわち、「日本の将来推計人口」は、現在わが国が向かっている方向にそのまま進行した場合に実現するであろう人口の

姿を示しているといえる。そして、これを一つの基準として、多様な将来への対応を考える際の基礎としている。つまりそれは、もし予期せぬ事態（災害、経済変動等）が起きず、さらにわれわれがこれまでの流れを変えるような新たな行動をしなかった場合に実現する人口の将来といえるだろう。

なお、実際の人口推移が明らかとなったときに、仮にそれが将来推計人口と異なる動きを見せ始めたとすると、それは前提に含まれない新たな変化か、あるいは趨勢の加速、または減速といった状況変化が存在することを示している。こうした変化をいち早く見出すことも、実は将来推計人口の重要な役割の一つである（本章第2節(3)においてこれに関連した分析を紹介している）。

4）「日本の将来推計人口」の二面性

さて、以上では無条件な将来の予測（言い当て型の予測）と、一定の前提に基づいた推計、とりわけ投影との違いについて考えた。しかしそれでは、将来推計人口は予測として用いることはできないのであろうか。推計を実現の可能性が高い予測としてみることができるか否かは、実はすべてその前提（仮定）の捉え方に依存している。すなわち、前提が予測として認められるのであれば、その帰結である将来推計人口も予測であり、逆に前提が単なる仮想に過ぎないのであれば、結果としての推計人口も仮想のものとなる。それでは「日本の将来推計人口」の前提はどのように捉えられるであろうか。

すでに述べてきたように「日本の将来推計人口」の前提は、主要な人口変動要素の趨勢を可能な限り正確な実績データを基づいて把握し、これを将来に投影する方法によって得ている[4]。したがって今後生ずる可能性のある経済変動や政治的転換、自然災害などこれまでの趨勢に含まれない事象は反映されていない。こうした可能性を無視した前提を厳密に無条件予測として認めることは難しいだろう。その点では将来推計人口は予測とはいえない。

しかし、現在の社会科学では上記のような趨勢に含まれない事象について、時期、影響力を含めて予見することは事実上不可能であり、これを前提に反映させようとすれば必ず恣意性を含むことになる。すなわち、現在われわれは社会科学的な予測について「客観性」を超える望ましい基準を有していないと考えられる。とすれば、恣意性を廃して実績の趨勢を投影する方法は、現状では最良の予測として見ることができるのではないだろうか。とすれば、そうした前提を有する将来推計人口は、現状で持ち得る最良の予

---

[4] どのような指標あるいは変量の趨勢を投影すべきかについては一定の指針を考えることができる。すなわち対象となる現象について既知の法則性や実績データに含まれる規則性を効率的に記述するモデルを用い、法則性を含む時間に依存しない量（不変量）と時間的に変化する量を分離し、後者をさらに時間的変化傾向を持つ量とランダムに変化する量に分離し、前者の変化傾向を趨勢として抽出することになる。

測を与えるものと見ることができるだろう。少なくとも多様な用途で共有すべき予測としては最良な性質のものといえるだろう（多様な用途で将来推計人口を共有することは、社会の将来像について整合性を図る上で重要である）。

したがって「日本の将来推計人口」は、一方では実績データの趨勢が示す方向に社会がそのまま進行した場合という条件つきの将来人口の姿を与えるものであるが、他方、科学的に無条件予測を得ることができないという現状の下で、これに代わる最良の予測としての位置づけも論理上併せ持つことになる。このことから、各種公的施策等の計画策定の基礎として、この推計結果を用いることには、整合性を図るという以上の合理性があるといえるだろう。

5) 社会経済動態との関係

将来人口推計では、仮定として出生率、死亡率、ならびに人口移動数・率などのいわゆる人口学的変数、データのみを用いている。その際、景気の変動や人々の意識の変化などは考えなくてよいのだろうか。言い換えれば、社会経済動態と将来人口推計との関係はどのようになっているのだろうか。

これについては、まず、「日本の将来推計人口」は社会経済的な動態を反映していないと考えることは誤りである。将来推計人口の前提となる人口動態事象（出生、死亡、ならびに人口移動など）の仮定推移は、それらの実績推移に基づいた投影であるが、これらの実績推移はすでに社会経済的な環境変化を総合的に反映している。したがって、これを投影した結果は、やはり社会経済環境の変化を反映したものといえるのである。

しかし、そのような間接的な反映ではなく、もっと明示的に景気変動や意識変化を人口推計に取り入れることはできないだろうか。これは主に3つの理由から、既存の公的推計では行われていない。第一に、多数ある社会経済要因をすべて取り入れることはできないから、要因の選択が必要となるが、この際にどれを用いてどれを用いないのかという要因の選別から生ずる恣意性は、公的な将来人口推計の要件である客観性、中立性と相容れない。第二に、現在人口動態事象といかなる社会経済変数の間にも十分に普遍的な定量モデルは確立されていない。したがって、これについて不十分なモデルを用いれば、推計の不確実性が増すことになる。とりわけ人口と社会経済との間には相互作用の関係があるが、双方を内生化した実用的なモデルは十分発達していない。第三に、社会経済変化を人口変化に反映させるということは、その社会経済変化の将来推計を行わなくてはならないが、通常これを十分な精度で行うことは、人口変数の投影を単独で行うよりはるかに困難である。たとえば、数十年後にいたる景気の動向や人々の意識を推計することは、合計特殊出生率や平均寿命を投影するより難しいと考えられる。以上の課題が解決しないかぎり、社会経済変化を明示的に将来人口推計に取り入れることは必

ずしも推計の目的に寄与しないと考えられる[5]。実際、諸外国や国際機関による将来推計人口の例でも、社会経済変化を明示的に取り入れているものは見あたらない。

(3) 将来推計人口の見方

1) 将来推計人口の基本的な捉え方

　以上にみてきた将来推計人口の基本性質を踏まえて、その見方についてまとめてみよう。一般に将来推計人口は、将来社会を構想する際の基準ないし指針を得るものとして用いるものである。その際、「日本の将来推計人口」は、現在社会が向かっている方向にそのまま進行した場合に実現するであろう人口の姿として捉えることができる。また、その前提が予測として認められるのであれば、将来推計人口は、将来実現すべき人口の予測として捉えることもできる。逆に認められないのであれば、将来推計人口は一つのシミュレーション結果に過ぎない。ただし、推計の前提は実績データの趨勢を投影したものであるから、恣意性が少ないという観点からは、現状において最も自然で客観的な人口の将来像であるといえる。

　したがって、将来推計人口は、さまざまな展開の可能性のある将来について考える上での共通の基準、または拠り所として扱うことが、最も適切な利用法であると考えられる。社会における多くの施策計画や市場計画の立案が、共通の将来人口に基づいてなされることは、それらの間の整合性を図り、また比較可能性を保つ上で、それ自体たいへん有益なことと考えられるのである。

2) 推計の不確実性と複数仮定による推計の見方

　将来推計人口には不確実性が付随するが、その原因は多様である。大きく分けると、基にした実績データや統計的手法に由来する不確実性と、推計された人口推移の実現性に関する不確実性の2種類がある。まず、前者についてみよう。「日本の将来推計人口」の仮定値は、実績データの趨勢を投影して得たものであるが、趨勢の捉え方などによって投影結果は必ずしも一意には定まらず、一定の幅として捉えられる。これが出生3仮定、死亡3仮定が生ずる理由である。

　出生仮定については、女性の世代ごとに結婚、出生行動に関する4つの指標（平均初婚年齢、生涯未婚率、夫婦完結出生児数、および離死別再婚効果係数）の趨勢が測定され、将来に向けて投影されるが、それぞれについて幅が設けられ最も高い出生率を帰結する値の組み合わせによって高位仮定が定められ、逆に低い出生率を帰結する組み合わせによって低位仮定が決められている（**表Ⅰ-1-1**）。

---

[5] ただし、人口動態と社会経済が一つのシステムをなしていることは事実であるから、それらの間の相互作用を明らかにし、3つの課題の克服を目指した研究を進めて行くことは重要である。

**表 I-1-1　日本の将来推計人口（平成24年1月推計）における
出生率要素4指標の仮定値**

女性の出生率要素の指標	実績値 1960年 生まれ	将来推計人口の出生仮定値 1995年生まれ		
		中位仮定	高位仮定	低位仮定
(1) 平均初婚年齢	25.7 歳	28.2 歳	27.9 歳	28.5 歳
(2) 生涯未婚率	9.4 %	20.1 %	14.7 %	26.2 %
(3) 夫婦完結出生児数	2.07 人	1.74 人	1.91 人	1.57 人
(4) 離死別再婚効果係数	0.962	0.938	0.937	0.938
コーホート合計特殊出生率（日本人女性の出生に限定した率）	1.83 (1.81)	1.34 (1.30)	1.58 (1.53)	1.12 (1.09)

注：出生率要素の指標は、すべて日本人女性の結婚・出生に関する値（日本人男性を相手とする外国人女性の結婚・離婚、ならびに日本人男性を父とし、外国人女性を母とする出生を含まない）。ただし、合計特殊出生率は、「人口動態統計」の定義に従った値であり、日本人女性の出生に限定した値は（　）内に示した。離死別再婚効果係数とは、離死別・再婚による出生児数の変動を表わす係数で、離死別・再婚が一切ない場合に1.0となる。

資料：国立社会保障・人口問題研究所「日本の将来推計人口（平成24年1月推計）」

　一方、死亡仮定は、従来は安定的と考えられ、長く1種類の仮定のみが設定されていた。しかし近年の死亡率推移に関する分析から、前回推計（平成18年12月推計）からは、死亡仮定についても不確実性を表現することとした。すなわち、死亡水準を表す時系列指標[6]の実績推移に内在する統計的誤差の分布にしたがってその信頼区間（99％）を算出し、高死亡率側の境界を高位仮定、低死亡率側の境界を低位仮定としたものである。

　上記、出生3仮定、死亡3仮定の組み合わせにより、平成24年1月推計でも、9つの推計結果が提供されている。これらを用いることによって、ある程度の推計結果の不確定性に対処することができる。すなわち、中心的な推計となる出生中位・死亡中位推計を基準としながらも、仮定に用いた変数の現状の趨勢から投影される限界幅を見込むことで、目的に応じた一定の安全幅を設けることができる。

　ここで、異なる仮定の組み合わせによる推計結果を比較すると、人口規模については出生高位・死亡低位推計が最も多く推移し、出生低位・死亡高位推計が最も少なく推移する。2060年における人口規模の幅は、1,746万人であり、出生中位・死亡中位推計結

---

6) リー・カーター・モデルにおけるパラメータ（一般に k_t と表されるもの）のこと。

果の20.1％に相当するものであった。しかし、人口高齢化の程度を示す高齢化率（65歳以上人口割合）については、出生低位・死亡低位推計が最も高く推移し、逆に出生高位・死亡高位推計が最も低く推移する。2060年における高齢化率は、前者で44.2％、後者では35.8％であり、8.4ポイントの幅があった[7]。すなわち、人口規模と高齢化率では、最大・最小を与える仮定の組み合わせが異なっている。このように、人口指標によっては最大・最小を示す推計が異なっているので、安全幅を設ける方向については、推計を使用する目的に応じた確認が必要である。

　なお、複数推計については、それらの比較によって、仮定値の違いがもたらす将来人口への影響を評価するという機能がある。とくに本書第Ⅱ章に掲載した仮定値一定推計、ならびに封鎖人口による推計（国際人口移動をゼロとした推計）をすでに公表された9推計と合わせて比較することによって、それぞれの仮定値が推計人口に対して持つ意味を理解し、また効果を測定することができる。第Ⅱ章ではこれらの比較を出生中位・死亡中位推計を用いて行うほか、新たに国際人口移動について複数の可能性を取り上げ、それらの将来人口の規模・構造への影響や、出生との代替性、非代替性などについて検討する。

---

[7] 出生中位・死亡中位推計の高齢化率は、39.9％である。

2．推計結果の解説

(1)将来の人口規模(減少モメンタム)

　わが国の総人口は、明治期以降年平均１％の成長率で増加の一途をたどってきたが、現在、人口増加から人口減少へと転じる歴史的な転換点にあり、今後はマイナス成長となって長期的な減少過程に入って行く。「日本の将来推計人口」(平成24年1月推計)出生中位・死亡中位推計によれば、2010年時点1億2,806万人の人口は、2048年に1億人を割り、2060年には9,000万をも下回って8,674万人となる。これは2010年現在より約4,100万人(32.3%)の減少となり、日本はこの50年間に約３分の１の人口を失うことになる。さらに参考値ながら100年後の2110年には4,286万人と、当初の３分の１程度にまで縮小することになる。わが国では、歴史上このような長期にわたって恒常的に人口減が起きたことはなく、わが国の21世紀は、まさに人口減少の世紀と言えるだろう。

　もちろん、50年あるいは100年といった遠い将来のことを見通すことは難しく、上記のような推移をたどることは確実とはいえないはずである。しかし、最も人口が多く推移すると想定した出生高位・死亡低位推計によっても、2060年の人口は25.0％の減、2110年は53％の減となっており、かなりの人口減少を免れていない。実は、わが国では今後21世紀の大半を通して人口減が続くことは、非常に確度の高いことであるといえるのである。なぜであろうか。その理由を理解するためには、まず人口減少のメカニズムに関係した出生率の人口置換水準と人口モメンタムという二つの概念を理解する必要がある。

1) 人口置換水準

　人口の増減は、出生、死亡、ならびに人口移動（移入、移出）の多寡によって決定される。ここで移出入がないとすると[8]、長期的な人口の増減は、出生と死亡の水準で決まることになる。そして、ある死亡の水準の下で、人口が長期的に増えも減りもせずに一定となる出生の水準を「人口置換水準」と呼んでいる。たとえば、現在のわが国における死亡の水準[9]を前提とした場合、合計特殊出生率の人口置換水準は、概ね2.1程度となっている。

　図Ⅰ-2-1は、わが国の出生数、合計特殊出生率、ならびに合計特殊出生率の人口置

---

[8] わが国では国際人口移動数は総人口に対して非常に少なく、たとえば2010年10月1日～2011年9月30日の間のわが国の入国超過率（移入数から移出数を差し引いた数を人口で割った率）は、-0.62‰すなわち1万人に6人程度の割合であった。したがって、現在の日本の場合、移出入をゼロとする仮定は実態から遠いものではない。

[9] たとえば2011年の死亡水準は、平均寿命によって表わせば、男性79.44年、女性85.90年（厚生労働省統計情報部「簡易生命表」）となっている。

換水準の過去の推移を示したものである。これからわかるようにわが国の出生率は1974年以降、30年以上もの間、人口置換水準を下回りながら低下を続けてきており、まさにその帰結として日本人口は減少を迎えようとしているのである。

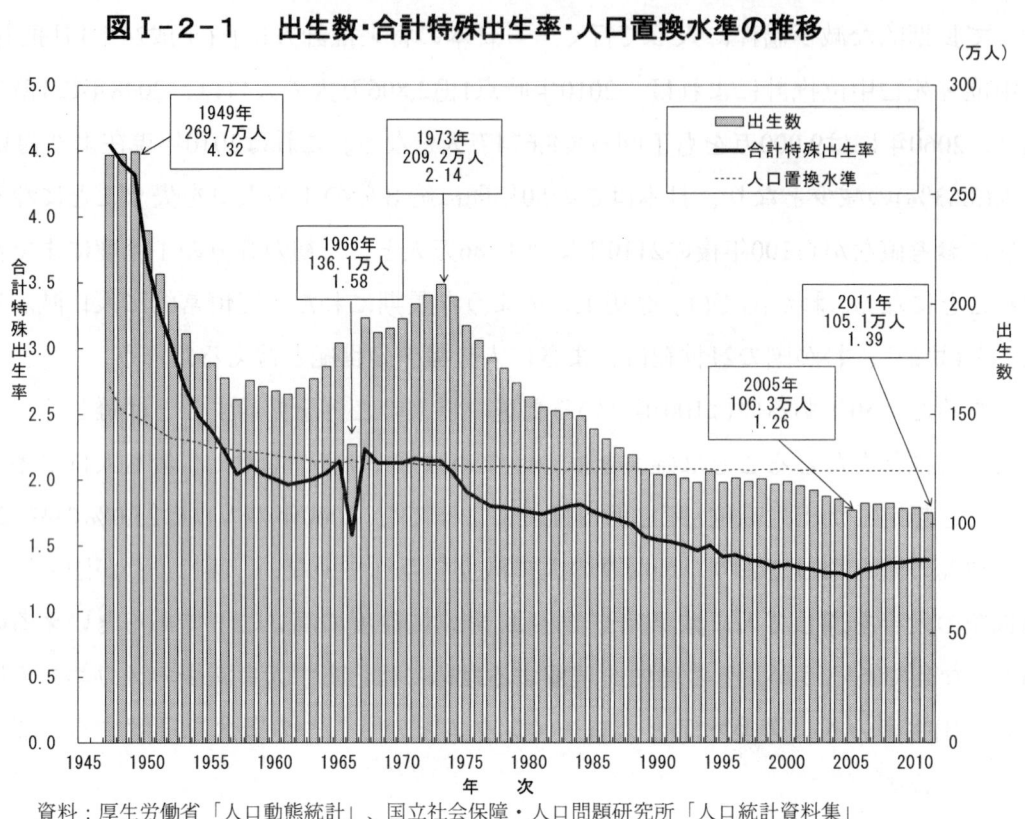

図I-2-1　出生数・合計特殊出生率・人口置換水準の推移

資料：厚生労働省「人口動態統計」、国立社会保障・人口問題研究所「人口統計資料集」

　しかし、出生率が人口置換水準を下回ったことによって人口減少が生ずるのであれば、この図からは別の疑問が生ずるはずである。すなわち、わが国の出生率は過去30年以上にもわたって人口置換水準を下回っていたのであれば、なぜもっと早くに人口減少が生じなかったのであろうか？実は、このメカニズムが今後の人口減少についての理解を深める鍵となる。そのメカニズムの正体は、人口構造の持つ人口モメンタムという特性である。

2）人口モメンタム

　出生率が人口置換水準よりも高く、人口増加が継続してきた人口について考えよう。わが国の人口もかつてはそうであったし、現在でも発展途上国の多くはそうした状況にある。このような人口において、ある時、出生率が直ちに人口置換水準まで低下しても、その時点で人口規模が即座に一定になることはなく、しばらくは増加が続いて、かなり大きな規模に至ってから一定になるという現象がみられる。これは増加傾向にある人口が持つ慣性ともいうべき特性であるが、この特性を専門的には「人口モメンタム」と呼んでいる。

その正体であるが、人口モメンタムは、人口構造、すなわち人口の年齢構成の中に潜在している。すなわち、人口は長期に人口置換水準を上回る出生率が続いた場合、若い世代ほど人口が多くなり、しばらくの間は親となって子どもを生む人口（再生産年齢人口）が増え続けるため、仮に一人ひとりが生む子ども数が減ったとしても、生まれてくる子どもの総数は減らないのである。だからそれぞれの世代の出生率（子どもの生み方）が、自身の世代を置き換えられない水準に低下しても、人口構造がそれを補ってすぐには人口減少を生じないということが起こる。

　実は、わが国の場合でも、この人口モメンタムが働いていたのである。このことを反実仮想のシミュレーションによって確認しよう。図Ⅰ-2-2は、わが国の人口について、過去のいくつかの時点から出生率が直ちに人口置換水準となった場合（死亡率一定、国際人口移動はゼロとする）の仮想の人口推移を示したものである。このうち、最も上側にあるグラフは、1985年時点で出生率が人口置換水準となった場合の人口の推移である。これによれば、人口は1985年時点の水準で一定になるのではなく、しばらく増加を続け、かなり高い水準に達してから一定状態へと収束している。

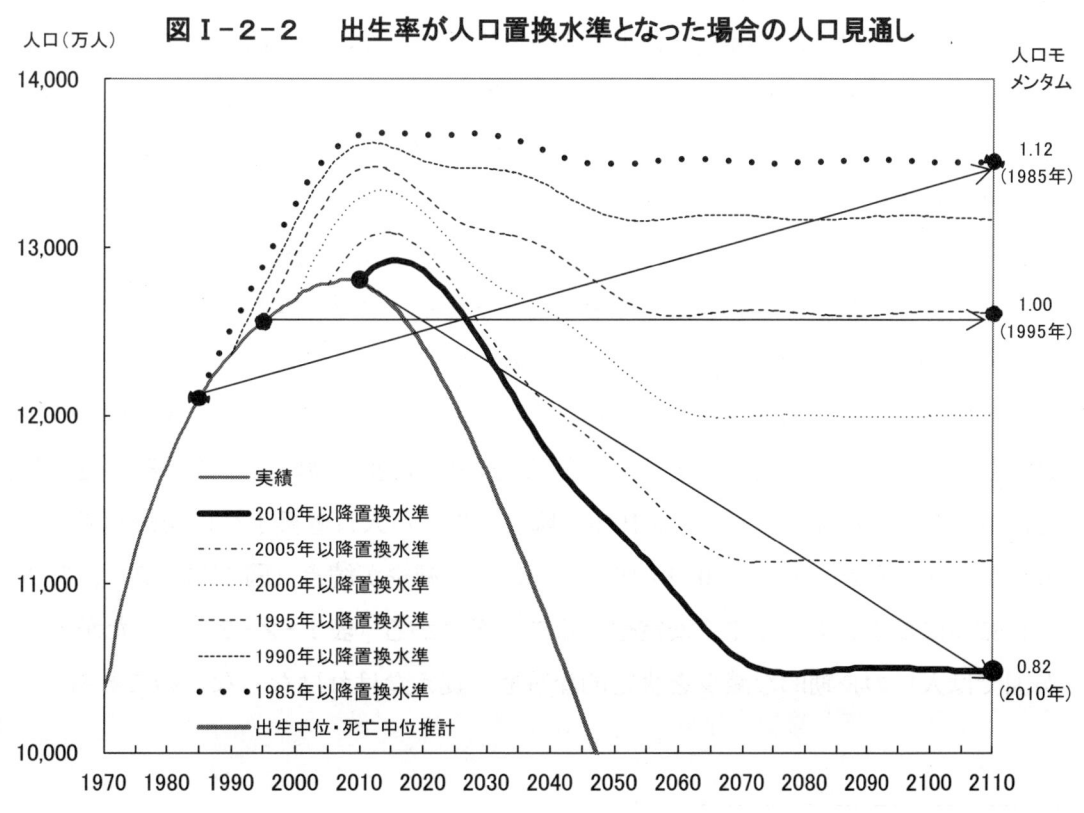

図Ⅰ-2-2　出生率が人口置換水準となった場合の人口見通し

こうした慣性を持った人口の推移は、他の時点で置換水準となった場合も同じように観察される。つまり、わが国の人口は、この間、出生率が下がって人口置換水準を下回ったとしても、年齢構造に組み込まれた増加方向の慣性によって人口増加が続いていたのである。わが国では、30年以上も以前から出生率が人口置換水準を下回っていたのに、最近まで人口増加が続いていたのは、こうしたメカニズムによるものである。

ところで、図Ⅰ-2-2によれば、置換水準に設定した人口推移は、その時点が遅くなればなるほどその後に到達するピークや最終的な収束水準が低くなることがわかる。これは遅い時点ほど、人口増加の慣性の強さ、すなわち人口モメンタムが少なくなっていたことを示す。そして1995年より後の時点では、出生率を人口置換水準に設定したにも関わらず、最終収束水準は出発時点の水準よりも低くなっている。これはわが国の人口が、この時点以降は、マイナスの慣性を持つに至ったとみることができるのである[10]。

3） 減少モメンタムの時代

表Ⅰ-2-1には、1955年以降の人口と置換水準を設定したときの静止人口、そして人口モメンタム（脚注10）参照）の推移を示した。人口モメンタムはこの期間を通して低下を続けており、1990年代後半には1を下回り急速に低下を示している。これは、長期にわたって低出生率が続いた結果、若い世代ほど人口規模が縮小しており、一人ひとりの出生数が回復しても、全体としての出生数が増えない状態にあることを示している。このように現在のわが国の人口は、その年齢構造の中に従来とは逆の減少方向への慣性を根付かせてしまっているのである。これをここでは減少モメンタムと呼ぼう。

こうした減少モメンタムを持つ人口は、たとえ出生率が置換水準まで回復したとしても、その規模は最終的に縮小してしまうこととなる。すでにみたように、わが国の人口は、1990年代後半からすでに減少モメンタムの時代に入っており、出生率に一定の回復があったとしても、人口減少は免れることができない状況にある。これが本節冒頭に、21世紀の大半を通して人口減が続くことは、非常に確度の高いことであると述べた理由である。事実、極端な例として2010年以降、出生率が人口置換水準に復帰して、以降その水準を保ったとしても、2070年代頃までは人口減少が続き（図Ⅰ-2-2）、当初人口の約82％に縮小してようやく安定化することがわかる（表Ⅰ-2-2）。したがって、わが国では人口の長期的な減少を決定的な事態と捉えなければならないのである。

---

10) このようにある時点の人口のモメンタムの強さは、その時点以降出生率を人口置換水準に設定したときに最終的に収束する人口の水準を求め、これを当初人口で割った比によって表すことができる（この指標は静止人口比、または人口モメンタムの名称で呼ばれている）。これが1より大きければ人口は増加方向の慣性を持っており、1より小さければ減少方向への慣性を持っていることになる。

表 I-2-1 年次別にみた総人口、静止人口規模、および静止人口比(人口モメンタム)

年 次	総人口 (万人)	静止人口の規模 (万人)	静止人口比 (人口モメンタム)
昭和 30 (1955)	8,928	12,879	1.44
35 (1960)	9,342	12,942	1.39
40 (1965)	9,827	13,079	1.33
45 (1970)	10,372	13,319	1.28
50 (1975)	11,194	13,760	1.23
55 (1980)	11,706	13,649	1.17
60 (1985)	12,105	13,513	1.12
平成 2 (1990)	12,361	13,179	1.07
3 (1991)	12,404	13,103	1.06
4 (1992)	12,445	13,001	1.04
5 (1993)	12,476	12,872	1.03
6 (1994)	12,503	12,785	1.02
7 (1995)	12,557	12,608	1.00
8 (1996)	12,586	12,575	1.00
9 (1997)	12,617	12,426	0.98
10 (1998)	12,649	12,294	0.97
11 (1999)	12,669	12,113	0.96
12 (2000)	12,693	11,997	0.95
13 (2001)	12,729	11,855	0.93
14 (2002)	12,744	11,735	0.92
15 (2003)	12,762	11,559	0.91
16 (2004)	12,769	11,393	0.89
17 (2005)	12,777	11,136	0.87
18 (2006)	12,777	11,014	0.86
19 (2007)	12,777	10,905	0.85
20 (2008)	12,769	10,744	0.84
21 (2009)	12,751	10,631	0.83
22 (2010)	12,806	10,494	0.82

注) 各時期の日本の人口が持つ人口モメンタムを、静止人口比(人口置換水準の出生率によって到達する静止人口規模の総人口に対する比、単に人口モメンタムとも呼ぶ)で表したもの。1996年以降は1より小さい値となっている。

(2) 将来の人口構造(人口構造指数・人口ピラミッド)

今後の人口構造変化についてなによりも雄弁に語るのは人口ピラミッドの変遷であろう(**図 I-2-3**)。2010年現在は中高年層の厚い姿を示しているが、今後の継続的な低出生率の推移を反映して、しだいに裾の狭まった形状へと変化して行く。そして50

年後には非常に重心が高く、いかにも安定を欠いた逆三角形のピラミッドへと変貌する。2010年に30歳代後半にみられる第2次ベビーブーム世代の突出が、2030年には50歳代後半に、2060年には80歳代後半となっていることから、年次とともに人口全体が上方に移動して行く様子がわかる。

　ここでは死亡中位仮定に対して、出生中位、高位、低位仮定を組み合わせた3通りの推計の結果を示している。死亡仮定は共通であるから、2030年の20歳以上、2060年の50歳以上の人口については、3推計に共通となる[11]。したがって、人口ピラミッドの老若のバランスを変えるもの、すなわち人口高齢化の度合いを決めるものは、今後の出生率推移であることがわかる。図では出生3仮定にしたがって、ピラミッドの裾の部分が分岐しており、外側から出生高位推計、中位推計、低位推計の順となっている。これらによって決まる2060年の老年人口割合（65歳以上人口割合）は、出生中位推計では39.9％、高位推計でも36.6％、低位推計なら43.3％と全体で約7ポイントの幅が生じている。しかし、逆にいえばいずれの場合でも概ね4割程度の水準に到達することは変わらない。現状からみて出生率がかなり高めに推移することを想定したとしても、世界一の高齢化が進行することを免れるものではない。

　人口ピラミッドの変遷からわかるわが国の高齢化の特徴は、この50年間に総人口は減少するにもかかわらず、65歳以上ではむしろ人口増が生じ、それ以下の年齢で著しい減少が生じているということである。実際、出生中位（死亡中位）推計によれば、総人口は、約4,200万人、当初人口の約3分の1に相当する人口が減少するが、15歳未満の年少人口で約900万人の減、15歳から64歳の生産年齢人口では約3,800万人の減があり、これら65歳未満の人口で合わせて約4,600万人(同年齢層の当初人口の47％)の減少が生ずる。言い換えれば、高齢者以外の人口は、この50年でほぼ半減するということである。これに対し高齢（65歳以上）人口は約500万人の増加を示し、同年齢層の当初人口に比べて約18％も膨らむ。その結果として、上述の人口高齢化が生ずるとみることができる。

　人口高齢化を示す指標は他にもいくつかあるが、その一つに中位数年齢がある。これは、人口を二分する年齢のことであるが、人口が若い年齢層に集中していれば、低い値となり、高齢に集中すれば高い値となる。実際、人口ピラミッドがまだ山型を示していた1955年には、日本の人口の中位数年齢は23.7歳（平均年齢は27.6歳）であった。これ

---

11) 死亡仮定の違いによる効果をみると、2030年における20歳以上人口は、死亡高位、低位推計でも大きくは変わらず、死亡中位推計に対してそれぞれ1.0％、－1.0％だけ異なるだけである。2060年における50歳以上人口も、2.7％、－2.7％の違いであるから、いずれの年次も死亡仮定の違いによって人口ピラミッドの様相は図Ⅰ-2-3とさほど違わない。

は人口の半分が年齢23.7歳以下、すなわち青少年であったことを示す。これに対して、この55年後の2010年現在の同指標は45.1歳（平均年齢も45.0歳）と約20年高まり、若年層の年齢分布が疎らになったことを示している。さらに、今後についてみると、同指標は、2030年では52.7歳（同50.4歳）、2060年で57.3歳（同54.6歳）となっており、50年後では人口の約半分が現在の定年期以上の年齢となっている。

　出生中位（死亡中位）推計による2060年の総人口8,674万人は55年前の1955年の人口規模 8,928万人をやや下回るもののほぼ同程度の水準である。したがって、わが国の人口はこれから50年かけて、ほぼ55年前の規模に戻って行くことになる。しかし、中位数年齢では、1955年23.7歳、2060年57.3歳が示すように、その年齢構成はまったく異なり、決してかつての人口へ逆戻りするわけではない。また、こうした年齢構成の転換は、当然人口中のあらゆる分野に生ずるとみるべきである。たとえば、労働市場、消費市場なども、規模の縮小だけでなく、むしろその中で起こる高齢化という急速な構造転換に注意を払わなくてはならない。

図Ⅰ-2-3　人口ピラミッドの変遷：2010年, 2030年, 2060年

(1) 平成22(2010)年

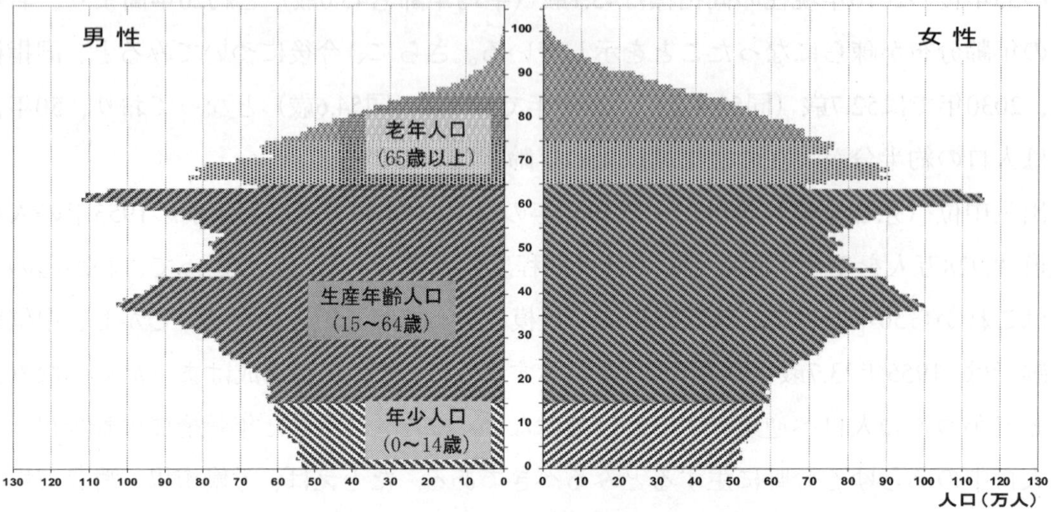

(2) 平成42(2030)年

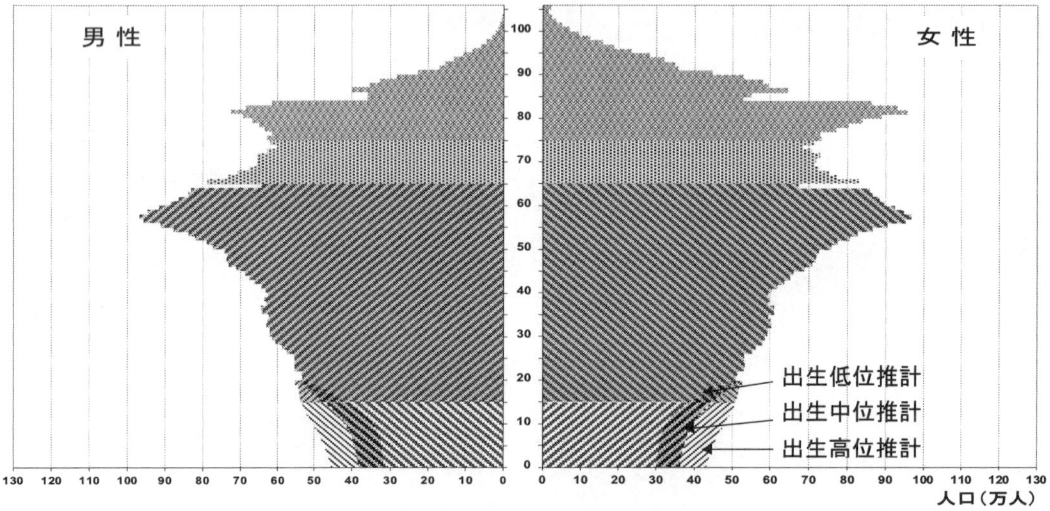

(3) 平成72(2060)年

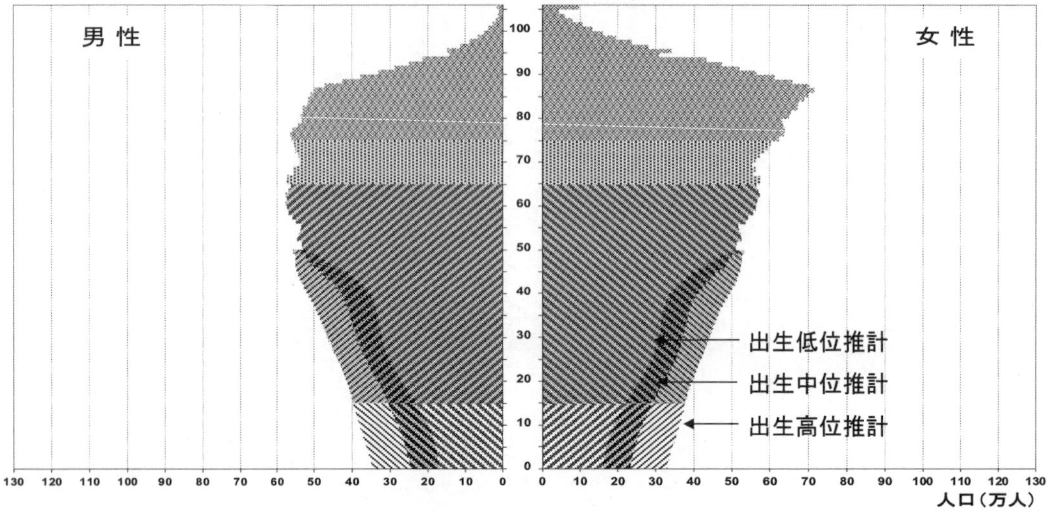

資料：表Ⅰ-1-1に同じ。若年層の分岐は出生仮定の違いによる（死亡仮定はいずれも中位仮定）。

（3）将来推計人口における仮定値改定の効果－推計結果の比較分析

　将来推計人口は、出生、死亡ならびに国際人口移動の今後の動向を仮定することによって算出される。また、新たに推計を行うにあたっては、まず以前の推計において仮定した各種指標と、推計後に公表された実績値と比較検証を行い、乖離の生じた原因の分析を行い、新たな仮定の設定に反映させることとしている。したがって、新たな仮定値と旧仮定値の差は、その間にみられた実績値の新たな展開を反映したものとなる。

　一方で、仮定値の差は、それらに基づいて推計された将来人口の差となって表れるから、以前の推計結果と新しい推計結果の違いについて分析することは、それら要因の直近の変動が将来人口に対して持つ意味を理解することに役立つ。たとえば、出生率の仮定を近年の実績を反映させて以前よりも上方に修正したとすると、将来の年少人口は以前の推計よりも多くなるとともに、人口高齢化のペースと到達水準はともに低くなり、人口減少も減速することになる。したがって、それらの人口変動を両推計の比較から求めれば、直近における出生率動向の人口変動に対する効果を計量することができる。これらはその他の要因についても同様である。

　ここでは日本の将来推計人口について、平成18年12月推計[12]（H18年推計と略記）と平成24年1月推計[13]（同H24年推計）とを比較することによって、それらの間に生じた人口動態率等の新たな展開が持つ将来の人口変動への影響を分析することにしよう。

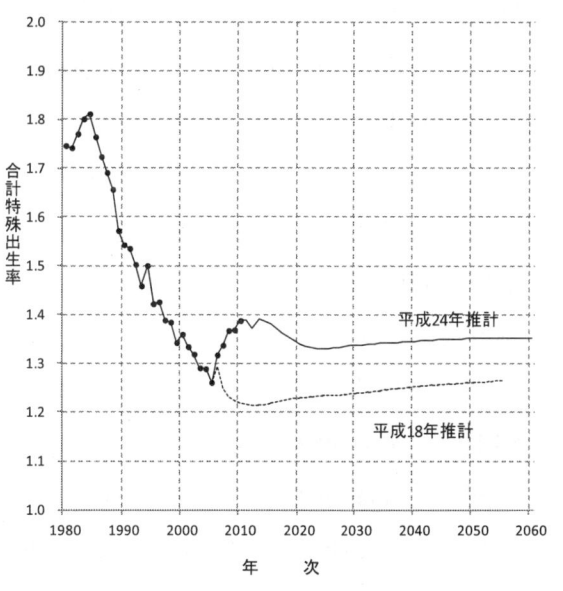

図Ⅰ-2-4　仮定された合計特殊出生率の比較

1）H18年推計とH24年推計の仮定値の比較

　まず、合計特殊出生率（以下出生率）の中位仮定値についてH18年推計とH24年推計の相違点についてみると（**図Ⅰ-2-4**）、H18年推計では、その基準年（2005年）の出生率1.26に対し、2006年を除いてその後低下し、2013年に1.21まで下がるが、後に上昇に転じ、2055年には1.26に達するとされた。しかし2010年までの実績値はこの仮定値を上回り、その差は2010年で0.17となった。これに対し、H24年推計における仮定値は、上記5年間の実績を踏襲し、H18推計の水

12）国立社会保障・人口問題研究所『日本の将来推計（平成18年12月推計）』2007年3月。
13）国立社会保障・人口問題研究所『日本の将来推計（平成24年1月推計）』2012年3月。

準もより高く推移すると仮定された。H18年推計と比較すると、2030年で0.10、2055年には0.09 高く設定された。これはこの５年間に新たに得られた出生率の実績を踏まえて各種の指標が見直されたためである。

つぎに死亡率の中位仮定について平均寿命によって比較しよう（**図Ⅰ-2-5**）。平均寿命は男女とも近年一貫して改善を示しており、1990年には男性75.92年、女性81.90年、2000年には男性77.72年、女性84.60年となっていた。H18年推計においてはこのような実績の改善を踏まえ、平均寿命の伸長は将来も進むものとし、2010年では男性79.51年、女性86.41年、推計最終年次の2055年では男性83.67年、女性90.34年となるものと推計された。H18年推計以降の実績値は概ね中位推計値と同様の傾向を示しており、2010年の平均寿命実績値は男性79.55年、女性86.30年と男性で0.04年、女性で0.11年の乖離に留まっている。このような実績値の動向を踏まえ、H24年推計の平均寿命はH18年推計と概ね同様の傾向を示している。ただし、推計最終年次が2060年となったことにより、最終的な平均寿命は2060年の男性84.19年、女性90.93年となった。

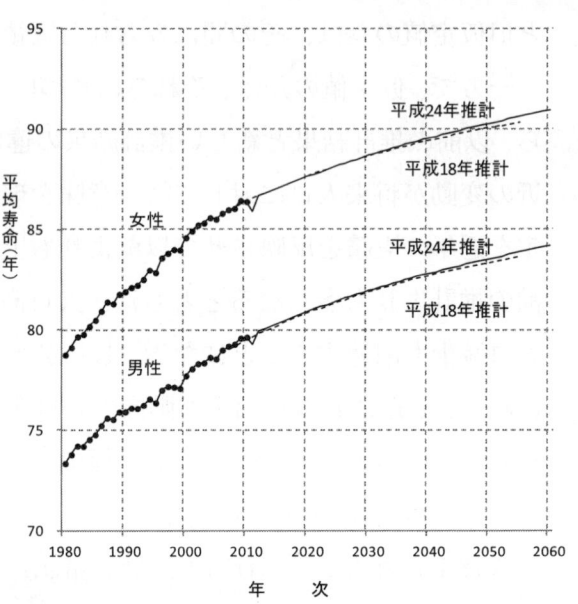

図Ⅰ-2-5　仮定された平均寿命の比較

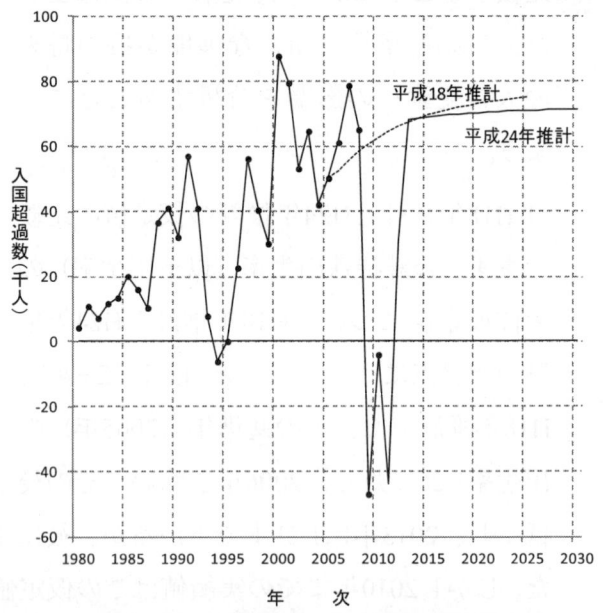

図Ⅰ-2-6　仮定された外国人入国超過数の比較

国際人口移動の仮定値は、日本人では年齢別入国超過率を、外国人では入国超過数を、それぞれ別々に設定している。ここでは外国人の入国超過数に関する比較を見てみよう（**図Ⅰ-2-6**）。外国人の国際人口移動の実績は、不規則な上下動を繰り返しつつも、概ね入国超過数が増加する傾向が続いてきた。そこで、H18年推計では、長期的な増加の傾向は今後も続くとし、2025年に7万5千人まで増加するものと仮定された。ところが、H24年推計の直近の年次においてはリーマンショックや東日本大震災に起因する大規模な出国超過が生じるなど、

外国人の出入国傾向は短期間に大きな変動を示している。そこで、外国人の国際人口移動が顕在化した1970年から2010年までの外国人入国超過数(男女合計)の実績値のうち、社会経済事象・災害等の影響により一時的に大きく変動したとみなされる年次のデータを除いたうえで、趨勢を将来に投影することによって2030年までの長期的な仮定を設定することとし、2030年において7万1千人まで増加するものとした。ただし、直近においては、世界同時不況(リーマンショック)ならびに東日本大震災(2011年3月以降)の影響による月別変動を参考に、短期的に出国超過の効果を2012年まで見込んだうえで、2013年以降は再び長期的趨勢に復帰するものとした。

2) 仮定値の推計人口に対する影響について

　各要因の仮定値の相違が将来の人口に及ぼす影響については、以下のように計測した。まず、H18年推計の全て仮定について、本来の2005年ではなく、2010年を基点とした将来推計を行い、元の推計人口との差を求める。すると、この差は、2005～10年の仮定値と実績値の違いによって生じた基準人口の違いに起因するものである[14]。そしてつぎに、この推計の2010年以降に対して、出生率のみをH24年推計の仮定にした推計を行って比較を行えば、その差はH18年推計とH24年推計の出生率仮定の違いのみよって生じたものと考えられる。さらに、死亡ならびに国際人口移動についても同様の比較を行えば、それぞれの仮定の違いのみの効果を計測できる。ただし、この要因分解法は要因を加える順序によって結果が異なることに注意が必要である。

　具体的にH18年推計とH24年推計の人口の違いについてみてみよう。まず2055年時点の人口をみるとH18年推計による結果は、8,993.0万人であったのに対し、H24年推計では、9,193.3万人であり、200.3万人（2.2%）多い結果となっている。すなわち、同じ中位仮定による推計でも新推計の方が多い推計結果となっており、その差は2055年で2%程度となっている。

　この差を生じた要因の内訳をみると、基準人口の違いによる差分は62.2万人(全差分における割合は、31.0%)、出生仮定による差分は395.9万人(197.6%)、死亡仮定が13.5万人(6.7%)、国際人口移動の仮定が−271.2万人(−135.4%)となっており、出生仮定の見直しの効果が、ほぼ推計人口の増加分の約2倍に相当する一方、国際人口移動が推計人口の増加分よりやや大きい規模の減少に寄与しており、新推計との差は主にこの二つの要因が大きな比重を占めている。(表Ⅰ-2-2)。

---

14) 実は、H18年推計における2005～10年仮定値と実績値との差は、必ずしも2010年実績人口（国勢調査人口）に100%反映されるわけではない。それは2005年と2010年の国勢調査間にはわずかながら実態調査として不可避な精度の差が存在するからである。したがって、ここでの差は「基準人口の違いに起因するもの」とした方がより適切であろう。

表 I-2-2　新推計と前回(平成18年12月)推計結果の差とその要因：2055年

	平成67(2055)年総人口		差				国際人口移動				
	平成18年推計	平成24年推計		基準人口	出生	死亡		日本人	外国人		
										仮定値	手法
人口(千人)											
総数	89,930	91,933	2,003	622	3,959	135	-2,712	-1,634	-1,079	-669	-409
0〜14歳	7,516	8,614	1,098	76	1,452	15	-445	-237	-208	-126	-82
15〜64歳	45,951	47,063	1,112	485	2,507	51	-1,931	-1,052	-879	-547	-331
65歳以上	36,463	36,257	-207	60	0	69	-336	-344	8	4	4
(寄与率)											
総数				100.0%	31.0%	197.7%	6.7%	-135.4%	-81.6%	-53.9%	-33.4%	-20.4%
0〜14歳				100.0%	7.0%	132.2%	1.3%	-40.5%	-21.6%	-18.9%	-11.4%	-7.5%
15〜64歳				100.0%	43.6%	225.6%	4.6%	-173.7%	-94.7%	-79.1%	-49.2%	-29.8%
65歳以上				100.0%	-29.2%	0.0%	-33.5%	162.8%	166.6%	-3.8%	-1.8%	-2.0%
構成割合											
0〜14歳	8.4%	9.4%	1.0%	0.0%	1.2%	0.0%	-0.2%	-0.1%	-0.1%	-0.1%	0.0%
15〜64歳	51.1%	51.2%	0.1%	0.2%	0.5%	0.0%	-0.6%	-0.2%	-0.4%	-0.2%	-0.1%
65歳以上	40.5%	39.4%	-1.1%	-0.2%	-1.7%	0.0%	0.8%	0.3%	0.5%	0.3%	0.2%
(寄与率)											
0〜14歳				100.0%	2.7%	117.0%	0.2%	-19.9%	-8.6%	-11.3%	-6.6%	-4.7%
15〜64歳				100.0%	192.8%	526.9%	-20.9%	-598.8%	-232.1%	-366.6%	-228.9%	-137.7%
65歳以上				100.0%	19.1%	152.5%	-1.6%	-69.9%	-27.9%	-42.0%	-25.8%	-16.2%

注：要因分解は、左の要素から順に追加していくことにより算出しており、順番によって結果は変わる。

　つぎに、人口の年齢構造の違いについてみていこう。まず、2055年の年少（0〜14歳）人口は、751.6万人から861.4万人に改定され、総人口中の年少人口割合は、8.4％から9.4％になった。この変化に対しては、実数も割合もともに出生仮定の見直し効果が大きく、寄与率はそれぞれ132.2％、117.0％となっている。また、これ以外に国際人口移動がマイナスに寄与している(実数：−40.5％、割合：−19.9％)。

　生産年齢（15〜64歳）人口は、4,595.1万人から4,706.3万人へ改定されたが、人口割合は51.1％から51.2％と概ね同水準であった。まず人口実数の差についてみると、出生仮定改定の効果が225.6％であるのに対して、国際人口移動仮定の見直し効果が−173.7％とマイナスに寄与している。しかし、総人口中の生産年齢人口割合については、国際人口移動仮定が−598.8％に対して出生仮定が526.9％となっている。

　続いて老年（65歳以上）人口については、3,646.3万人から 3,625.7万人へと20.7万人減少した。また老年人口割合も、40.5％から39.4％へと1.1ポイント低下した。まず実数の増加に寄与した要因をみると、国際人口移動仮定の効果が162.8％とほとんどを占める。なお、65歳以上の人口に対しては、出生仮定はまったく関与していない（出生仮定に基づいて生じた世代が、2055年においてはまだ65歳に達していないため）。しかし、老年人口割合の違い（−1.1ポイント）については状況が異なり、出生仮定を見直した効果が最も大きく、152.5％の寄与を示している。これは、老年人口の実数に大きな差がなかったとしても、今後の出生率の見通しの違いによって高齢化の水準が異なることを示している。

3. 仮定の解説と将来推計人口の国際比較

（1）出生仮定

　「日本の将来推計人口」（平成24年1月推計）の出生中位推計では、合計特殊出生率（人口動態統計と同定義）は、実績値が1.39であった平成22(2010)年から平成26(2014)年まで、平成24(2012)年の1.37を除き、概ね1.39で推移する。その後平成36(2024)年の1.33に至るまで緩やかに低下し、以後やや上昇して平成42(2030)年の1.34を経て、平成72(2060)年には1.35へと推移する。

　こうした合計特殊出生率の将来仮定値はどのように設定されたのであろうか。また、過去の実績値を含め年次別の合計特殊出生率の上昇や下降は何を意味しているのだろうか。本節では出生率仮定値の算定方法と年次別の合計特殊出生率の変動メカニズムについて解説する。具体的には、(1)出生率仮定値における長期的な水準は世代別の生涯の子どもの数を示すコーホート合計特殊出生率をもとに決められていること、(2)年次別の合計特殊出生率の変動は、世代ごとの子どもを生む年齢の変化や、ある時期の特殊事情による一時的な効果の影響を受けること、そして、(3)人口動態統計に基づく合計特殊出生率は、日本人女性の子どもの生み方とは別に、日本人男性と結婚した外国人女性の生む出生児の規模によっても影響を受けることを解説する。

1）生涯の平均子ども数の長期的推移－コーホート合計特殊出生率

　出生率の仮定値は将来推計人口の結果に大きな影響を及ぼすが、とくに重要なのは長期的な出生率の水準、すなわち20年、30年後の出生率の水準である。推計仮定値におけるこの究極の出生率の水準は、基本的には女性の生まれ年別（世代別）にみた生涯の平均子ども数の推移に基づいている。生まれ年別の平均子ども数は、50歳に達した女性にこれまでに生んだ子ども数を訊ね、それを平均することで求めることができる。しかし、ある年に生まれた女性たちが15歳から49歳までに経験した年齢別出生率を合計することでもほぼ同様の数値を得ることができ、これをコーホート合計特殊出生率と呼ぶ[15]。このコーホート合計特殊出生率は、経験的に年次別の期間合計特殊出生率よりも安定的に推移することが知られている。有名な例としては、丙午（ひのえうま）であった1966年における合計特殊出生率が挙げられる。この年の合計特殊出生率は1.58と前年の74%にまで落ち込んだ。しかし、この時期に出産適齢期にあったいかなる世代も、コーホート合計特殊出生率はほぼ2.0の水準を保っており、上記の落ち込みが子どもを生むタイ

---

[15] 厳密にはその世代における15歳から49歳までの死亡や海外移出入の影響がなかったとした場合の平均子ども数である。なお、ここでは15歳未満や50歳以上での出生は考えないため、簡単のために15歳から49歳までの経験を「生涯」の経験と呼んでいる。

ミングを短期的に調整したことによってのみ生じた結果であることがわかる。しかし、もしコーホート合計特殊出生率が明らかに低下あるいは上昇をしていることが観察されれば、それは、生涯に持つ子どもの数を変化させるような行動変化が起きていることを意味する。将来人口推計では、このようなコーホート合計特殊出生率が、過去から直近の世代にかけてどのように変化しているのかを観察し、その趨勢を、まだ子どもを生んでいない先の世代に向けて投影することで、将来の年齢別出生率に関する仮定値を得ている。

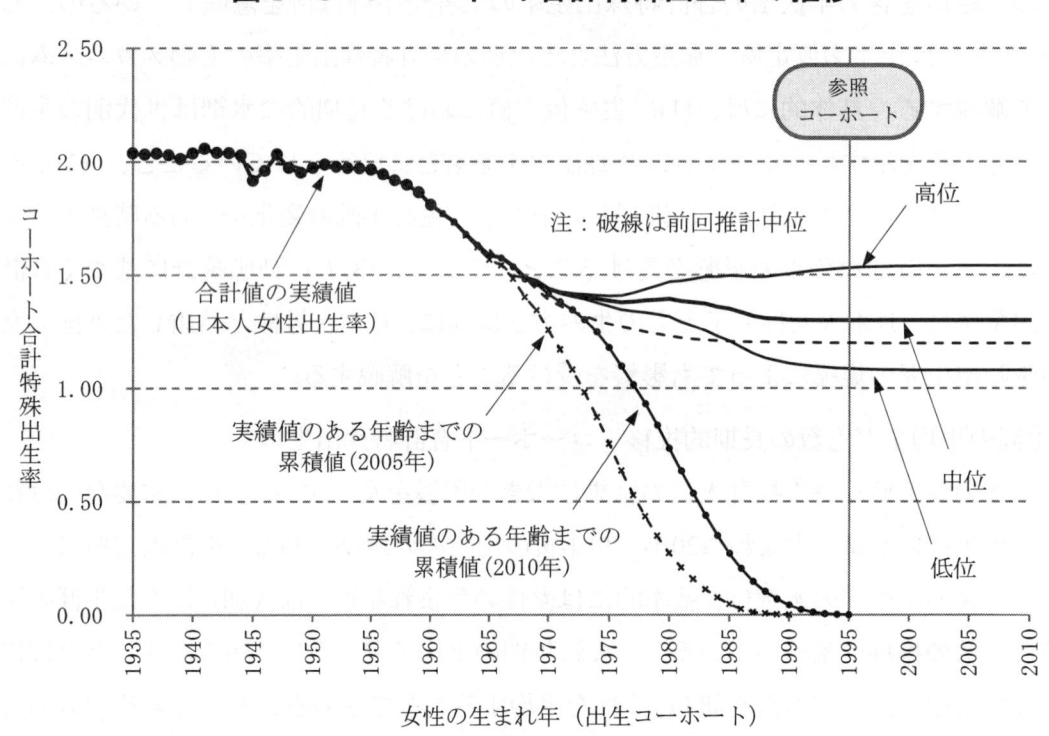

図Ⅰ-3-1　コーホート合計特殊出生率の推移

なお、実際にはコーホート合計特殊出生率の推移だけでは、最終的にどの程度の水準にまで変化するかを判断できないので、生涯の平均子ども数を左右する結婚する女性の割合や夫婦の子どもの生み方の変化、離死別の発生状況の変化などについても推移を観察し、それらの動向と整合的なコーホート合計特殊出生率の水準を決定する[16]。とくに推計時点で満15歳である1995年生まれの女性コーホートは、出生過程の入り口にあるとともに、上記の各種家族形成指標の実績データの趨勢の延長として見通せるほぼ限界に

---

[16] コーホート合計特殊出生率の見通しは、生涯未婚率、平均初婚年齢、夫婦完結出生児数、結婚出生力変動係数、離死別再婚効果係数という要素に分けて推計される。詳細については「日本の将来推計人口」（平成24年1月推計）報告書を参照。

位置する。本推計においては、このコーホートを参照コーホートと呼び、仮定値の長期的水準の要としている。

　図Ⅰ-3-1には、コーホート合計特殊出生率の推移と、各生まれ年の女性について、推計時点で実績がある年齢までの年齢別出生率の累積値を示した。なお、実績値がない年齢については、一般化対数ガンマ分布モデルを用いて年齢別出生率を推計している。

2）コーホート合計特殊出生率の年次別出生率への組み替え

　コーホート合計特殊出生率および年齢別の分布が決まると、それを年次別に組み替えることによって、年次別出生率の仮定値が求められる。**図Ⅰ-3-2**には、年齢別出生率をコーホートから年次別に組み替えるイメージを、簡単のため5年5歳階級別の数値を使って示している。上段の図では、コーホートごとの年齢階級別出生率が積上げ棒グラフにより示されているが、まだ実績値のない世代については、モデルによって推定された仮定値で補われている。これを年次別に組み替えると下段の図のようになり、たとえば、1990年代前半の出生率は、ほぼ子どもを生み終えた1950年代生まれの女性の出生率、出産ラッシュを迎えている1960年代生まれの女性の出生率、これから本格的に子どもを生み始める1970年代生まれの女性の出生率などで構成されていることがわかる。このように、年次別の期間合計特殊出生率は、その年に生きている多数の世代の子どもの生み方をつなぎ合わせることで、「架空の世代」の子ども数を表現していることになる。そして将来の仮定値とは、コーホートごとに推定した年齢別出生率を、異なるコーホートについてつなぎ合わせたものであることがわかる。

図Ⅰ-3-2 コーホート出生率の年次別出生率への組み替えイメージ

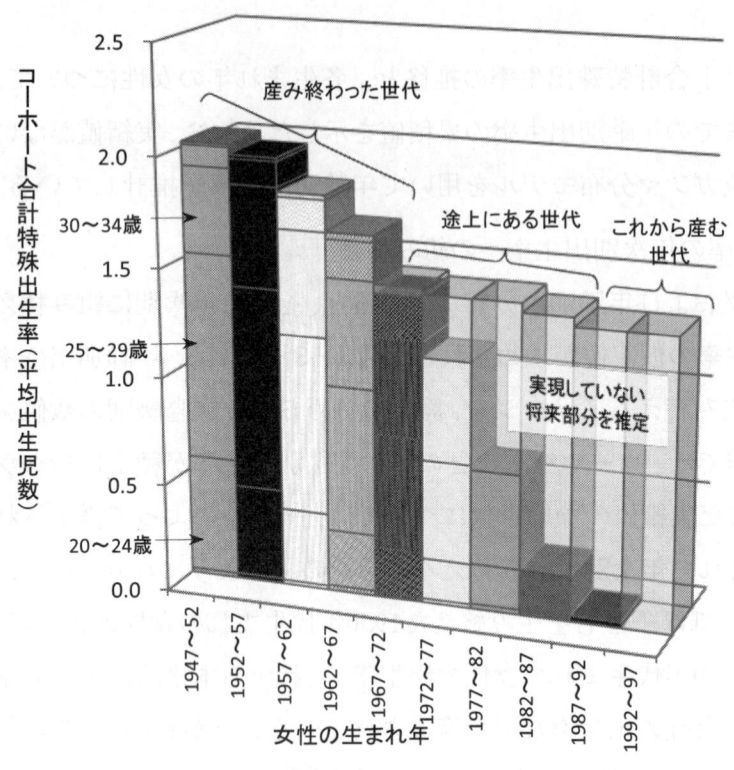

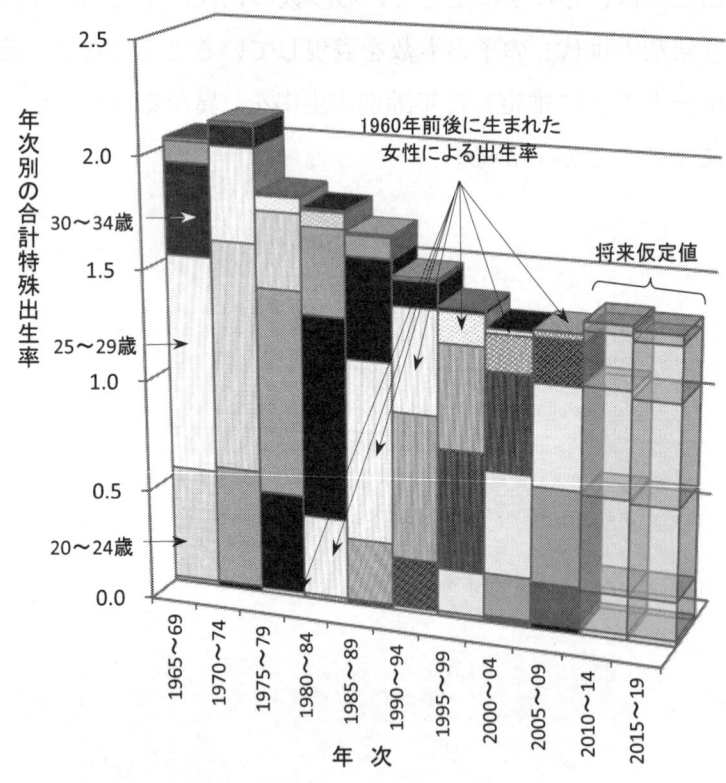

2)-1 世代による出生年齢の変化

　期間合計特殊出生率は、コーホート合計特殊出生率の変化とは別の要因でも変動する。まず世代ごとに子どもを生む年齢が変化した場合に影響を受ける。たとえば、1950年代

生まれ以降、20代の出生率が大きく低下している。一方で、一つの世代の中で見れば、20代で回避された出生率は、30代以降で取り戻される傾向がある。このように世代ごとに生む年齢が異なるだけで完結出生児数に大きな変化はなくとも、これを年次別に組み替えると、すでに子どもを生み終えてしまった世代と出産を先送りしている若い世代が一時的に重なり、年次別の合計値は著しく低くなる。

　日本では2005年前後に期間合計特殊出生率の水準が著しく低下した。これは、この時期を挟んで出生の担い手であった世代において、子どもを生む年齢パターンに急激な変化が生じたことに起因する。2000年から2010年までの出生の担い手は、主に以下の特徴的な3つの世代に分けることができる。

図Ⅰ-3-3　2000年代出生の担い手

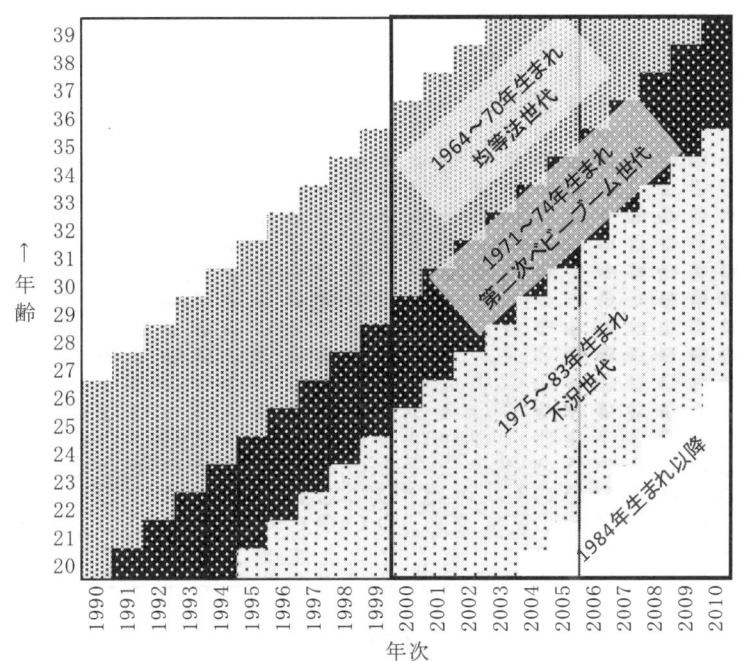

<1964年～70年生まれ>　1964年生まれが大学卒業年齢であった昭和61(1986)年4月は男女雇用機会均等法が施行された年であった。加えて、この時期を含む好景気とも相俟って、女性の働き方や意識が大きく変化した世代と言われている。そこで、ここから数年のコーホートである1964年～70年生まれを、ここでは「均等法世代」と呼ぶこととしよう。

　<1971年～1974年生まれ>　1971年～1974年生まれは第二次ベビーブームに生まれたコーホートの規模が大きい世代であり、ここでは「第二次ベビーブーム世代」と呼ぶこととする。また、コーホート規模が大きいことに加え、大学卒業年齢時にバブル景気が崩壊し、就職状況が先行世代に比べて厳しくなった世代でもある。

　<1975年～1983年生まれ>　1975年～1983年生まれは、1990年代以降、不況が長引き、

非正規雇用の割合の上昇など、就職状況がますます悪化する中で結婚・出生過程に入るようになった世代であり、ここでは「不況世代」と呼ぶこととする。なお、この世代は、20代前半の年齢で婚前妊娠結婚が増加した世代でもある。

　図Ⅰ-3-3に、各年次に各世代が何歳だったかを示す模式図を示した。2000年代前半は、均等法世代が出生過程の後半を迎え、第二次ベビーブーム世代およびそれに続く不況世代が出生過程に入ってきた時期であった。そして2000年代後半は、均等法世代がほぼ出生過程を終え、第二次ベビーブーム世代が出生過程後半、不況世代が中心的年齢に入っていた時期であるとみることができる。

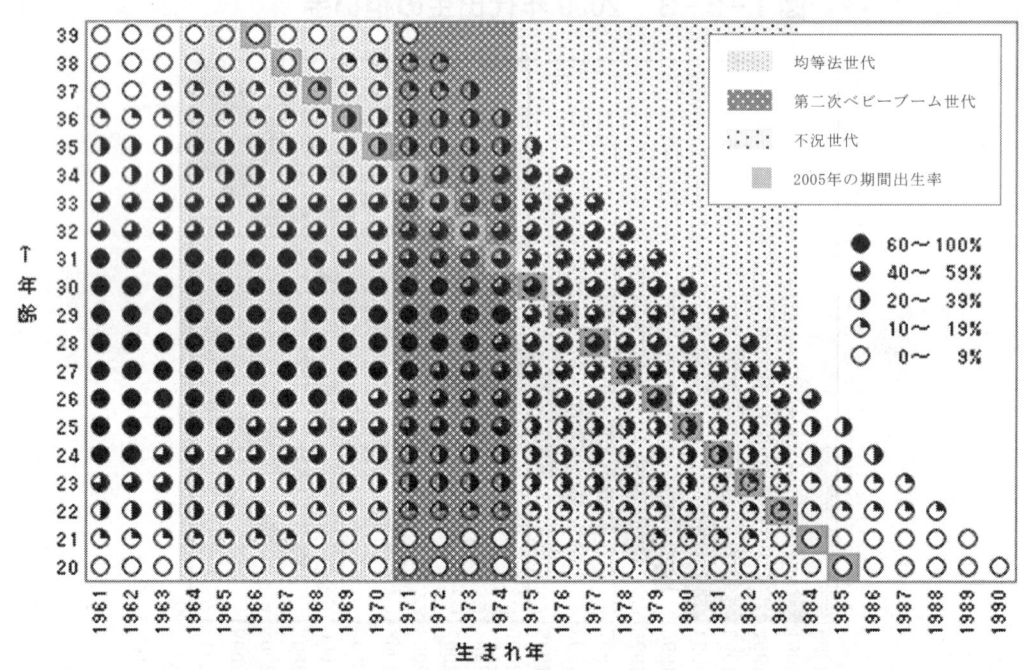

図Ⅰ-3-4　生まれ年別に見た年齢別出生率の相対値（全子）

注：観察された年齢別出生率の最大値(1961年生まれ27歳の0.165)を100%、最小値(1961年生まれ39歳の0.014)を0%としたときの、それぞれの値の相対的大きさを対応するアイコンで示している。

　図Ⅰ-3-4は、生まれ年別に全子の年齢別出生率の相対値を示したものである。●、○、その他部分的に黒で示されているアイコンは、観察された値の最大値と最小値を100%、0%としたときに、それぞれの値の相対的な大きさに対応している。黒い部分が大きいほど、高い出生率を示している。黒い部分は若い世代ほど少ないので、生まれ年が最近である世代ほど、全体的には出生率が低い傾向があることを意味する。すなわち、コーホート合計特殊出生率は新しい世代ほど低くなる。しかし年齢別に見ると、若い年齢では新しい世代ほど低い傾向にあるが、高年齢では、新しい世代ほどむしろ出生率が高めである。つまり、新しい世代では子どもを生む年齢が高年齢にシフトしているとい

うことになる。ただし、1980年生まれ前後の世代は、21歳の出生率が前後の世代よりも高い。これは婚前妊娠による出生がこの世代で一時的に増加したからである。

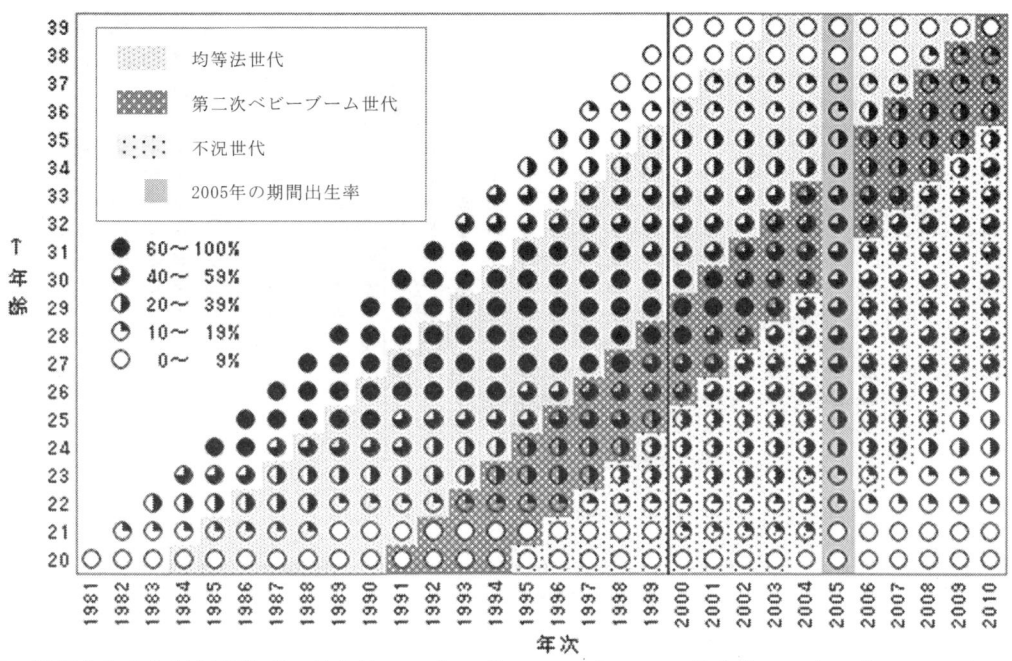

図Ⅰ-3-5　年次別に見た年齢別出生率の相対値（全子）

注：観察された年齢別出生率の最大値(1988年27歳の0.171)を100%、最小値(2000年39歳の0.014)を0%としたときの、それぞれの値の相対的大きさを対応するアイコンで示している。

さて、これを年次別に組み替えたものが図Ⅰ-3-5である[17]。最も低かった2005年を見ると、若い年齢で子どもを生み終えていた均等法世代の低い30代出生率と、生み始めが遅れている不況世代が重なることで一時的に合計値が低くなったことがわかる。2000年代前半の婚前妊娠による若年出生がその後の世代に引き継がれなかったことも低下に寄与した。しかし2006年以降は、第二次ベビーブーム世代、不況世代が30代に入り産み戻しており、また、その後に続く世代も若年齢で以前の世代と同程度の出生力を示したことで、合計値としては回復したと解釈できる。出生順位別に示した図Ⅰ-3-6～8をみると、第1子では顕著に高年齢シフトが起こっていることがわかる。2000年代前半には婚前妊娠による第1子出生率が20代前半で高まっているが、その後、2000年代中盤には若年での第2子、2000年代後半には20代半ばでの第3子の出生率の上昇が見られており、2006年以降の出生率上昇に寄与しているとみられる（図Ⅰ-3-8）。

---

17) 厳密には年次 t 年の満 x 歳の年齢別出生率には、年次 $(t-x)$ 年生まれと、年次 $(t-x-1)$ 年生まれの2つのコーホートが関わるため実際の組み替えでは2年次の平均値を用いるなど調整が必要である。

図Ⅰ-3-6 年次別に見た年齢別出生率の相対値（第1子）

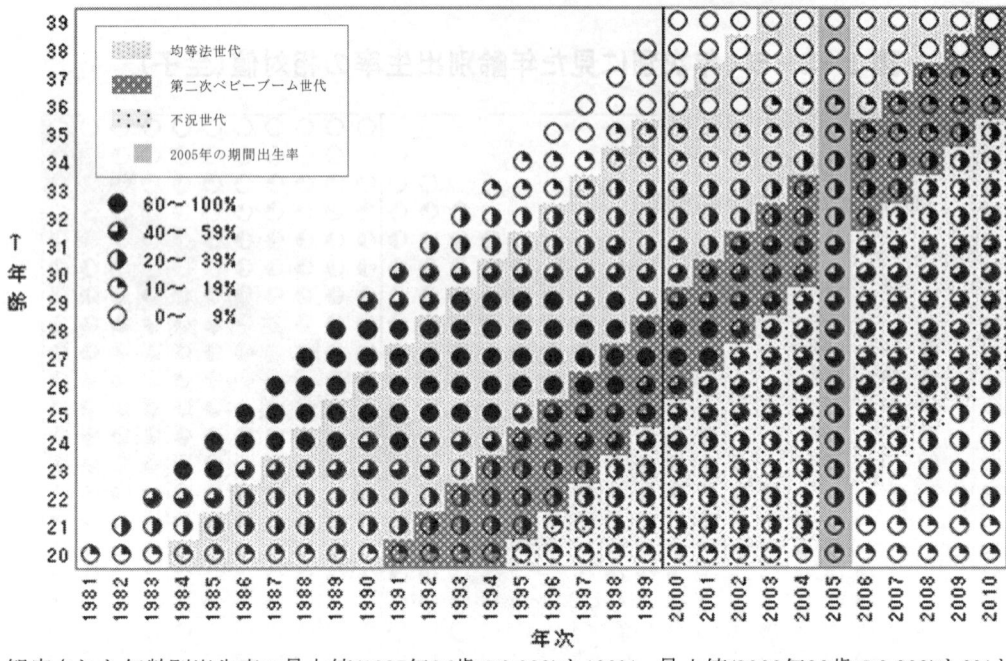

注：観察された年齢別出生率の最大値(1987年26歳の0.093)を100%、最小値(2000年39歳の0.003)を0%としたときの、それぞれの値の相対的大きさを対応するアイコンで示している。

図Ⅰ-3-7 年次別に見た年齢別出生率の相対値（第2子）

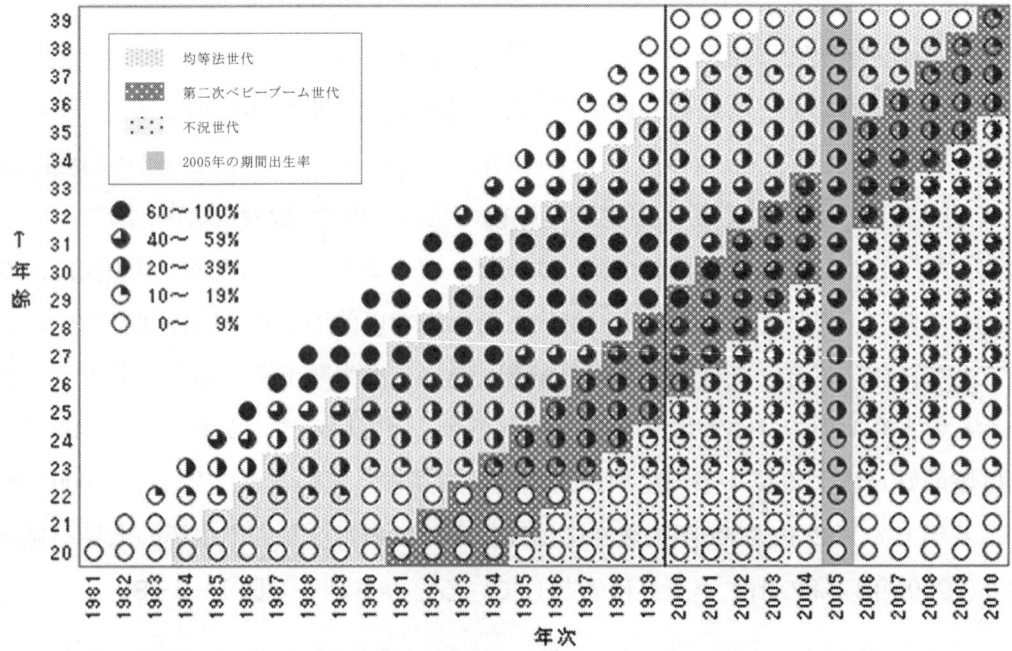

注：観察された年齢別出生率の最大値(1989年28歳の0.074)を100%、最小値(1996年20歳の0.002)を0%としたときの、それぞれの値の相対的大きさを対応するアイコンで示している。

図Ⅰ-3-8 年次別に見た年齢別出生率の相対値(第3子)

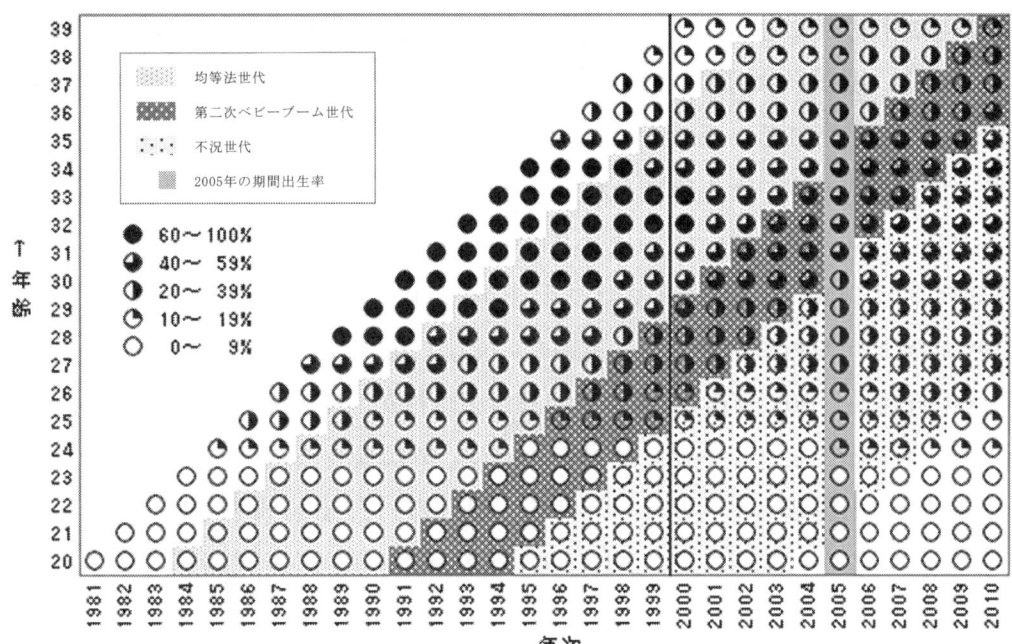

注：観察された年齢別出生率の最大値(1991年30歳の0.027)を100%、最小値(1993年20歳の0.000)を0%としたときの、それぞれの値の相対的大きさを対応するアイコンで示している。

2)-2 震災等の特殊事情

　出生、死亡、移動などの将来仮定値の設定は、人口学的投影手法に基づいており、長期の人口動態率の推移は、基準時点において得られる、過去から現在に至る人口学的データの趨勢に基づいて設定するのが基本である。しかしながら、今回の推計では基準時点である2010年の翌年である2011年3月11日に東日本大震災が発生し、これが2012年までの出生動向に何らかの影響を与える可能性が考えられた。1995年の阪神大震災の際には、被災地を中心に震災後9〜11ヶ月後の出生数が、震災がなければ想定された水準の95%程度に減少する事態が観察されたが、さらに数ヶ月後にはその分の回復を示しており、年間を通じて減少する事態には至らなかった。しかしながら、大災害はそれぞれ規模や影響も異なるので、事情によっては丙午の年のように出生が数十パーセントも引き下げられる事態が起こらないとも限らない。本推計では以下のような考え方を採用した。すなわち、基準時点以降において、推計に用いる他の基礎データと比較しても信頼性に遜色ない定量的データがあり、これを考慮すると人口学的投影から得られた長期的趨勢と比較して、短期的期間変動の範囲を超える変動が生ずると認められる場合には、必要最小限の期間に対してその影響を考慮し、その後長期的趨勢に回帰するものとする。そこで、今回の推計では、女性が妊娠した場合に自治体に提出される妊娠届数のデータを利用し、2012年までの出生仮定に反映させることとした。

妊娠届出者数の統計は、各市区町村によって、年に一度（6月末日）、前年度(前年4月～当該年3月)分がまとめられ、都道府県を通じて厚生労働省大臣官房統計情報部に報告されている。集計結果は翌年2月ごろに、同部によって『地域保健・健康増進事業報告』において公表される。過去の実績値の分析から、当該年度の妊娠届出数は、翌年の出生数と同調性が高いことが確認されている。そこで、2011年以降の出生数の先行指標を得るため、妊娠届出数をとりまとめている市区町村へのヒアリング調査を実施し、2010年度分および2011年度の9月までの月別の届出数情報を収集した。

　2010年前後に市町村合併などをしていない全国1703市区町村の中で、約800市区町村に問い合わせをし、2010年度については535市区町村が、2011年度については527市区町村から回答を得ることができた。2011年度については最長で9月分までの統計であるため、都道府県別出生数の月別分布を用いて、市区町村ごとに年間数を推計した。これにより、市区町村ごとに2009年度、2010年度、2011年度の妊娠届出数が得られ、前年度からの変化率を求めることができる。

図 I-3-9　推定された全国妊娠届出数および出生数予測

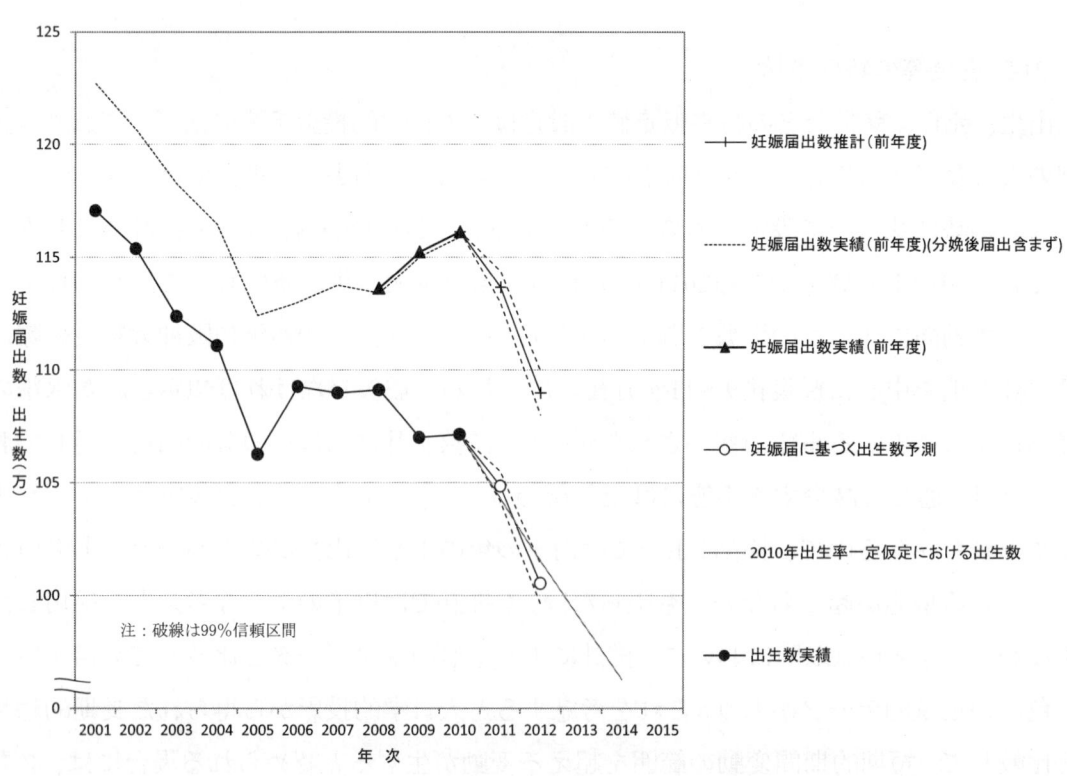

　2011年度の妊娠届出数を推計し、過去の妊娠届出数と出生数との比率を使って2012年の出生数を予想した。今回は2010年の実績に基づく比率を使った。なお、2009年、2010年と妊娠届出数と出生数の乖離が拡大する傾向が確認されている。この背景としては

「健やか親子21」に基づいた早期届出の勧奨や、妊婦検診の助成拡大を誘因とした早期届出者の増加、そして30代での妊娠の増加によって流死産確率が上がったことが考えられる。しかし今後は2010年における乖離の程度が継続するとの前提で推計を行った。

　2011年度の妊娠届出数の推計値に基づき、2012年の出生数（日本における日本人）は約1,005,000件と推計された（図Ⅰ-3-9）。ちなみに出生率が2010年と同じだった場合に想定される出生は1,015,295であるため、それよりも数は少ないが、数十パーセント分が回避されるような極端に低い水準になる可能性はきわめて低いことが確認された。これを基に、2012年の合計特殊出生率の中位仮定は前後の年をやや下回る1.37という値に設定された。

3) 合計特殊出生率変動に対する外国人女性の影響

　出生率の仮定設定は日本人女性から生まれた日本国籍児を分子とし、日本人女性を分母にして算出された「日本人女性についての出生率」をもとに行っている(下図によれば[1]／[a])。また「外国人女性についての出生率」(([2]+[3])／[b])は、日本人女性出生率と外国人女性出生率の実績における年齢パターンの違い等の情報をもとに、モデルによって求めている。なお、外国人女性が生む子どもは、日本人の夫との間に生まれた日本国籍児[2]と、それ以外の条件で生まれた外国籍児[3]が存在する。外国人女性から生ずる日本国籍児数の年齢別発生割合([2]／([2]+[3]))については、近年の実績をモデル化して用い、日本国籍児数の総数([1]+[2])を推計している。

出生児の国籍と母の国籍の構造

出生児の国籍	[1]日本国籍児	[2]日本国籍児※	[3]外国国籍児
母の国籍	[a]日本人女性	[b]外国人女性	

※外国人女性の生んだ日本国籍児とは、日本人を父とする児である。
※※太枠が日本国籍児総数。

人口動態統計の合計特殊出生率の定義

$$（合計特殊出生率）= \sum_{年齢(15〜49歳)合計} \frac{\begin{pmatrix}日本人女性\\の出生数\end{pmatrix}+\begin{pmatrix}外国人女性の生んだ\\日本国籍児の数^※\end{pmatrix}}{（日本人女性人口）}$$

　さて、人口動態統計の合計特殊出生率の定義は、日本国籍児を分子とし、日本人女性を分母とした率なので、上記図によれば([1]+[2])／(a)となる。したがって、合計特殊出生率は日本人女性の出生率の変動だけでなく、[2]の規模によっても変動することになる。[2]の規模は、本推計システムでは外国人女性の規模に依存する。外国人女性の規模は、外国人の入国超過数、国籍移動、外国人女性の出生率の各仮定に依存するが、これらに

よって本推計では今後外国人女性の日本人女性に対する比率は増加する見通しとなっている。図Ⅰ-3-10の左図は、日本国籍児の総数と、日本人の母から生まれた日本国籍児数の推移を示している。両者の差は外国人女性の生んだ日本国籍児の規模を示しているが、1990年代以降しだいに拡大しており、今後もその差は拡大が続く見込みである。すなわち、合計特殊出生率の分子における外国人女性の生んだ日本国籍児数の比率が上昇していくことを意味し、それが合計特殊出生率を上昇させる方向に寄与する。図Ⅰ-3-10の右図では、日本人女性の生んだ日本国籍児に限定した合計特殊出生率と人口動態統計と同定義のすべての日本国籍児についての合計特殊出生率の推移を示している。前者は2030年以降、1.30で一定となっているが、後者の人口動態統計と同定義の合計特殊出生率は、平成36(2024)年の1.33に至るまで緩やかに低下したあと、以後緩やかに上昇し、平成42(2030)年の1.34を経て、平成72(2060)年には1.35へと推移する。この上昇は、日本人女性の子どもの生み方に変化があるからではなく、日本における外国人女性の増加に伴い日本人と結婚する外国人女性が増えることが予想され、その結果、日本国籍児に占める外国人女性による日本国籍児の比率が増加するという構造的な要因であると解釈することができる。

図Ⅰ-3-10 母の国籍別にみた日本国籍児の件数および合計特殊出生率(TFR)の推移(出生中位・死亡中位仮定)

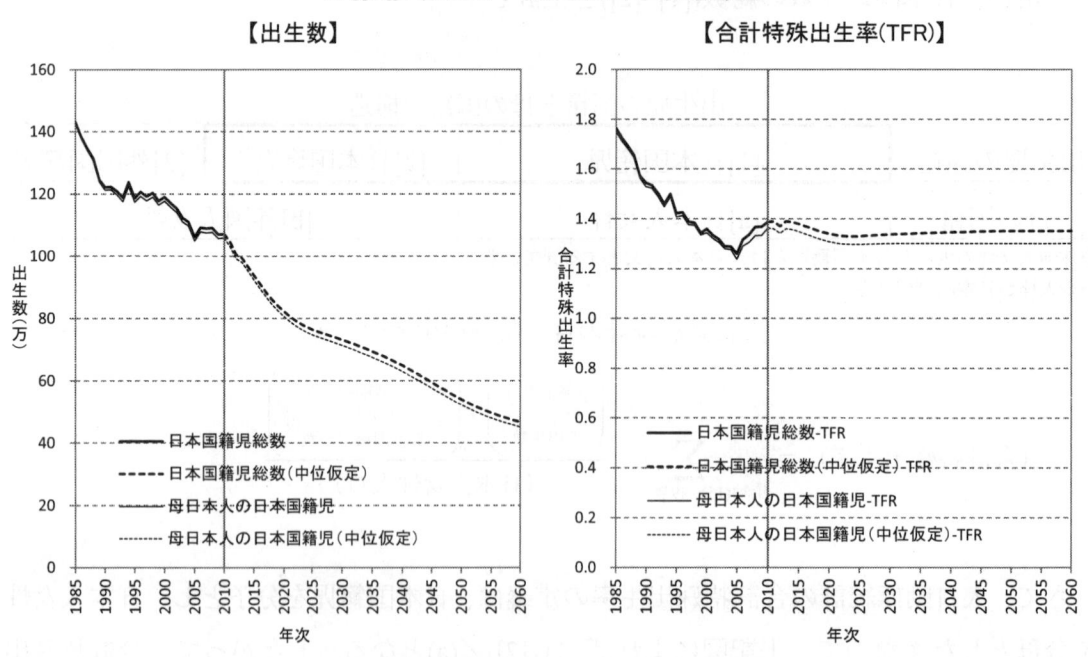

(2) 死亡仮定

　「日本の将来推計人口（平成24年1月推計）」死亡中位仮定によれば、日本の寿命は今後も延び続け、2060年には男性84.19年、女性90.93年と、2010年現在から男女ともに4年半程度延びるとされている[18]。世界的にみてトップクラスの寿命を保ちつつ、なお長寿化が進展するわが国の平均寿命の今後の動向については、これ以上延びを期待できないのではないかとする見方や、将来の医療技術の進歩などによって加速的に延びるだろうとする見方など様々なものがある。本節では「日本の将来推計人口」における死亡率推計の性格と、なぜ本推計で今後も平均寿命が伸長を続けると見込まれているのかなどについて解説する。

1）人口投影と平均寿命

　公的将来推計人口は、各種施策立案の基礎などをはじめ広範な目的に利用されることから、客観的・中立的に行われることが求められる。このため各種の指標は、人口学的データの実績推移を将来に投影する手法を用いて推計が行われており、平均寿命の推計も、これまでの死亡率データの推移を将来に向けて投影したものという性格を持つ。すなわち、将来の寿命の延びに対して、期待をしたり、しなかったりという恣意的な見方を取り入れたものではない。しかし、一方で、投影の実行にあたっては、過去から現在に至る死亡動向の変化を的確に見極め、一定の理論に沿ってモデル化することが必要となる。その背景には、そもそも人口学的に、寿命というものをどう捉えるのかという視点が求められることとなる。

2）寿命の限界論と死亡率モデル

　かつて専門家の間では、寿命は生物学的に決まっており、それぞれの種の寿命には一定の限界があるため、人間の平均寿命もやがて限界に近づいて延びが鈍っていくのではないかという見方が有力であった。もし寿命にこのような限界があるとすれば、若い年齢層では死亡がいっさい無くなる一方で、限界近くの高齢層で集中して死亡が起こるため、生命表における生存数曲線は徐々に長方形の形状に近づいていくことになる。このことは生存数曲線の「矩形化」と呼ばれている。**図Ⅰ-3-11**はわが国の女性の生存数曲線の変遷をみたものであるが、たしかに矩形化を示し、平均寿命が延びてきた様子がみられる。こうした推移は、寿命に限界があるという見方を裏付けていたといえる。

　ところが、近年の生存数曲線の動きをみると、高齢層において、生存数が降下する年

18）同推計では死亡水準について3通りの仮定が設けられた。死亡率がより高く推移する高位推計では、2060年における平均寿命は、男性83.22年、女性89.96年であり、延びは4年弱にとどまる。より低く推移する低位推計では男性84.93年、女性91.51年まで伸長するものとされており、延びは5年を超える。

齢が、高齢側へシフトしていることがわかる。これは死亡の遅延とでも呼ぶべき現象であり、これにより寿命に限界があるという説には疑問が生じてきた。すなわち、寿命には限界を考えることができないとする見方や、存在したとしても現在想定されるよりもずっと高い年齢であるとする見方が有力視されるようになってきたのである。詳しくみると、これまであまり下がらないだろうといわれていた高齢層での死亡率低下が著しいことや、日本やスウェーデンなどの低死亡率の国で、死亡の最高年齢が徐々に記録を更新していることなどからも、これらの説が裏付けられる。

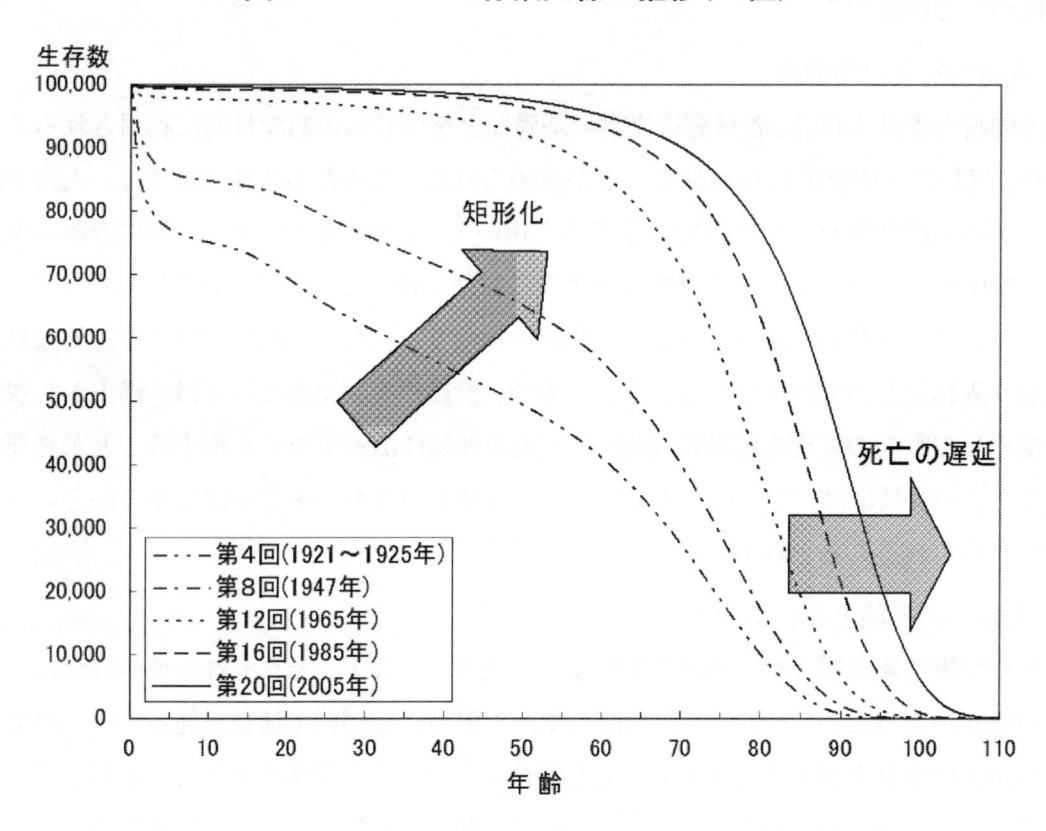

図Ⅰ-3-11　生存数曲線の推移（女性）

資料：厚生労働省「生命表」

　こうした事実や理論は、将来人口推計における寿命の人口学的投影に用いるべきモデルがどのようなものでなくてはならないのかに重要な示唆を与えている。先の観察は、投影にあたって死亡の遅延をよりよく表現できるようなモデルが必要とされることを示しており、将来人口推計においても平成18年推計からこのようなタイプのモデルが採用されている。平成24年推計では、平成18年推計で用いられたモデルを改良し、現在、国際的に標準的に用いられているリー・カーター・モデルを若年層で用いつつ、高齢層では死亡率改善を死亡率曲線の高齢側へのシフトとして表現する線形差分モデルを組

み合わせることにより、死亡率改善のめざましいわが国の死亡状況に適合させることとした。

3) 線形差分モデルの組み込み

今回、高齢部の死亡率モデルとして使用された線形差分モデルは、高齢死亡率曲線の横方向へのシフトの差分を年齢の線形関数によって記述するモデルであり、$\tau_{y,t} = f'_t + g'_t x$で表される。ただし、$\tau_{y,t}$は年次$t$、対数死亡率$y$の年齢シフト（差分）であり、$f'_t$と$g'_t$はそれぞれ差分を線形関数で表したときの切片と傾きを表す。図Ⅰ-3-12はこれを模式的に表したものであり、横方向で示された年齢シフトを表す矢印を90度回転させて始点をそろえるとその終点が直線上に並んでいることから、年齢シフトが年齢の線形関数として表されていることがわかる。

図Ⅰ-3-12　線形差分モデル（模式図）

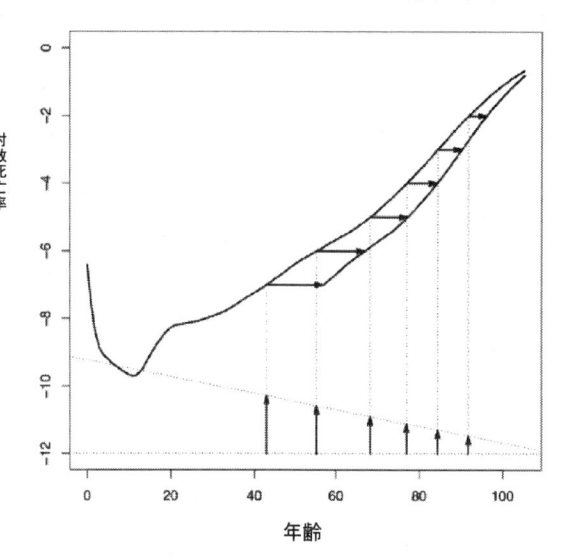

図Ⅰ-3-13　年齢別対数死亡率の相対的水準

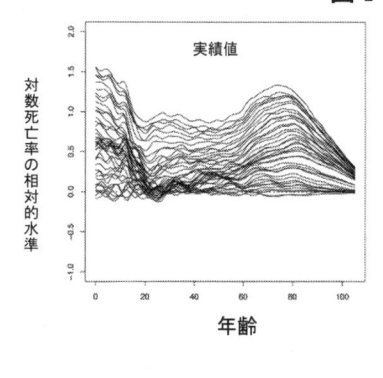

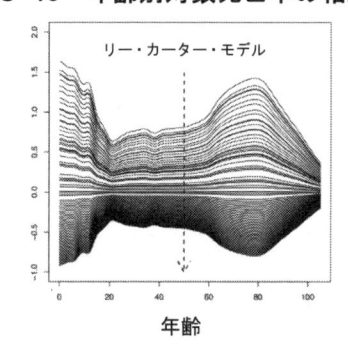

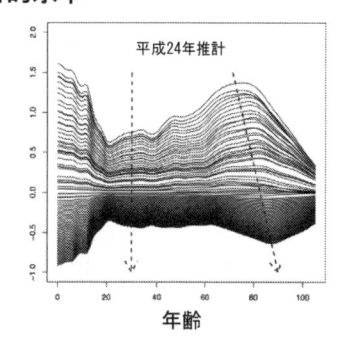

図Ⅰ-3-13は、年次別に見た年齢別対数死亡率の相対的水準の実績値と、リー・カーター・モデル及び平成24年推計による投影結果を示したものである。これを見ると、リー・カーター・モデルでは年齢別の死亡率改善分布が固定されていることから、死亡率改善が垂直的に表現されているのに対して、平成24年推計のモデルでは実績値に見られるような、死亡率改善の大きい部分が高齢側へシフトしてきている動きが表現されていることがわかる。このように、平成24年推計では線形差分モデルを利用することにより、わが国の近年の死亡率改善が死亡の遅延とみられる動きとより整合的な投影を行うことに成功しているのである。

世界トップクラスの平均寿命を誇るわが国の場合、他国や国際機関において採用されている技術に加えて、こうした新しい傾向を正確に捉える技術を開発して行かなくてはならない。平成24年推計においては、新たに得られた実績データと、線形差分モデルを利用した新たなモデルに基づいて寿命を投影した結果、わが国の寿命は今後もいっそう伸長していくとの推計結果が導き出されたのである。しかしながら、このような死亡率改善の新たな展開は、将来のある年次に平均寿命がどこまで延びるのかということに関する不確実性を考慮する必要性を示唆している。そこで、平成18年推計同様、今回の推計においても、中位・高位・低位の三通りの仮定を設け、一定の幅をもって推計を行うことにより、将来の死亡水準に関する不確実性を表現することとしている。

（3）国際人口移動仮定

近年、国際人口移動が人口変動に及ぼす影響は増大しており、将来人口推計における国際人口移動の仮定設定の重要性も高まりつつある。そのため、外国人、ならびに日本人の出入国の傾向について利用可能な資料を用い可能な限り詳細な分析を行い正確な状況把握をすることが、精緻な国際人口移動の仮定設定を行うための前提条件であり、ひいては将来推計人口の精度を高めるうえで極めて重要である。具体的には、出入国パターンの変化の背景にある国際人口移動の関連国・地域別に、社会経済的状況や外交関係・政策等との関連を通じて詳細な分析を行うことにより、国際人口移動の安定的な傾向と短期的突発的な変動の考察に結びつけることが可能になる。

ここでは、将来人口推計の国際人口移動仮定設定における前提となる、国際人口移動の近年の傾向の分析結果について概説する。

1）わが国における国際人口移動の動向

日本の将来人口推計は、日本に常住している[19]外国人を含む全人口を対象としている。これは、総務省統計局『国勢調査』ならびに『推計人口』による人口と同じ定義である。日本人ならびに外国人の国際人口移動を把握するための主な統計には、法務省『出入国管理統計』、総務省統計局『推計人口』などがある[20]。また、人口静態統計としては、総務省統計局『国勢調査』、『推計人口』により日本人・外国人人口、そして法務省『在留外国人統計』によって登録外国人人口を把握することができる[21]。一方、外務省『海外在留邦人数調査統計』により、海外に滞在する日本人についての状況把握が可能である。

戦前戦後におけるわが国の国際人口移動の動向を網羅的に把握した資料は限られていることから、人口学的な視点から連合国軍総司令部経済科学局調査統計部や厚生労働省社会・援護局の統計等を用いて戦前から戦後における各年の変化を明らかにした石川（1986）の分析結果により時系列的な推移を概観しておこう。1930年代半ば以降朝鮮半島等からの労働力の転入を大幅に上回る出国がみられ、とりわけ1943年、44年には大量の兵員の派遣などにより100万人を超える出国超過が生じた。戦後は逆に、大量の軍人および在外日本人の日本への引揚げが日本人以外の人々の出国数を大幅に上回り、1945

19）常住人口とは、3か月以上にわたって住んでいるか、又は住むことになっている人口をいう。
20）『出入国管理統計』は1961年から刊行されているが、その前身である『法務統計月報』（1954年4月から）や、さらにそれ以前に外務省の管轄で行われていた集計を含めると1949年以降は毎年正規の出入国者数が把握できる。ただし、推計に必要となる日本人ならびに外国人の男女年齢別の出入国者数が継続的に把握できる統計は、1960年以降に刊行されている総務省統計局『推計人口』である。
21）外国人登録法は2012年7月9日に廃止され、住民基本台帳法の対象となった。そのため、今後は外国人も日本人と同様に『住民基本台帳』により人口の把握が可能となろう。

年には未曾有の350万人強の入国超過となった。日本への引揚者は1950年までに625万人にも達したが、その後は概ね落ち着きをみせる。ただし、1953年には中国から引揚げによって約3万5千人の日本人入国超過が、1960年前後には北朝鮮への帰還によって6万人を超える外国人の出国超過が起こるなど、時折大規模な出入国が生じている。日本人、ならびに外国人の出入国の主流がイベント等への参加や旅行といった短期滞在となる1960年代半ば頃から、国際人口移動の状況が安定してくる。

以上のように、わが国の戦前戦後は国際人口移動に関して極めて特異な時代であったということができる。将来人口推計においては出入国状況が安定し始めた時期が1960年代半ばであることを鑑み、以下では主に、男女年齢別データが入手可能な1970年代以降について分析を行う。

図Ⅰ-3-14 入国超過数

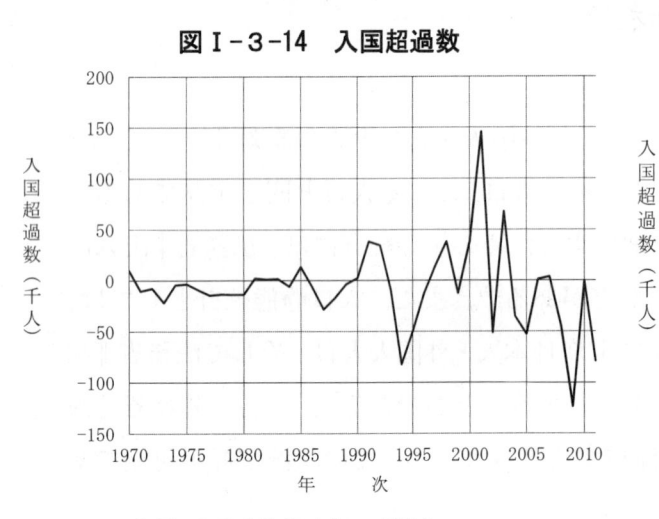

資料：総務省統計局『人口推計』

図Ⅰ-3-15 日本人、外国人別入国超過数

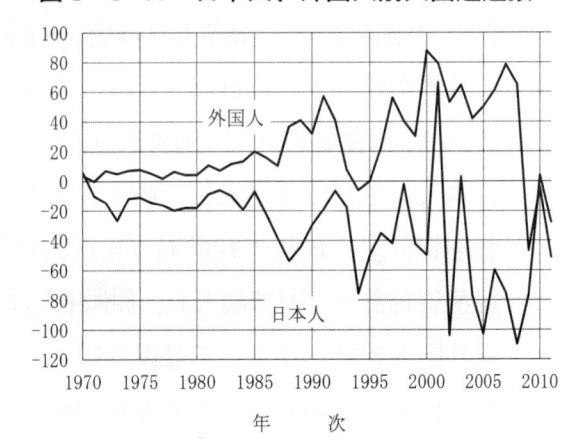

資料：総務省統計局『人口推計』

国際人口移動は、経済や治安などの国際情勢を反映して大きく変化する。また、わが国の政策が外国人の出入国に影響を及ぼし、さらには特定国、あるいは複数国との間で結ばれる協定等によって出入国者の数は大きく変動してきた。1970年以降のわが国における入国超過数[22]の動向をみると、1980年代後半以降急激な変化を示してきているが、上下に大きく変動しており時系列的にみて必ずしも規則的な傾向を示しているとはいえない（図Ⅰ-3-14）。ところが、この国際人口移動の変動を日本人と外国人に別けて観察すると、それぞれ異なる特徴がみられる（図Ⅰ-3-15）。すなわち、日本人は概ね出国超過（マイナスの入国超過）の傾向にあり、1980年代後半から2000年頃まで年平均

---

22) 総務省統計局『人口推計』等における入国超過数（入国超過数－出国超過数）の外国人については、短期滞在の者を除く人員（91日以上滞在者）を用いている。日本人については、2005年10月分より短期滞在の者を除いた数値となっている。

4万人規模で推移してきた。それに対し外国人は、近年大きな上下動を繰り返してはいるものの、2000年代後半まで大幅な入国超過が続いている。

このように、国際人口移動が僅少であった1960年代後半以降1980年半ばまでの期間、わが国の人口変動は、ほぼ出生数と死亡数による自然増加数によって決定づけられていた。しかし、1980年代中葉から大きく変容してきたわが国の国際人口移動は、人口全体の動向に対して無視できないまでに影響力を強めている。

以下では、そのような国際人口移動の変化によってもたらされた外国人人口の動向、ならびに海外における日本人人口の実態を明らかにするとともに、変化の背景にあるわが国の諸施策、国際情勢との関係について考察を行う。

2）外国人の入国超過と外国人人口の動向

まず、わが国における登録外国人人口の動向をみると、1980年代までは微増傾向はみられるもののほぼ60万〜70万人台で比較的安定していた（図Ⅰ-3-16）。しかし、1990年になると急増し外国人人口は100万人を超え、この間に大幅な外国人の入国超過があったことを示唆している。そして、2005年には200万人を上回り、2010年末現在約215万人に達している。1980年から90年の10年間で約30万人増加し、2005年までの25年間には123万人増加し2.6倍になった。なお、外国人人口の増加幅は、近年になるほど大きくなり、1990年から2005年までの僅か15年間で外国人人口は倍増したことになる。それに伴い、外国人人口割合（国勢調査による）も急増し、1985年には0.6％であったものが2000年に1％を上回り、2005年には1.2％と1985年に比べ2倍に急増してきている。ただし、以下で詳細に考察するが、2008年以降数年間にわたりわが国の外国人人口は減少が続いている。

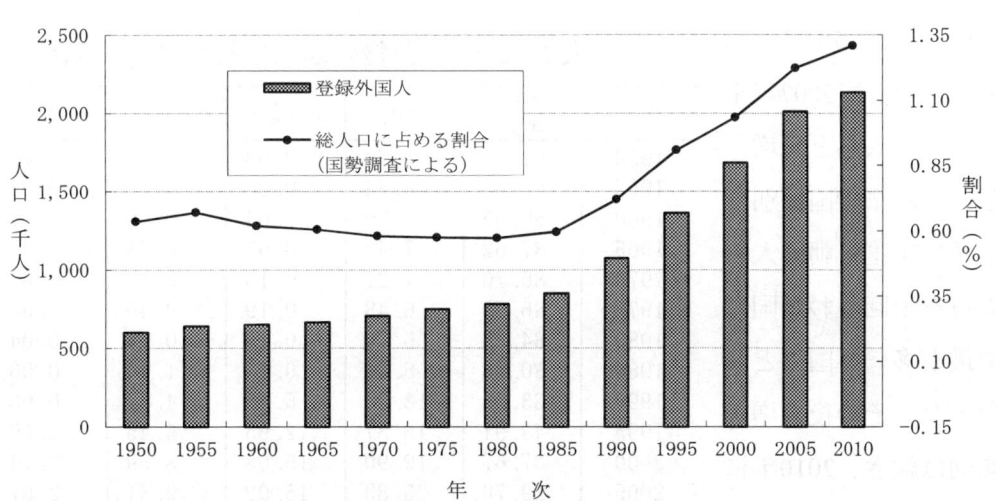

図Ⅰ-3-16　外国人人口の推移

資料：登録外国人：法務省『出入国管理統計』（各年末現在）
　　　総人口に占める割合：総務省統計局『国勢調査』（各年10月1日現在）
　　　［日本人・外国人不詳人口を按分補正した人口による］

次に、外国人についてその国籍別に人口の推移をみてみよう。終戦直後（1947年）の外国人の国籍をみると、そのほとんどが韓国・朝鮮人であり他の国籍の人口はごく僅かであった（図Ⅰ-3-17）。韓国・朝鮮人人口は、1947年から60年の間は変動しつつもほぼ60万人弱であったが、1960年以降増加傾向を示し、1990年には70万人近くまで達した。

図Ⅰ-3-17　国籍別登録外国人人口

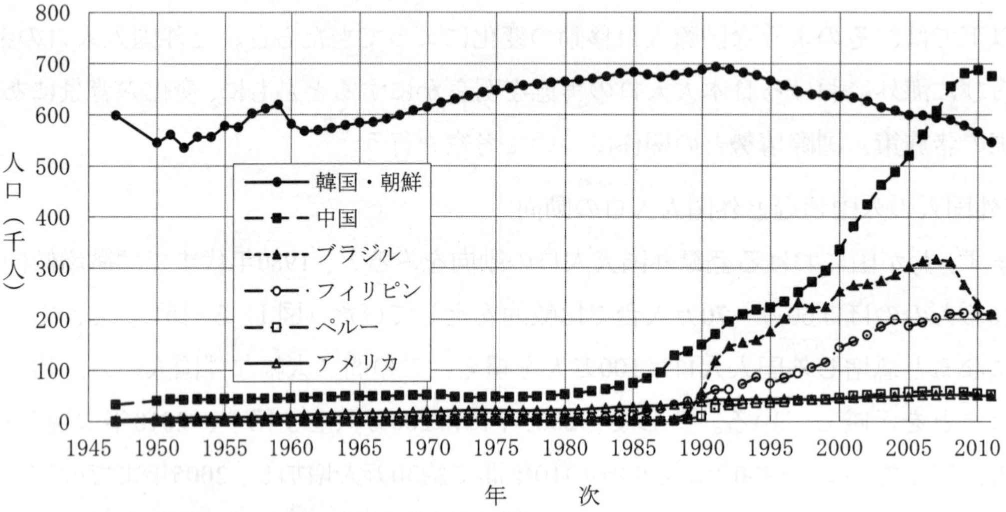

資料：法務省『出入国管理統計』（各年末現在）

しかしその後は減少に転じ、2010年には55万人程度にまで減少してきている。韓国・朝鮮人以外の国籍の人口をみると、1980年頃まで中国人が5万人弱で推移していたが、それ以外の国籍の人口は極めて少なかった。しかし1980年代になると中国人が増加し始め、さらに1990年代にはブラジル人、フィリピン人の人口が急増した。特に中国人の急増は著しく、1980年までは5万人程度で比較的安定していたが、1990年に一気に15万人にまで増加、2000年には34万人、そして2007年末には61万人へと急増し、それまで国籍別で最多の韓国・朝鮮人の人口を上回りわが国で最も多い外国人となった。その後も増加傾向は続き、2010年に過去最高の68.7万人に達した。しかしながら、

表Ⅰ-3-1　登録外国人の国籍別人口割合
(％)

年次	韓国・朝鮮	中国	ブラジル	フィリピン	ペルー	アメリカ
1950	91.01	6.76	0.03	0.06	0.03	0.83
1955	90.05	6.84	0.06	0.07	0.01	1.34
1960	89.35	7.00	0.04	0.06	0.01	1.78
1965	87.62	7.42	0.05	0.08	0.01	2.39
1970	86.70	7.27	0.13	0.13	0.02	2.69
1975	86.08	6.48	0.19	0.40	0.04	2.92
1980	84.88	6.76	0.19	0.71	0.04	2.86
1985	80.33	8.81	0.23	1.44	0.06	3.41
1990	63.98	13.98	5.25	4.57	0.96	3.57
1995	48.91	16.37	12.95	5.45	2.66	3.17
2000	37.67	19.90	15.08	8.59	2.74	2.66
2005	29.76	25.83	15.02	9.31	2.87	2.46
2010	26.52	32.20	10.80	9.85	2.56	2.37

資料：法務省『出入国管理統計』（各年末現在）

2011年末には初めて前年比で減少した。これは東日本大震災の影響が大きいとみられる。

　この推移を国籍別人口割合でみると、1960年頃までは韓国・朝鮮人が9割と圧倒的に多く、それに中国人を加えた人口が外国人人口のほとんどを占めていた（表Ⅰ-3-1）。しかし、その後韓国・朝鮮人の割合は一貫して減少しているのに対し、中国人をはじめその他の国籍の割合は増加している。外国人人口に占める韓国・朝鮮人人口の割合をみると、1960年の9割から1985年には8割に減少し、さらに1995年になると5割を下回った。そして、2005年以降は3割以下にまで減少してきている。それに対し、中国人は1960年までは7％程度であったが、1990年になると14％へと倍増し、さらに2005年には26％に達した。そして、2010年には30％を超えるシェアとなり、それまで最も割合の高かった韓国・朝鮮人人口を上回って最多の外国籍となった。なお、近年におけるブラジル人、フィリピン人、ペルー人の3か国の増加も顕著であり、これらのシェアも拡大傾向にある。1980年代まで中国人に次いで多かったアメリカ人を1989年にフィリピン人が上回り、1990年にブラジル人が、2000年にはペルー人が上回ったことから、現在アメリカ人は6位に後退した。また、この間のブラジル人およびフィリピン人の増加は著しく、ブラジル人は3位に、フィリピン人は4位となっている。現在、中国、韓国・朝鮮、ブラジル、フィリピンの上位4か国で外国人の8割を占めている。以上のような外国人の国籍別登録人口の変動は、国別国際人口移動の結果を反映した結果である[23]。そこで、外国人の

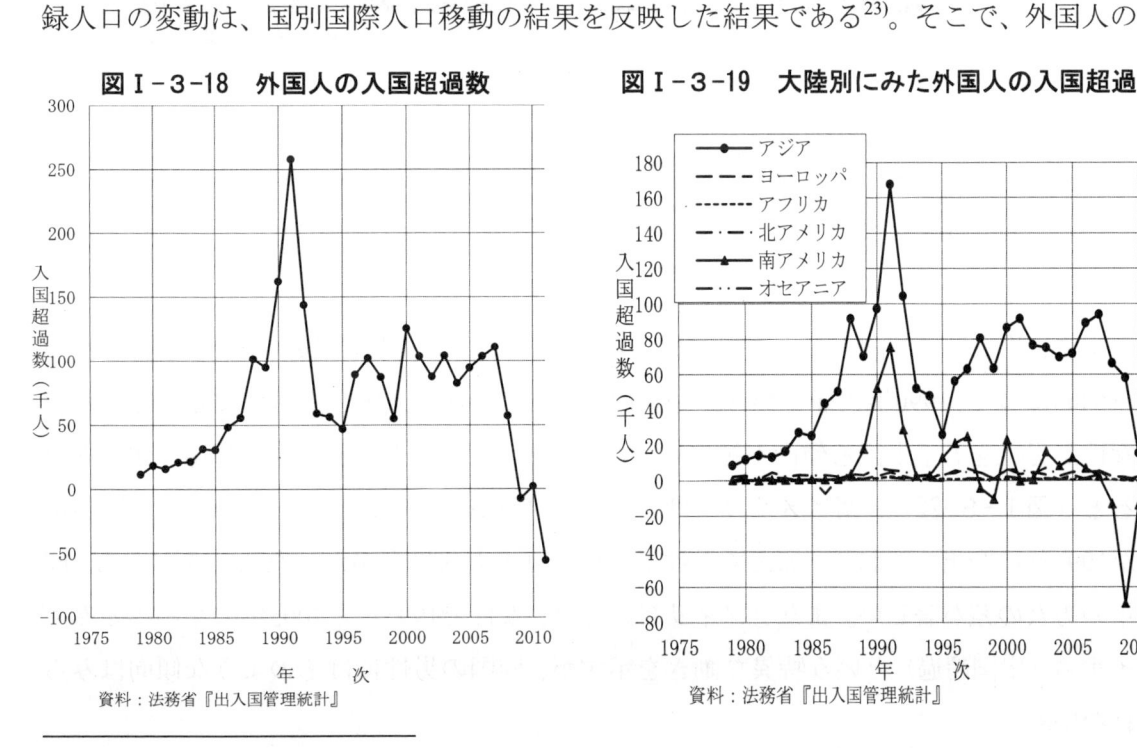

図Ⅰ-3-18　外国人の入国超過数

図Ⅰ-3-19　大陸別にみた外国人の入国超過数

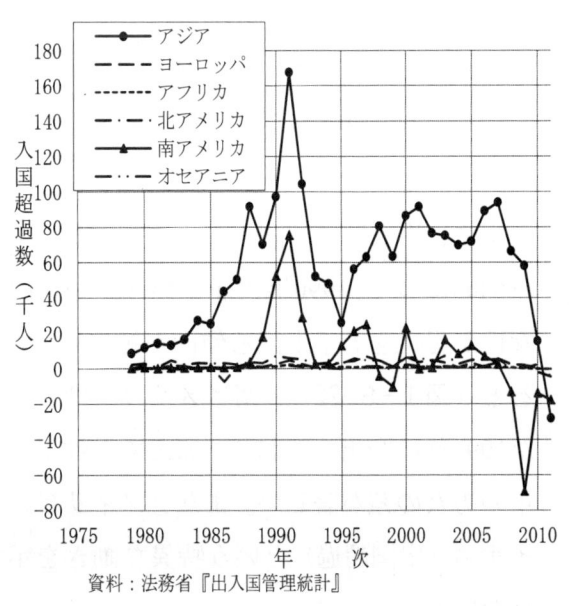

資料：法務省『出入国管理統計』

---

[23] 外国人人口は、国籍異動によっても変動する。国籍異動は、外国人から日本人への異動（帰化）によるものが多く、異動によって外国人人口は減少する。ただし、国籍異動は1990年代以降増加傾向にあるものの国籍異動による外国人の純減は、年間1万5000人程度（1995〜2010年）であり、外国人人口の変動に及ぼす影響は国際人口移動に比べると微少である。

移動（入国超過）を相手国（送出国）についてみることにする。まず、外国人の入国超過数[24]は、1980年代後半に急増し、91年には一時年間25万人を超えたが、92年以降急減した。その後増減を繰り返しつつも全体として増加基調にあり、近年は10万人前後で推移している（図Ⅰ-3-18）。相手国を大陸別にみると、入国超過のほとんどはアジア地域によって占められている（図Ⅰ-3-19）。また、アジアと南アメリカをみると1980年代後半から大きく変動し、1991年に突出した入国超過数を示している。なお、最も入国超過数の多いアジア地域における国別の状況をみると、中国、韓国、フィリピン、タイの４か国の動きが目立つ（図Ⅰ-3-20）。

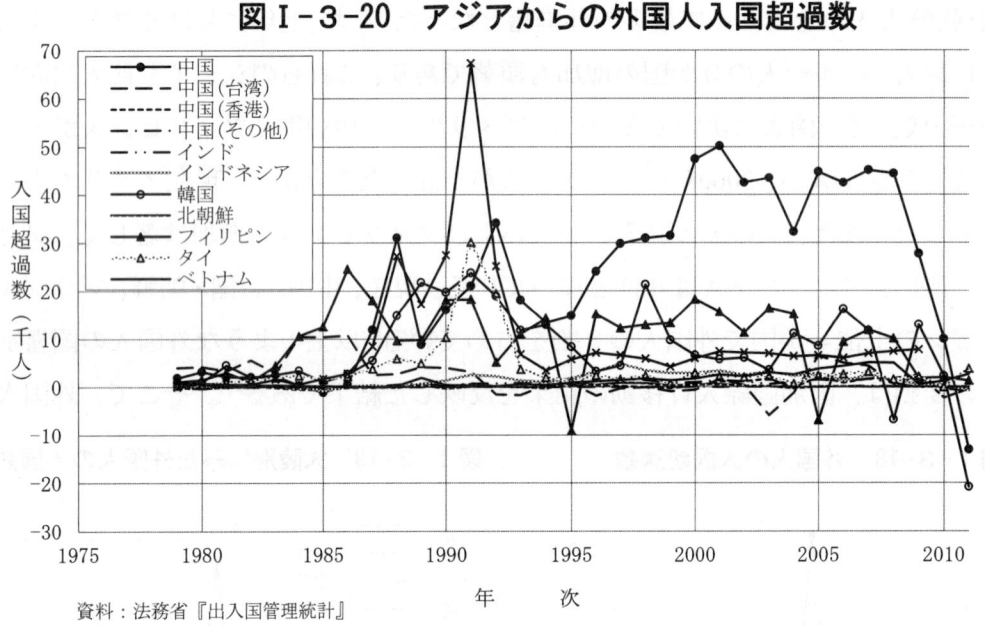

図Ⅰ-3-20　アジアからの外国人入国超過数

資料：法務省『出入国管理統計』

次に、男女別に外国人の入国超過数をみると（図Ⅰ-3-21）、1990年代初頭は男性が圧倒的に多く、1990年代後半から2000年代前半まで全体の入国超過数が安定するなかで女性が男性を若干上回る傾向が続いた。主要な国について男女別に入国超過の傾向をみると（図Ⅰ-3-22）、南アメリカ（ほとんどがブラジル、次にペルー）からの入国超過が1991年に突出しており、加えて男性が女性より１万人ほど多かったことなどから、同年の男女の差が著しい。また、フィリピンでは、女性で1995年と2005年の２か年のみマイナス（出国超過）という特異な動きを示すが、同国の男性にはそのような傾向はみられない。

---

24) 法務省『出入国管理統計』によるもので、短期滞在者も全て含んだ人員である。そのため、総務省統計局『人口推計』による数値とは一致しない。

このような外国人の出入国状況の大きな変化の背景には、わが国の労働力需要や外国人に対する政策転換などがある。その主なものを挙げると、まず1980年代、日本経済の国際化が進むなか近隣アジア諸国から日本への移動が増加を始めるが、1985年のプラザ合意以降は急激な円高によって国際人口移動も急増する。そして、1980年代後半のバブル経済の進行に伴い製造業や建設業において労働力不足が深刻化し、経済界を中心に外国人労働者受け入れ要求が強くなっていた1989年、改正入管法が制定された。この改正入管法によってブラジルをはじめとする南アメリカの日系

図 I-3-21　男女別にみた外国人の入国超過数

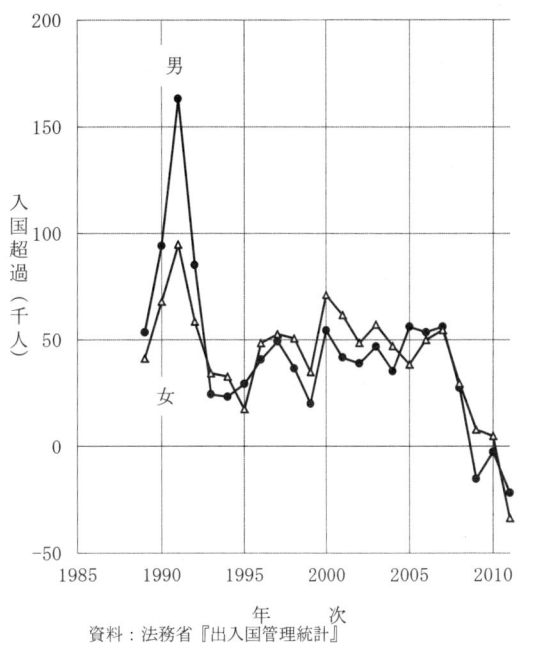

資料：法務省『出入国管理統計』

図 I-3-22　主な国からの外国人の男女別入国超過数

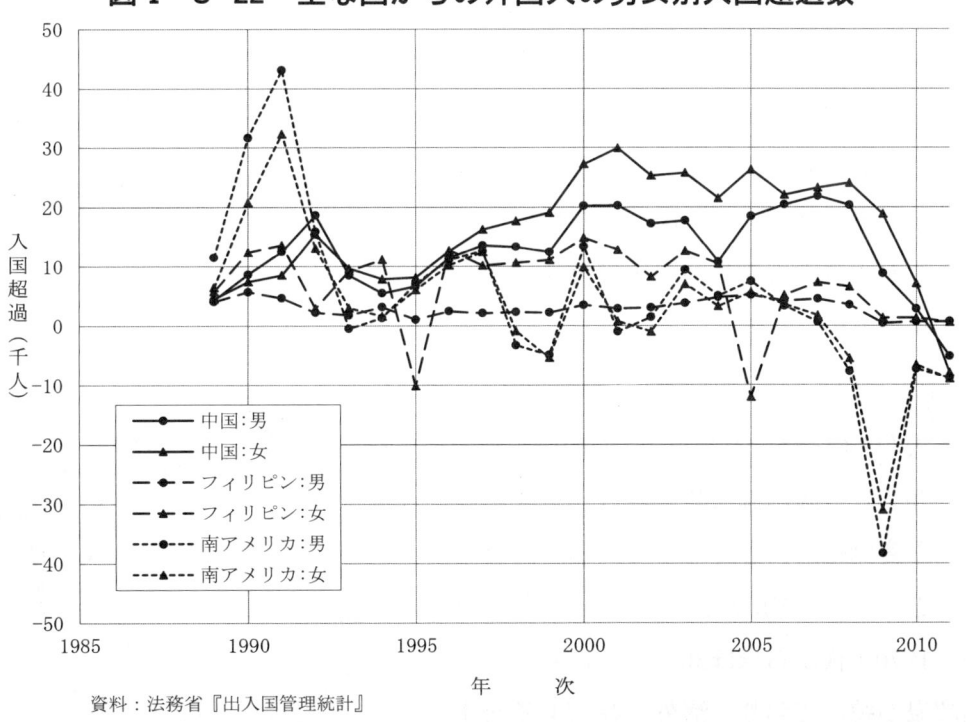

資料：法務省『出入国管理統計』

人の入国が大幅に緩和された結果、施行年である翌年1990年から急増し、1991年には南アメリカだけで8万人近い入国超過となった。この時期には同時に、バングラディッシュやイラン等の特定国との間でビザ相互免除協定が停止された。1988年と1991年にみられるアジア諸国からの入国超過が突出した背景には、それらの協定停止直前に駆け込み

入国が相次いだことがあげられる。そして1990年代半ば以降は中国からの入国超過が顕著になっている。なかでも留学、就学、研修等を目的とした入国超過数の増加が影響している。中国からの就学受け入れが厳格化された2004年に一時大きく減少するが、翌年以降は研修目的の入国超過が増加したことで再び上昇に転じている。また、興行目的の入国が厳格化された1995年と2005年にはフィリピン女性が出国超過になっている。このように、その時々の制度変更や政策転換が外国人の出入国状況に大きな影響を及ぼしていることが動態統計からも観測される。そして、中長期的に中国、ブラジル、フィリピン等の国からの入国者の一部で永住化、定住化が進むことで、外国人登録者数も増加傾向にあった。なかでも、留学、就学、研修目的での在留が多い中国の外国人登録者数は急速に延びてきた。他方、特別永住者が主な在留目的である韓国・朝鮮国籍の外国人登録者数は漸減傾向にある。

　このようにわが国の外国人人口は総体的に増加傾向にあったが、2008年9月のリーマンショック、2011年の東日本大震災とその後の原発事故の影響等により、直近の数年間は入国超過数が大きく減少している。とりわけ、2008年以降ブラジル人は出国超過が続き、中国人は2009年以降入国超過数が減少し、2011年にはマイナス、すなわち出国超過に転じている。

　外国人人口にみられる近年の入国超過数の減少、さらには出国超過という現象が今後も継続するのか、あるいは一時的な現象なのかは今後の経過を考察し慎重に見極める必要がある。ちなみに、将来人口推計後の月別の動向からは、外国人の入国超過数は徐々にではあるが東日本大震災前の水準に戻りつつある状況がみてとれる。

3）日本人の出入国と海外在留日本人の動向

　日本人（日本国籍を有する者）の出国超過[25]は、1970年代以降明確に観測され、近年では短期的な変動幅が大きくなっている。2005年でみると年平均は約6.5万人である（図Ⅰ-3-23）。1970年代からほぼ30年以上にわたって出国超過が続いており、海外に在留する日本人も増加している。

図Ⅰ-3-23　日本人の入国超過数

資料：総務省統計局『人口推計』

25）総務省統計局『人口推計』において『出入国管理統計』（法務省）から得られる入国者数、出国者数から前年10月1日〜当該年9月30日の1年間における日本人の入国超過数を集計した結果による。

日本人の国際人口移動は国際的な社会経済情勢に左右される傾向にある。近年みられる典型的な事例としては、2001年にアメリカで起きた9.11同時多発テロ、ならびに2003年に顕在化し中国を中心にアジア諸国に広がった新型肺炎（SARS）の二つの国際情勢の混乱要因により、日本人の帰国ラッシュとその後の大規模な出国超過が立て続けに生じている。リーマンショック後の経済不況の影響とみられる入国超過も2009～2010年に観測される。しかしながら、1970年代以降の出入国数は全体として出国超過となっており、社会経済の国際化に伴って国境をまたがる人の流れが拡大するなか、主に日本人の海外在留期間が長期化していることを意味する。実際、『海外在留邦人数調査統計』（外務省領事局）[26]によれば、1970年代以降、海外に3か月以上滞在する日本人は増加を続け、2005年には100万人を突破した（表Ⅰ-3-2）。

表Ⅰ-3-2　海外在留日本人人口

(1,000人)

年次	総数	長期滞在者	永住者	年次	総数	長期滞在者	永住者
1971	326	84	242	1992	679	425	254
1972	339	92	247	1993	688	433	255
1973	363	108	255	1994	690	428	262
1974	378	125	253	1995	728	461	268
1975	397	138	259	1996	764	493	271
1976	409	150	259	1997	783	508	275
1977	420	161	260	1998	790	511	279
1978	431	179	252	1999	796	515	281
1979	435	181	254	2000	812	527	285
1980	445	194	252	2001	838	544	293
1981	451	205	246	2002	872	587	285
1982	464	216	248	2003	911	619	292
1983	472	224	248	2004	961	659	302
1984	478	229	249	2005	1,013	702	311
1985	481	237	243	2006	1,064	735	328
1986	498	252	246	2007	1,086	746	340
1987	518	270	248	2008	1,117	756	361
1988	548	303	246	2009	1,132	758	374
1989	587	341	246	2010	1,143	759	385
1990	620	374	246	2011	1,183	783	400
1991	663	412	251				

資料：外務省領事局政策課『海外在留邦人数調査統計』（各年10月1日現在）

　海外に在留する日本人人口を地域別[27]にみると、アジア、北アメリカ、南アメリカ、西ヨーロッパでの在留が多く、その他の地域では人口規模は比較的小さい（図Ⅰ-3-24）。

---

26) 世界の在外公館を通じて毎年10月1日時点で海外に在留する日本人（日本国籍を有するもの）のうち、3か月以上の長期滞在者および永住者を取りまとめている。
27) 各地域に属する国は、外務省領事局政策課『海外在留邦人数調査統計』の定義に従っている。『海外在留邦人数調査統計』では、世界各国を10の地域（アジア、オセアニア、北アメリカ、中アメリカ、南アメリカ、西ヨーロッパ、中・東ヨーロッパおよび旧ソ連、中東、アフリカ、南極）に別けている。よって、前節まで引用されている「出入国管理統計」中の地域区分と一部異なる。なお、『出入国管理統計』（法務省）では、地域区分としてアジア、ヨーロッパ、アフリカ、北アメリカ、南アメリカ、オセアニアが用いられている。

在留先の国によって日本人人口の推移に異なる特徴的な動きがみられ、在留日本人の地域分布にも変化が生じている。例えば、従来最も多くの日本人が在留していた南アメリカにおいて減少する一方で、アジアやオセアニアで増加している。それぞれの地域における日本人の増減は、日本との経済関係や当該国ならびに周辺国の政治情勢などにも関連があり、国際的な潮流に加えて地域独自の事情に左右されるところも少なくない。具体的には、南アメリカに居住する日系人の減少、中国を拠点とした経済活動の拡大、オーストラリアをはじめとする英語圏諸国への留学やワーキングホリデー目的の渡航の増加などが挙げられる。

　なお、1999年以降女性が男性の在留者数を上回っている（図Ⅰ-3-25）。背景には、女性の永住者の伸びが男性のそれを上回っていることや、長期滞在者のうち留学等を目的とする者の増加が男性よりも女性で顕著であることなどがあげられる。

　日本人の入国超過数と海外在留邦人数の動向に東日本大震災の直接的な影響を読み取るのは難しい。日本人の国際人口移動の今後の動向を左右するのは、わが国国内の産業構造と、海外とりわけ中国をはじめとする近隣アジア諸国との関係ではないかと考えられる。日本人の国際人口移動の動向を見極めるためにも今後の動向に注目する必要がある。

　これまで述べてきたように、外国人の出入国、および日本人の出入国状況には、それぞれ異なった特徴がみられる。1970年代以降の傾向として、外国人の入国超過、日本人の出国超過が認められる。しかしながら、リーマンショック以降の国際的な経済情勢、ならびに東日本大震災は直近における外国人の出入国にも少

図Ⅰ-3-24　地域別にみた海外在留邦人数

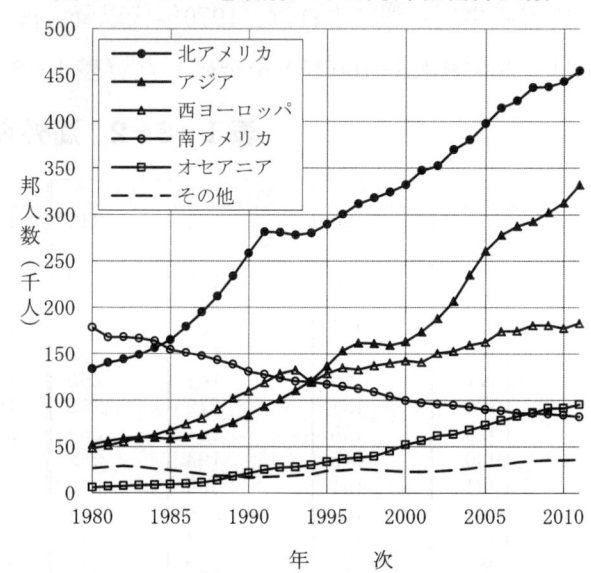

図Ⅰ-3-25　男女別にみた海外在留邦人数

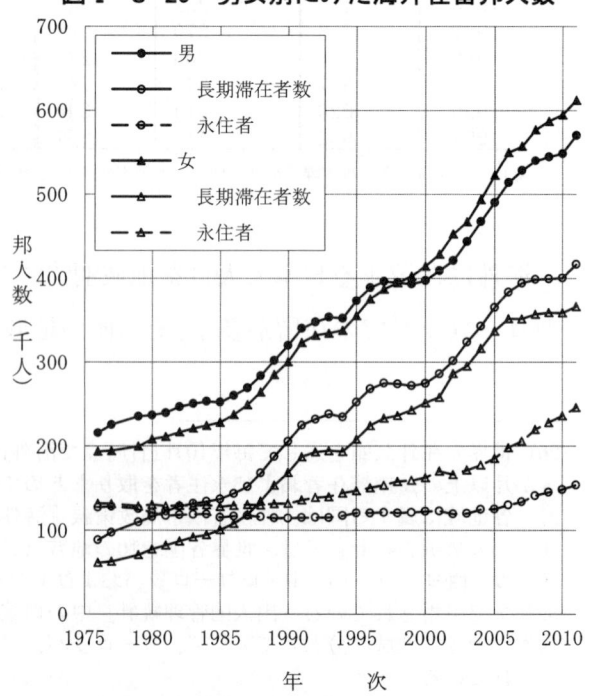

資料：外務省領事局政策課『海外在留邦人数調査統計』

なからず影響を及ぼしていることから、今後の動向分析に関してはより慎重な考察が必要となる。外国人においては国籍別にみた特徴が顕著であり、外国人の国際人口移動の仮定設定を行うにあたり重要な情報となっている。

　他方、日本人の出国超過数が拡大しており、海外在留日本人数も増加傾向にある。日本人の在留先の国には特徴がみられ、北アメリカや西ヨーロッパ諸国への出国超過はかねてより堅調であるが、近年ではアジア、とりわけ中国への出国が急増している。

　以上のように、近年みられる外国人の入国超過、日本人の出国超過の中長期的傾向にはある程度の規則性を見出すことができるものの、これまでも度々経験してきたように短期間に大きく変動する可能性を常に抱えていることから、将来人口推計における国際人口移動の仮定を設定する際にはこの点に十分な配慮を要する。また、国際人口移動は出入国時に一時的に人口を変化させるにとどまらず、中長期的な人口変動メカニズムのなかで出生や死亡にも影響を及ぼすため、その人口構造の変化に及ぼす影響は複雑である。そのため、国際人口移動が人口変動に及ぼす総合的効果の検証を行うことが重要となるが、第Ⅱ章の参考推計（条件付推計）では、国際人口移動をゼロとした封鎖人口推計や外国人の国際人口移動のレベルが様々に変化した場合の将来人口の感応度分析を行っており、これらはこのような検証の目的にも資する資料となっている。

(4) 将来推計人口の国際比較

1) 各国推計との比較

　将来人口推計は、国の様々な重要政策の決定において基礎資料となることから、各国とも政府統計局や国立の研究機関において推計作業が行われている。新しい人口センサスないしはセンサス間の推計人口に基づいて1～5年程度で推計結果が改訂されるのが普通で、推計期間は多くが50～60年程度である。推計方法は、ほとんどの場合コーホート要因法が用いられている。このとき必要となる出生・死亡・国際人口移動の仮定値は、将来の動向の不確実性に対応するため複数個置かれることが多い。その場合、仮定値の組み合わせにより何通りか推計バリエーション結果が示されるが、その数は2～30通り以上まで様々である。

　本節では、諸外国で行われている将来人口推計と日本のものを比較し、国際的な観点からわが国の今後の人口推移の特徴を探る[28]。

　まず、出生率の仮定（ここでは合計特殊出生率で示されたものをさす）について、日本と主要先進諸国の将来人口推計で用いられている値を比較したものが図Ⅰ-3-26である。参考として2005年、2010年の実績値も併せて示し、2005年の出生率が低い国順に並べた。出生仮定は多くの国で複数置かれているが、ここでは、中心的な推計結果として取り上げられるベース推計の計算に用いられる中位仮定値を取り上げている。

　出生率の仮定設定は過去の趨勢を分析して将来に延長する人口学的方法が用いられることが多いため、各国ともこれまでの出生率水準を反映した仮定値となっている。

[28) 参考とした資料は、次の通りである。
日本：国立社会保障・人口問題研究所（2012）『日本の将来推計人口：平成24年1月推計』厚生統計協会。
韓国：韓国統計庁（2011）Population Projections for Korea: 2010-2060.
イタリア：Instituto Nazionale di Statistica (2010). Previsioni regionali della popolazione residente al 2065.
ドイツ：Federal Statistical Office (2009). Germany's Population by 2060: Results of the 12th coordinated population projection.
オーストリア：Statistik Austria (2011).Bevölkerungsvorausschätzung 2011-2050, sowie Modellrechnung bis 2075 für Oberösterreich (Hauptszenario).
スイス：Bundesamt für Statistik (2010). Szenarien zur Bevölkerungsentwicklung der Schweiz 2010-2060.
ノルウェー：Statistics Norway (2012). Population projections. National and regional figures, 2012-2100.
イギリス：Office for National Statistics (2011). 2010-based national population projections - principal projection and key variants.
スウェーデン：Statistics Sweden(2011). The future population of Sweden 2012-2060.
フランス：Institut National de la Statistique et des Etudes Economique(INSEE)(2010). Projections de population 2007-2060 pour la France métropolitaine.
オーストラリア：Australian Bureau of Statistics (2008). Population Projections Australia 2006 to 2101.
アメリカ：U.S.Census Breau (2008). 2009 National Population Projections (Supplemental).

2005年と2010年の実績値を比較して分かるように、近年、先進各国で出生率は上昇傾向にあることから、最新の出生仮定値は過去の推計より若干高く設定されている国が多い。

図Ⅰ-3-26を見ると、出生率が1.5未満の超低出生率の国々と、1.5以上2.0未満の緩低出生率の国々で将来の出生率水準の見通しが分かれていることが明らかである。2005年に出生率が1.5未満だった国々は、2010年にもスイスを除いてその水準にとどまっており、2060年の将来見通しも1.5未満、ないしは1.5～1.6程度である。一方、2005年に出生率が1.5以上であった国々は、2010年には2に近い水準まで回復しており、フランスでは2.03を記録した。そうした高水準を反映して、2060年の出生率仮定値も1.8～2程度を示すと見込まれている。

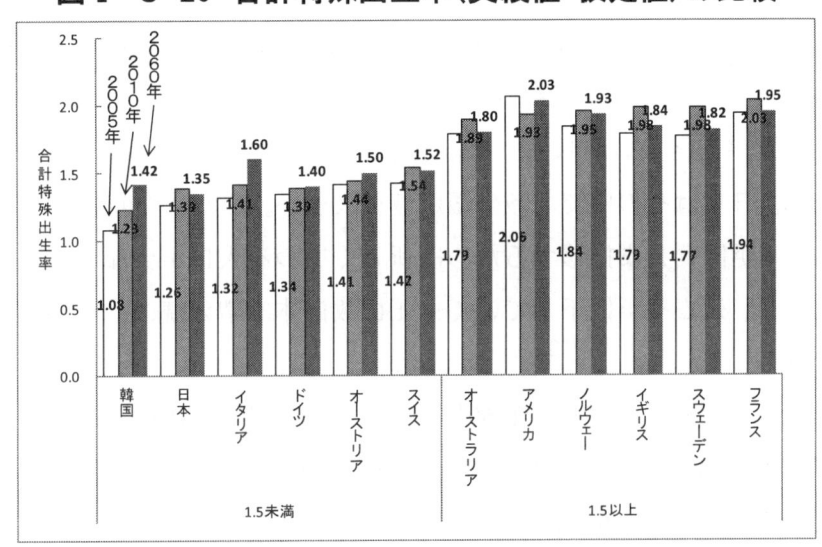

図Ⅰ-3-26 合計特殊出生率（実績値・仮定値）の比較

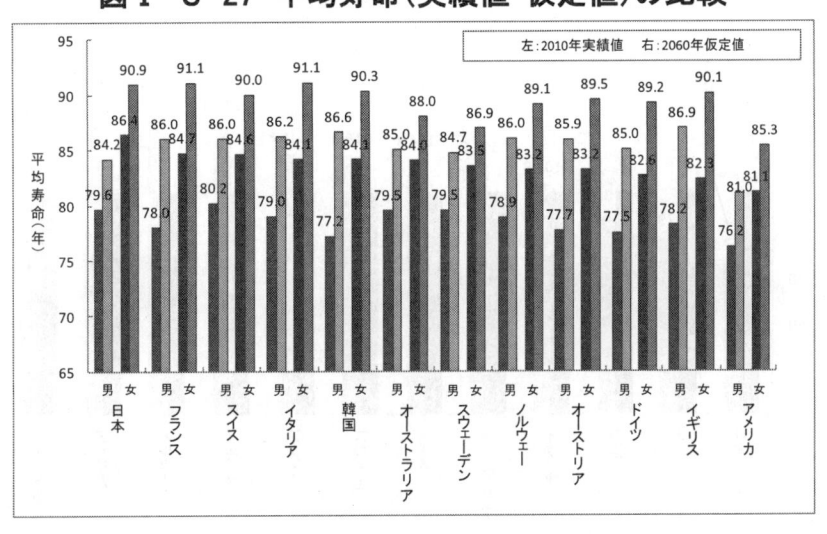

図Ⅰ-3-27 平均寿命（実績値・仮定値）の比較

次に、死亡率の仮定値設定について、平均寿命でその水準の変化を見たのが**図Ⅰ-3-27**である。2010年の女性の平均寿命が高い国順に並べて示している。平均寿命の改善はすべての国で見込まれており、男女でみると男性の改善率のほうが高く見込まれる傾向にある。日本はすでに男女とも世界でトップクラスの平均寿命を記録しているが、今後も高年齢層を中心に死亡率の改善が続くとみられる。2060年の仮定値は、女性で2010年の86.4年から90.0年に延びるとされる。これはフランス・イタリアに次いで高い平均寿命である。男性も2010年の79.6年から2060年には84.2年まで平均寿命が伸長すると示されている。

以上みてきた出生・死亡仮定からわかるように、日本は将来推計において、世界の中で最も低いレベルの出生率・死亡率を見込んでいるという大きな特徴を持つ。

それでは、推計結果の比較をしてみよう。まず総人口規模の比較である。

図Ⅰ-3-28は、2010年の総人口を100としたときの2060年の総人口（推計値）を指数化して比較したものである（アメリカは2050年の値）。ここで取り上げている国々の中で、2010年に比べて総人口が減少する結果を示しているのは日本、ドイツ、韓国の3カ国のみである。日本はその中でも減少幅が最も大きい。この減少の要因は大幅な自然減である。出生率が低いまま推移するために新しく加わる人口が少なく、一方で高齢人口が増加するため、死亡率が低下していても死亡数自体は増え続け、減少幅が大きくなっていくのである。

日本、ドイツ、韓国以外では、2060年の総人口の規模は2010年に比べて大きくなる。ただし、イタリアは2060年の総人口指数が102.8であり、ほぼ横ばいと言える。オーストリア以降の国々は11％～63％も総人口規模がふくらむと推計されている。

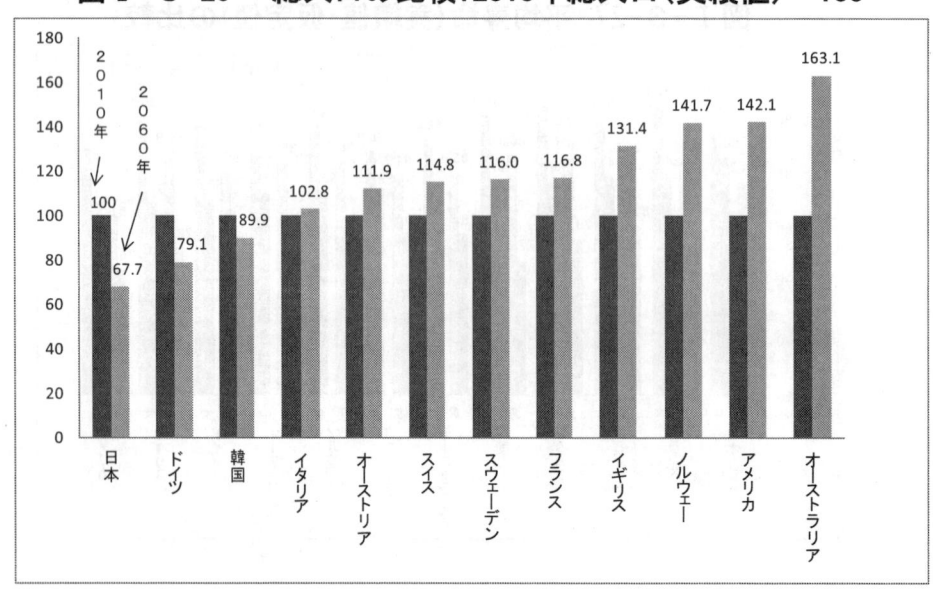

図Ⅰ-3-28　総人口の比較：2010年総人口（実績値）＝100

国	2010年	2060年
日本	100	67.7
ドイツ	100	79.1
韓国	100	89.9
イタリア	100	102.8
オーストリア	100	111.9
スイス	100	114.8
スウェーデン	100	116.0
フランス	100	116.8
イギリス	100	131.4
ノルウェー	100	141.7
アメリカ	100	142.1
オーストラリア	100	163.1

このように総人口でみると、2060年と比較してその規模が減少するのは日本、ドイツ、韓国の3か国だけである。しかし、他の主要先進国の多くも、日本と同じく、次世代の人口規模を維持するために必要な出生率の水準（人口置換水準、およそ2.1）を下回る状況が続いており、少子高齢化が進行して自然増加率は減少していくとみられる。

　図Ⅰ-3-29は、総人口の比較でみたのと同じ国々について、自然増加率を折れ線グラフで描いている。これを見ると、スウェーデン以外の国々では自然増加率は低下している。日本、ドイツ、オーストリア、イタリアでは、自然増加率は2010～2011年にすでにマイナスに転じている。さらに、韓国は2028年、スイスは2032年にマイナスに転じる。そのほかの国々はマイナスには至らないが、ゼロに向かって自然増加率は低下している。

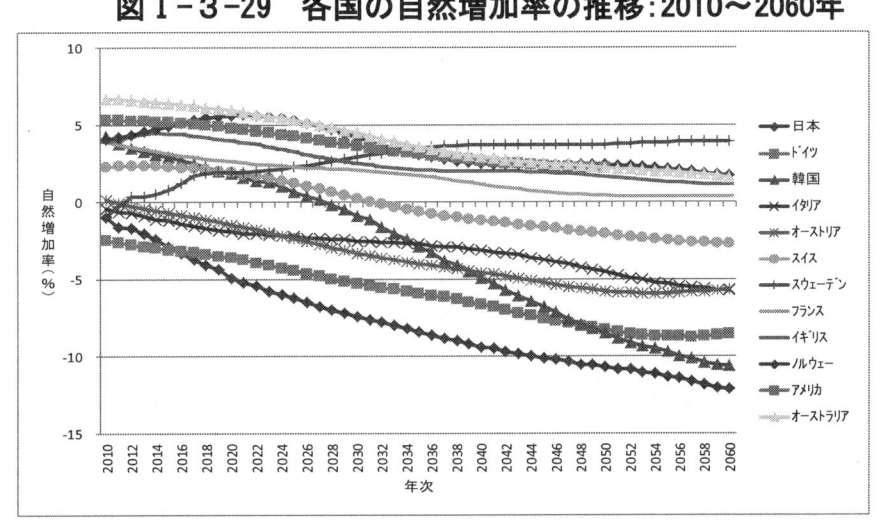

図Ⅰ-3-29　各国の自然増加率の推移：2010～2060年

図Ⅰ-3-30　各国の人口増加率の推移：2010～2060年

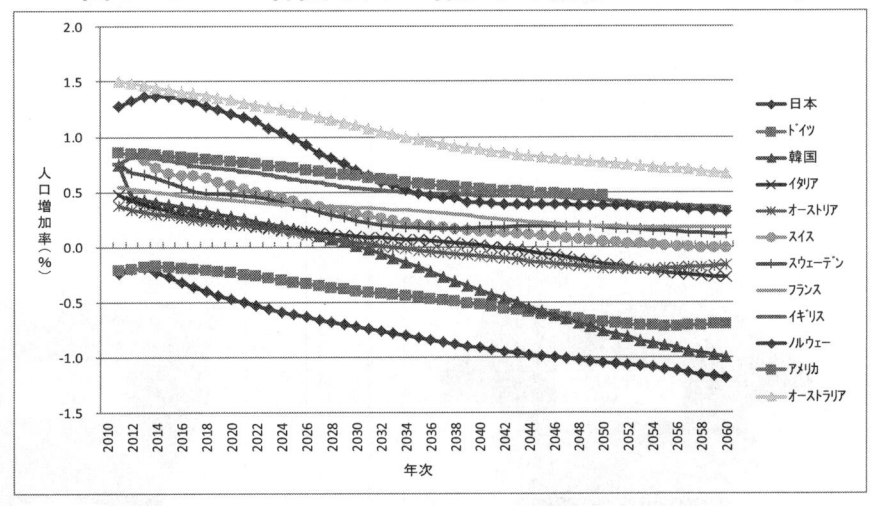

　次に、図Ⅰ-3-30は人口増加率の推移を示している。日本、ドイツは2011年からすでにマイナスであるが、それを追って2031年に韓国、2033年にオーストリア、2042年にイ

タリア、2057年にスイスが人口増加率マイナスに転じる。よって、これらの国々は、2060年の総人口が2010年の総人口を上回ってはいたが、2060年時点の人口はすでにピークを過ぎて減少期に入ったあとの数であることがわかる。自然増加のマイナス化よりも総人口の減少開始が遅いのは、その間、社会増加（国際人口移動）が自然減を補うからである。韓国では20年、オーストリアでは22年、スイスでは25年、イタリアは31年も差がある。これらの国々では少子高齢化が進んで自然増加率がマイナスに転じても、これを一定程度補うレベルの社会増加（国際人口移動による人口流入）があるからである。国際人口移動による社会増加が、総人口の減少を20年以上遅らせる効果を持っている。将来推計人口において、出生と死亡の2要因は将来の人口動向を決める際に大きな役割を持つが、国際人口移動も人口減少開始を遅らせるほか、移民の出生率が高い場合はその後の出生率の推移にも影響を与えるなど、将来の人口動向に少なからぬ影響を与える。

図Ⅰ-3-31　主要国の人口ピラミッド

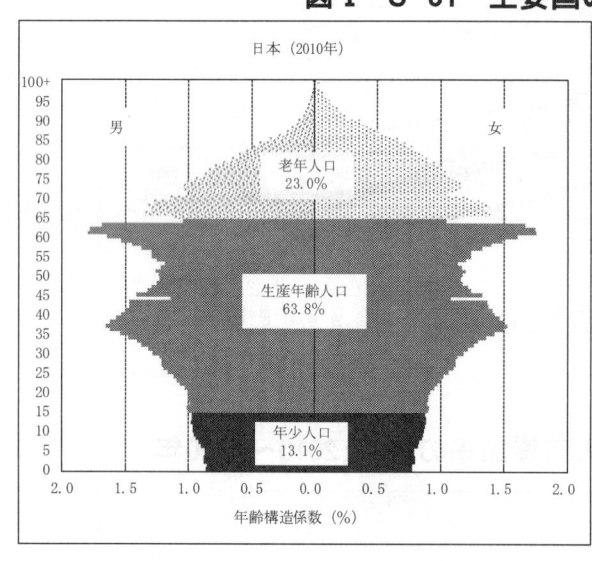

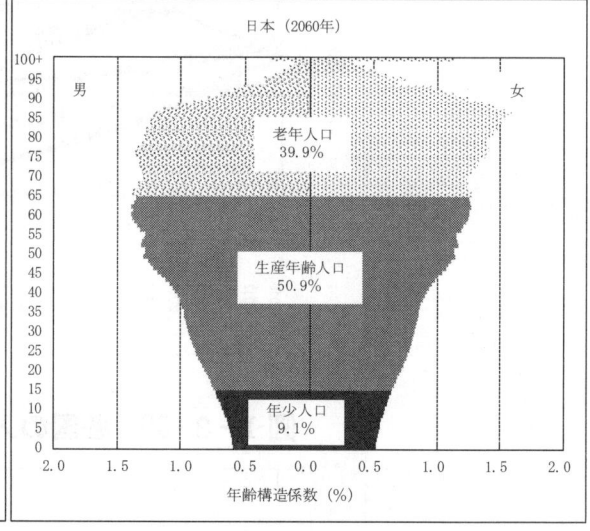

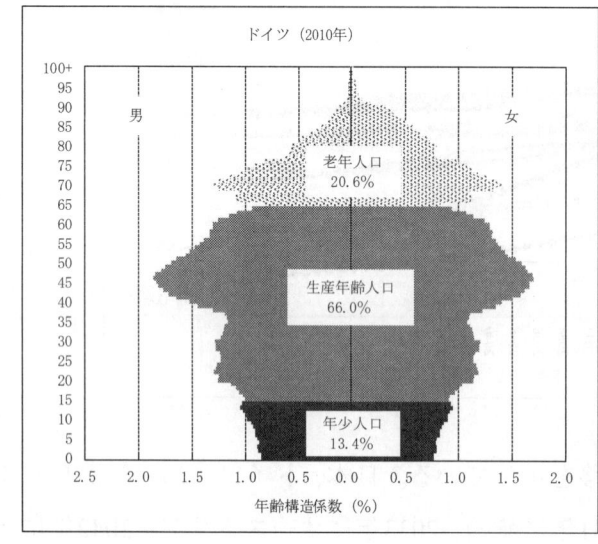

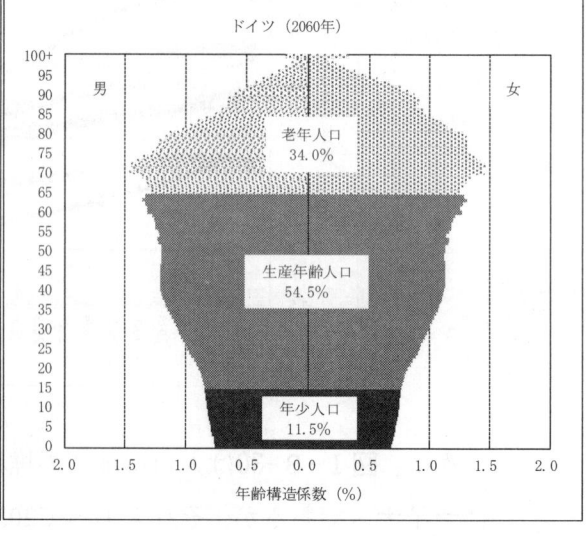

総人口の推移に続いて、人口の年齢構造の推計結果についても比較してみよう。図Ⅰ－3-31は主要国の2010年・2060年の人口ピラミッドを描いている。ここでは超低出生率国の日本とドイツ、緩低出生率国のオーストラリアとフランスを取り上げた。いずれも出生・死亡・移動の中位仮定を組み合わせたベース推計の結果で図を示している。

図Ⅰ-3-31　主要国の人口ピラミッド（つづき）

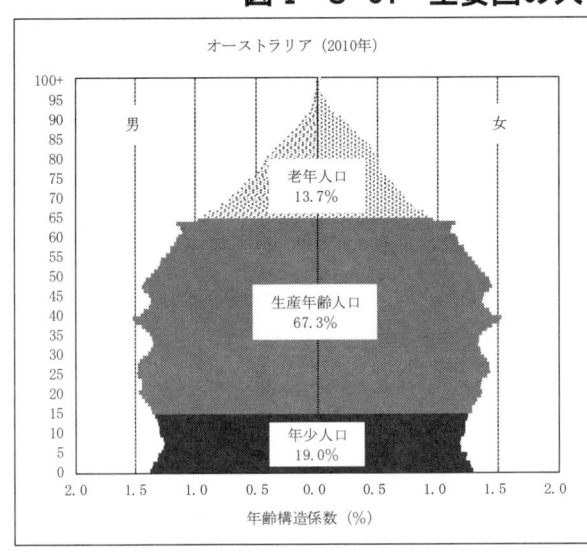

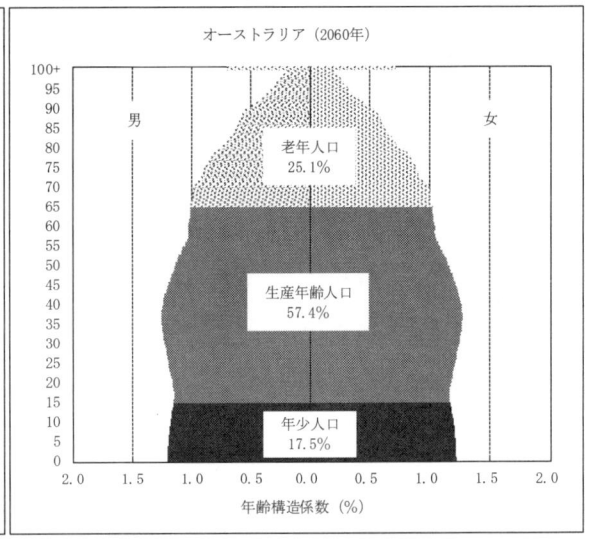

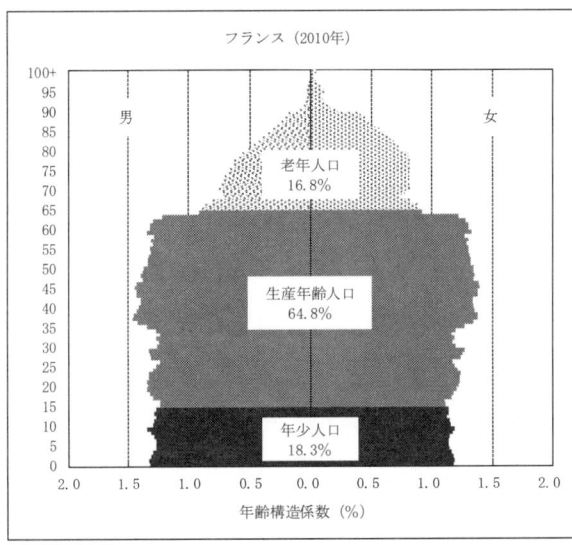

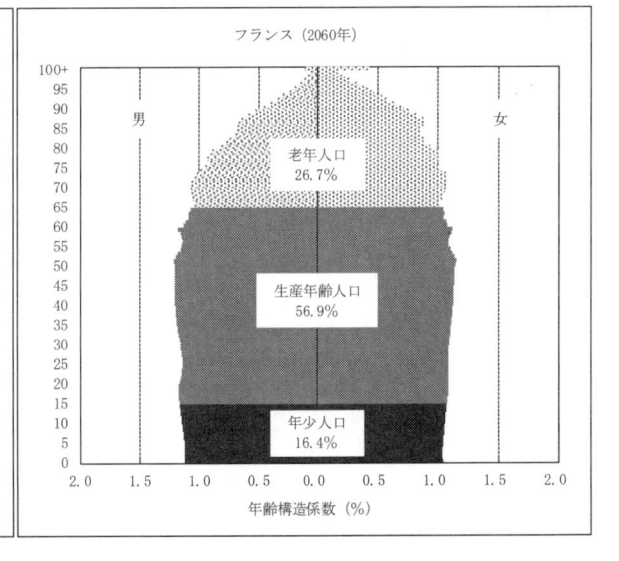

オーストラリア（2010年）
男　女
老年人口 13.7%
生産年齢人口 67.3%
年少人口 19.0%
年齢構造係数（%）

オーストラリア（2060年）
男　女
老年人口 25.1%
生産年齢人口 57.4%
年少人口 17.5%
年齢構造係数（%）

フランス（2010年）
男　女
老年人口 16.8%
生産年齢人口 64.8%
年少人口 18.3%
年齢構造係数（%）

フランス（2060年）
男　女
老年人口 26.7%
生産年齢人口 56.9%
年少人口 16.4%
年齢構造係数（%）

　日本とドイツは、超低出生率と低死亡率の組み合わせによって、2060年には裾が狭まったつぼ型の人口ピラミッドになっていく。特に日本は裾の狭まりが著しく、2060年に年少人口割合が1割を下回って9.1％となる。一方、生産年齢人口は人口の半分（50.9％）を占め、老年人口割合が39.9％と約4割を占める。この日本の人口構造は、世界で最も少子高齢化が進んだ形を示している。それに対して、現在、出生率の低下が緩やかに抑えられ、将来も2前後の値を見込むオーストラリアやフランスでは、人口の年齢構造は

日本やドイツより将来もバランスが取れており、2060年時点で若い年齢層の人口割合も確保された釣鐘のような形を示している。年少人口は16〜17%、生産年齢人口も56〜57%を占め、老年人口は25〜26%にとどまるという安定した年齢構成を維持している。

　各国の将来推計人口を比較してみると、日本の将来人口は、出生率と死亡率の低下、人口減少、年齢構造の少子高齢化のいずれにおいても最先端の状況を示していることがわかる。日本が今後、将来推計人口の描く道筋に沿って進むならば、先進国の中でも突出した人口減少・少子高齢化に直面することになる。他に参考とする事例がない中、社会のあらゆる面で独自の対応を模索していく必要があるだろう。

II．参考推計（条件付推計）

1．条件付推計について

(1) 条件付推計とは

　「日本の将来推計人口」（平成24年1月推計）では、わが国の将来の出生、死亡、ならびに国際人口移動について仮定を設け、これらに基づいて将来の人口規模および年齢構成等の人口構造の推移について推計を行っている。特に、出生と死亡については3仮定、および国際人口移動について1仮定を設け、これらの組み合わせによって9つの推計（3×3×1）を行い、その結果を公表したところである。

　出生、死亡に対する複数の仮定は、それぞれの推移の不確実性の幅を表現しており、中位仮定を中心として、出生率・死亡率が高めの推移を仮定する高位仮定、低めの推移を仮定する低位仮定の3仮定によって構成されている。これらの組み合わせによって出生中位・死亡中位推計などとして推計された9つの推計結果は、それら仮定における不確実性の幅を反映しているとともに、推計結果の差異を調べることによって、それぞれの仮定値の持つ将来人口に対する影響力を測ることができる。

　このような観点からは、いくつかの基準となる条件下における推計（条件付推計）を新たに行い、上記の既存9推計を含めてそれぞれの結果を比較することによって、各仮定や条件が将来人口に対して持つ影響力をより明確に把握することができる。今回は、前回（平成18年12月推計）と同様に、出生、死亡のいずれかの将来推移を2010年実績値一定とした推計（仮定値一定推計）、国際人口移動をゼロとした推計（封鎖人口推計）、ならびに2061年以降について出生率が100年後（2160年）に人口置換水準に到達する推計（人口置換水準到達推計）を行うとともに、新たに、出生・外国人移動仮定の変動に対する将来推計人口の感応度分析のため、出生率と外国人純移入数に複数の仮定を設けた推計を行った。これらの結果の詳細については、「2．推計結果表」に示したが、ここではその概要について解説する。

(2) 一定仮定や封鎖人口による将来推計人口

　最初に、出生中位・死亡中位仮定と一定仮定や封鎖人口による将来人口推計結果を比較してみよう。ここでは、「出生一定・死亡中位」、「出生中位・死亡一定」、「出生一定・死亡一定」、および「出生中位・死亡中位で封鎖人口とした仮定」の4通りの仮定に基づく推計結果を「出生中位・死亡中位」と比較することとした。なお、「日本の将来推計人口」の推計期間は50年間であるが、ここでは前提の違いが長期的な人口趨勢に与える影響を見る観点から、参考推計期間を合わせた100年分の推計結果の比較を行っている。

図Ⅱ-1-1は、総人口の将来見通しを示したものである。まず2060年時点で比較を行うと、出生中位・死亡中位と出生一定・死亡中位はかなり近い軌道を描いている。これは、平成24年推計の出生率中位仮定が2010年の実績値1.39に近い値で推移していることによるものである。一方で、出生中位・死亡一定とは総人口により大きい乖離が観察されるが、これは死亡率については2010年の実績値に比べて将来の改善が織り込まれていることによるものであり、両者の差が死亡率改善の総人口に与える影響を示している。同様の理由で、出生一定・死亡一定は、出生中位・死亡中位とは乖離があるが、出生中位・死亡一定と近い軌道を通っている。また、国際人口移動をゼロとした封鎖人口は、概ね出生中位・死亡中位と近い推計結果となっており、国際人口移動の推移が総人口に及ぼす影響は他の仮定値に比べてあまり大きいものとはなっていないことがわかる。なお、2110年時点では、出生中位と出生一定の間にも次第に乖離が生じてきており、出生仮定のわずかな違いも長期的には総人口に影響を及ぼすことがわかる。

図Ⅱ-1-1　総人口の将来見通し

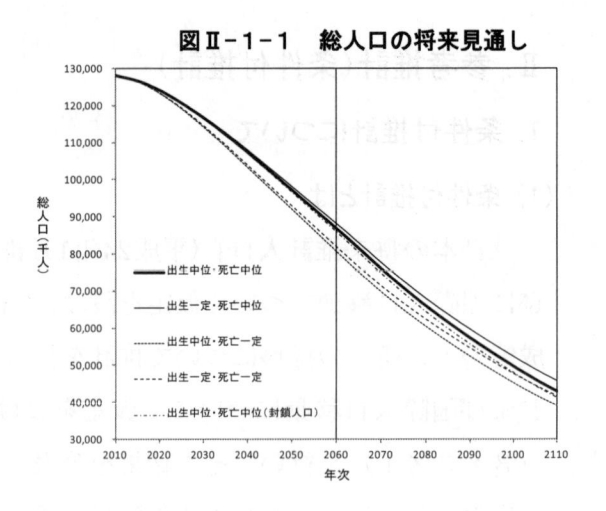

一方、同じ仮定の下で老年人口割合の推計結果を見たものが図Ⅱ-1-2である。出生中位・死亡中位との軌道の乖離の大きさの傾向については総人口の時と概ね同様であり、2010年の実績値と将来仮定値の違いが、老年人口割合の将来推計値に反映されていることになるが、その方向や乖離の程度については総人口と異なる部分がある。特に、出生中位・死亡一定仮定の老年人口割合は、2060年で35.9%、2110年で36.5%と、出生中位・死亡中位仮定の老年人口割合（2060年で39.9%、2110年で41.3%）よりもかなり低い水準に留まっており、今後の死亡率改善が老年人口割合の増加に対して、比較的大きな影響を与えていることがわかる。

図Ⅱ-1-2　老年人口割合の将来見通し

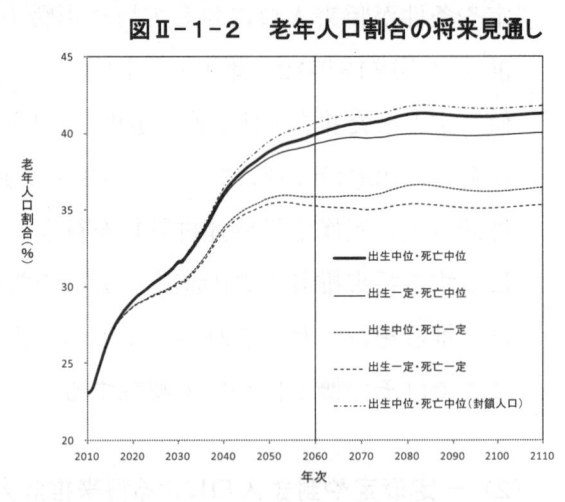

(3) 出生・外国人移動仮定の変動に対する将来推計人口の感応度

(2)で見た各種の一定仮定推計は、基準時点の出生率や死亡率が一定であったとした

場合の将来人口を推計したものであり、基準時点の出生率・死亡率の意味を実際の人口の姿に翻訳して示すことができるという特色を持っている。しかしながら、出生率や死亡率は、過去からの趨勢から見てその後一定と考えるのが自然であるとは必ずしも限らない。一方で、平成24年推計で設定された出生率や死亡率の仮定値は人口学的投影手法によって導かれたものであり、過去から基準時点に至る出生率や死亡率の趨勢が今後も続くとして得られたものである。従って、例えば、死亡中位仮定と死亡一定仮定で将来人口推計結果に乖離が生じたのは、過去から基準時点に向けて死亡率の改善傾向が続いていることを将来に投影した結果、今後も死亡率の改善傾向が続くという死亡中位の仮定値が導かれ、さらにこれに基づいて将来人口が推計されていることによるのである。このように、「現在の傾向が変わらなかったとすれば」という前提に基づく将来推計人口には、一見、一定仮定による推計結果を利用するのがふさわしいように思えるが、実際には、本推計において設定された人口投影学的手法に基づいた推計結果を利用するのが適しているといえる。

　しかしながら、我々国民の今後の選択と判断によって、将来の実際の人口は「現在の傾向が変わらなかったとすれば」と仮定して得られたものとは異なったものとすることができる。そして、このような選択や判断にあたり、様々な選択肢に対応した将来人口の定量的シミュレーション結果を比較しながら議論を行うことは重要であると考えられる。そこで、ここでは、出生率と外国人の国際人口移動のレベルが様々に変化した場合に対応した将来人口に関する反実仮想シミュレーションを実行し、出生・外国人移動仮定に対して将来人口がどのように変動するかを示す感応度分析を行うこととした。

　シミュレーションに用いた手法は以下の通りである。まず、出生率については、本推計の中位・高位・低位の３仮定を用い、各年における３仮定の年齢別出生率を線形補間（補外）することによって年齢別出生率を作成することとした。出生率のレベルについては、2060年における人口動態ベースの出生率が2.00、1.75、1.50、1.25、1.00となるような線形補間（補外）比を求め、これを固定して他の年次にも適用することとした。**図Ⅱ-1-3**は、これらの仮定に基づく合計特殊出生率の推移を示したものである。

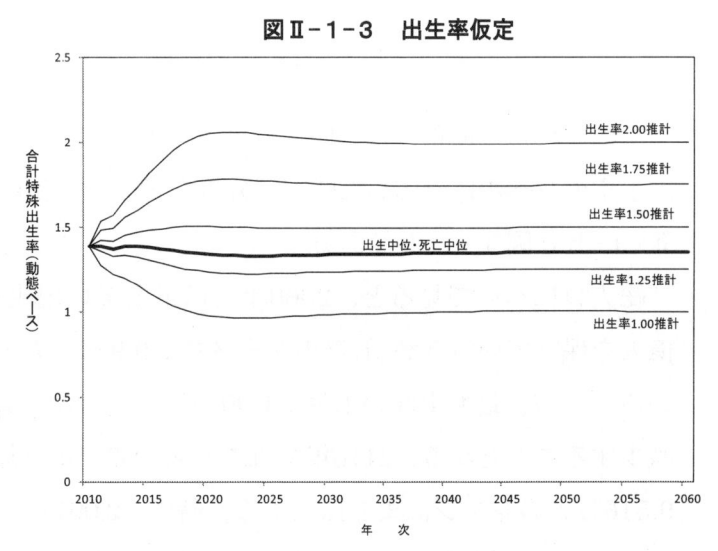

図Ⅱ-1-3　出生率仮定

一方、外国人の移動仮定については、本推計における2030年における年間の純移入数が約7.1万人であることから、この時点における純移入数について0万人、5万人、10万人、25万人、50万人、75万人、100万人となるような比率を求め、これを2030年まで固定した。なお、2030年以降は本推計で行っているのと同様、2030年の性、年齢別入国超過率（ただし日本人・外国人を合わせた総人口を分母とする）を求め、2031年以降はその率が一定となるものとして推計を行った。図Ⅱ-1-4は、これらの仮定に基づく外国人純移入数の推移を示したものである。

図Ⅱ-1-4　外国人の移動仮定

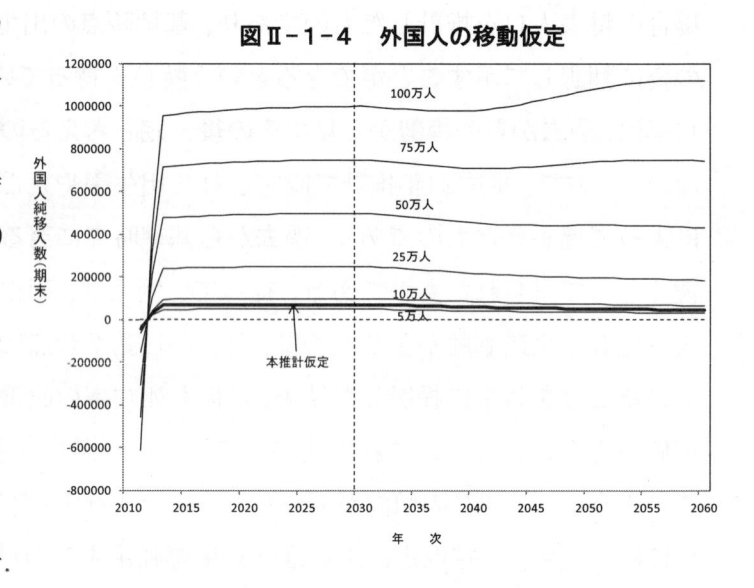

図Ⅱ-1-5　総人口の将来見通し

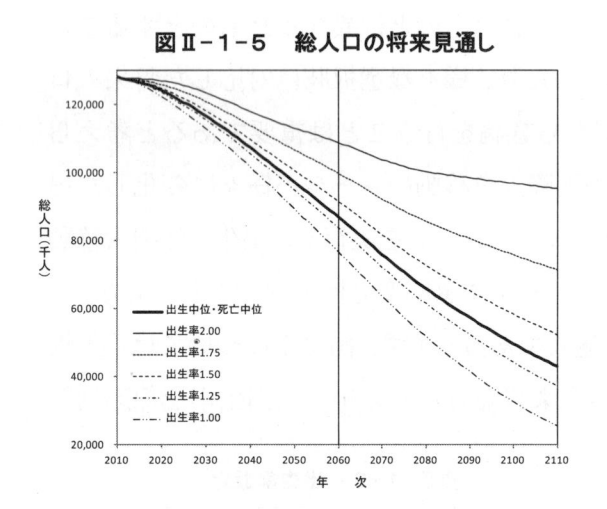

図Ⅱ-1-6　老年人口割合の将来見通し

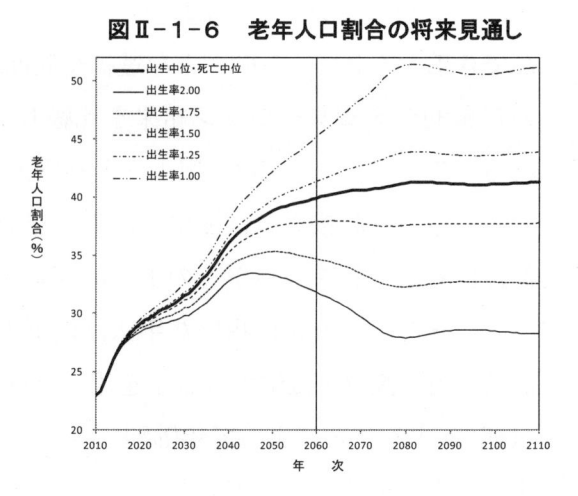

次にこれらの仮定に基づいた将来人口のシミュレーション結果を見てみよう。まず、出生率のレベルに対応した感応度分析を総人口・老年人口割合について行ったものが図Ⅱ-1-5と図Ⅱ-1-6である。

総人口について見ると、2060年では最も多い出生率2.00のケースで1億874万人と1億人を保っているほか、1.75のケースでも9,974万人と概ね1億人に近いレベルとなっている。一方、最も少ない出生率1.00のケースでは、7,659万人と2010年の約6割にまで減少することとなる。2110年ではこれらの差がより拡大することとなり、2,556万人～9,516万人のレンジにまで拡大する。特に、2.00のケースでは人口置換水準に近い出生率となっていることから、2110年付近では人口の減少率がかなり低くなっていることがわかる。

― 58 ―

老年人口割合はどのケースにおいても2045年までは増加していくが、2.00のケースではそれ以降、また1.75のケースでは2050年以降は減少に転じている。また、中位仮定では2060年の老年人口割合はまだ増加過程にあるが、1.50のケースでは概ね増加が止まっており、その後も38%弱の水準で推移する。一方、出生率が中位仮定よりも低い場合の老年人口割合の増加は顕著であり、1.00のケースでは2060年で45.2%、2110年には51.2%にまで増加することとなる。

　次に、外国人移動のレベルに対応した感応度分析を総人口・老年人口割合について行ったものが図Ⅱ-1-7と図Ⅱ-1-8である。

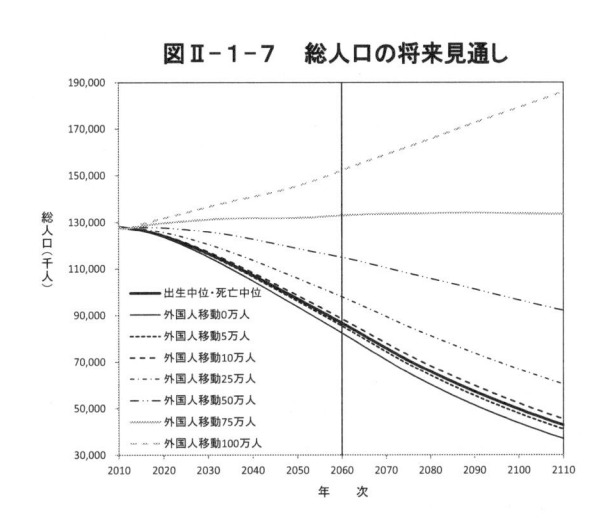

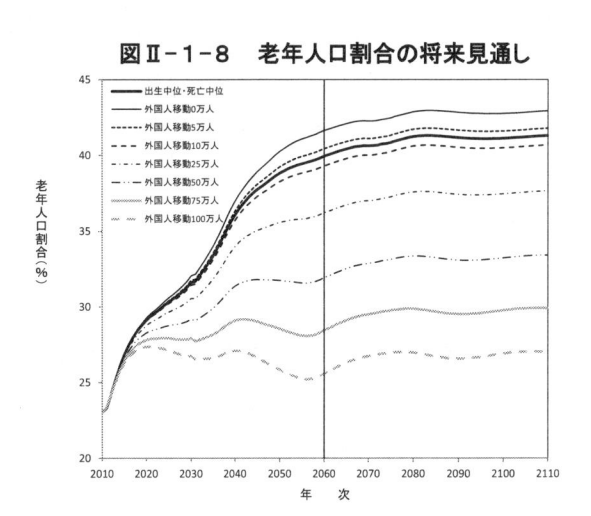

図Ⅱ-1-7　総人口の将来見通し

図Ⅱ-1-8　老年人口割合の将来見通し

　これを見ると、外国人移動が75万人の場合、長期的に見て人口が概ね一定の規模で維持されることがわかる。2060年の総人口を見ると、50万人のケースで1億1,484万人と出生率2.00のケース1億874万人よりやや大きい規模、25万人のケースでは9,799万人と出生率1.75のケース9,974万人よりやや小さい規模となっている。しかしながら、同じケースどうしを2110年で比較してみると、50万人のケースが9,204万人に対して出生率2.00のケースが9,516万人、25万人のケース6,031万人に対して出生率1.75のケース7,129万人となっており、2060年に概ね同規模の組み合わせについて、2110年には出生率を一定とした場合の方が総人口の規模が大きくなっていることがわかる。

　一方、老年人口割合について見ると、2060年では、50万人のケースで31.9%と、総人口と同様、出生率2.00のケース31.9%と同レベルとなっており、25万人のケースは36.2%と、出生率1.75のケース34.7%よりやや高い値を示している。2110年では50万人のケースで33.4%なのに対して、出生率2.00のケースでは28.3%、また、25万人のケースでは37.6%なのに対して、出生率1.75のケース32.6%と大きく異なっている。このように、総人口や老年人口割合に出生率と外国人移動の仮定の変動が与える影響はそれぞれ異なり、また、将来の時点によってもその様相が大きく異なっていることがわかる。

図Ⅱ-1-9　総人口の等高線(2060年)

図Ⅱ-1-10　総人口の等高線(2110年)

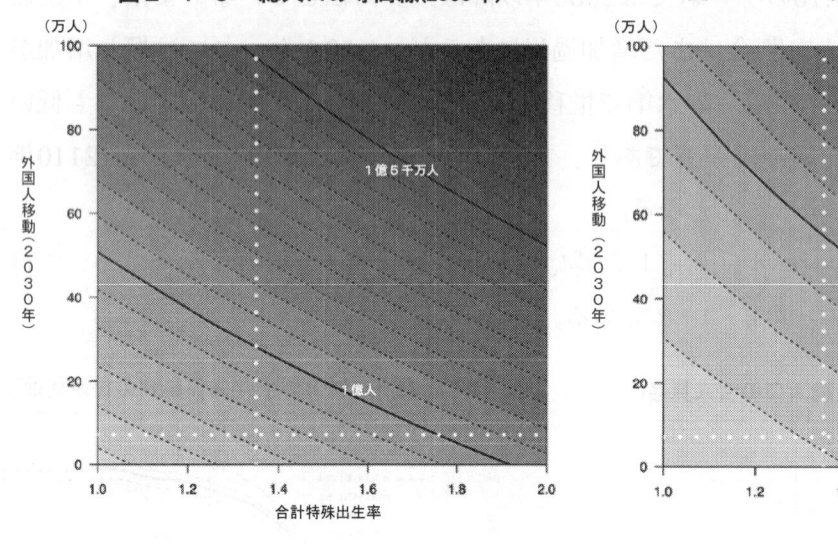

　そこで、出生率と外国人人口移動を変化させたとき、どのようなレベルで総人口と老年人口割合が同じ結果となるのかを見る観点から、出生率を横軸、外国人人口移動を縦軸にとって等高線を作成した[29]。総人口に関する結果(2060年、2110年)を示したものが**図Ⅱ-1-9**と**図Ⅱ-1-10**である。2060年では500万人おき、2110年については2000万人おきに等高線が引かれており、色が濃い部分ほど総人口が大きいことを示している。また、垂直・水平の太白点線で、それぞれ出生中位仮定、外国人人口移動本推計仮定の位置を示した。太白点線と総人口1億人の等高線の交点を読み取ると、2060年に総人口1億人となるためには出生中位仮定では概ね28万人程度の外国人移動、外国人人口移動本推計仮定では概ね1.76程度の出生率が必要であることがわかる。また、2110年では出生中位仮定では概ね55万人程度の外国人移動が必要であるが、外国人人口移動本推計仮定では出生率が2.0であっても達成できない。

　同様に、老年人口割合を示したものが、**図Ⅱ-1-11**と**図Ⅱ-1-12**である。こちらについては、2060年では1%ポイントおき、2110年については2%ポイントおきに等高線が引かれており、同じく、色が濃い部分ほど老年人口割合が大きいことを示している。

---

[29] 出生率と外国人移動のレベルについては、図Ⅱ-1-3及びⅡ-1-4に示したものの組み合わせを基に等高線の作成を行った。なお、出生率のレベル変化については、図Ⅱ-1-3で設定した、2060年における人口動態ベースの出生率が特定の指定した値(2.00、1.75、1.50、1.25、1.00)に一致するような線形補間（補外）率をそのまま適用している。この率は、外国人移動が本推計仮定の時には指定した出生率に一致するが、外国人移動のレベルを変更した場合には2060年における人口動態ベースの出生率は指定した値とは異なる値となっていることに注意が必要である。

図Ⅱ-1-11　老年人口割合の等高線（2060年）

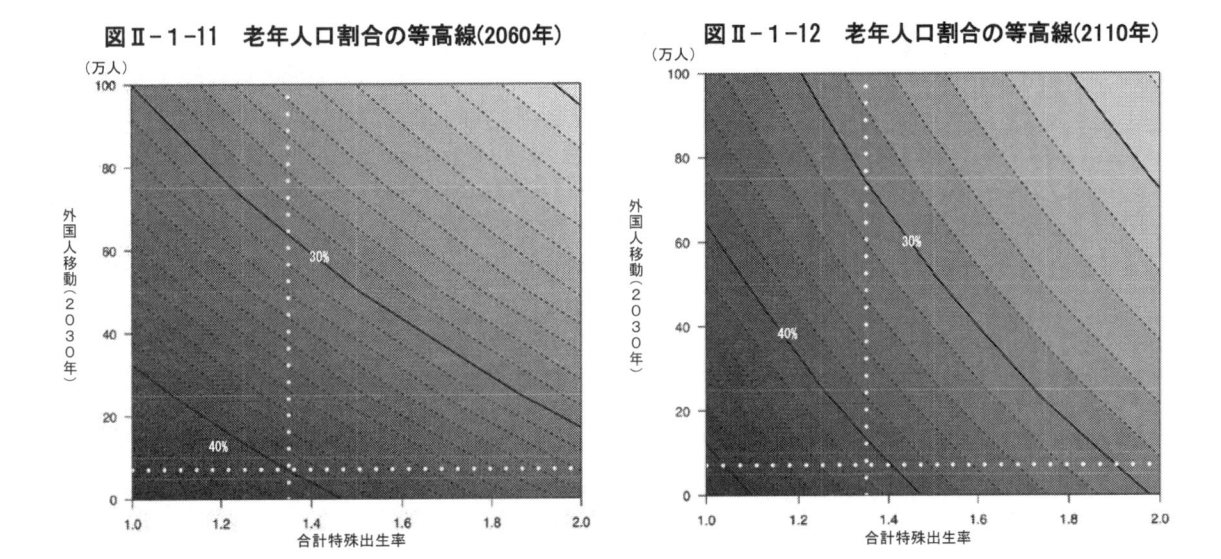

図Ⅱ-1-12　老年人口割合の等高線（2110年）

　太白点線と老年人口割合30%の等高線の交点を読むと、2060年に老年人口割合30%となるためには出生中位仮定では概ね63万人程度の外国人移動が必要となるが、外国人人口移動本推計仮定では出生率が2.0であっても達成できない。しかしながら、2110年を見ると、出生中位仮定では2060年より多い、概ね74万人程度の外国人移動が必要となるのに対し、外国人人口移動本推計仮定では今度は出生率が概ね1.9程度であれば30%を達成できることがわかる。このように、出生率と外国人移動の長期的な効果は大きく異なっている。

　また、どちらについても、等高線の傾きは、2060年よりも2110年の方が急であることが観察される。これは、2060年で同程度の結果をもたらす出生率と外国人人口移動の仮定であっても、2110年における効果が異なることを示すものであり、特に、どちらも2110年の勾配が急になっていることから、出生率を同程度増加させたと仮定したのと同じ効果を外国人人口移動の仮定の変動で得るためには、長期になるほどより多くの外国人移動の増加が必要となることを示している。

　なお、出生率と外国人移動仮定の違いが総人口に及ぼす影響については、総人口が同じであってもそれを構成する人口構造が異なる点にも注意が必要である。特に、外国人移動仮定を変動させた場合、総人口に占める日本人と外国人の割合は大きく変化する。2010年時点では、総人口に占める外国人の割合は1.3%となっているが、出生中位・死亡中位仮定、外国人移動本推計仮定の下であっても、この割合は増加していき、2060年時点では4%程度になるものと見込まれている。そして、本推計仮定に比べて外国人移動をより多くした場合には当然のことながらこの割合は増大することとなる。例えば、25万人のケースにおける2060年時点での外国人割合は約1割、50万人のケースでは2割弱が外国人となるものと見込まれる。このように、出生率と外国人移動の感応度分析の結果については、総人口や老年人口割合のみならず、多角的な観点から見ることも必要である。

2．推計結果表

(A) 仮定値一定推計、封鎖人口推計
平成 22(2010)年～平成 122(2110)年

総人口、年齢 3 区分(0～14 歳、15～64 歳、65 歳以上)別人口
および年齢構造係数

結果表 A-1～A-3：出生率が 2010 年実績値のまま一定で推移し、死亡率が中位仮定、高位仮定、ならび低位仮定の場合の 3 つの推計について、総人口、年齢 3 区分(0～14 歳、15～64 歳、65 歳以上)別人口および年齢構造係数の結果を示す。

結果表 A-4～A-6：死亡率が 2010 年実績値のまま一定で推移し、出生率が中位仮定、高位仮定、ならび低位仮定の場合の 3 つの推計について、総人口、年齢 3 区分(0～14 歳、15～64 歳、65 歳以上)別人口および年齢構造係数の結果を示す。

結果表 A-7：出生率、死亡率がともに 2010 年実績値のまま一定で推移した場合の推計について、総人口、年齢 3 区分(0～14 歳、15～64 歳、65 歳以上)別人口および年齢構造係数の結果を示す。

結果表 A-8～A-10：国際人口移動がなく(封鎖人口)、死亡率が中位仮定で推移し、出生率が中位仮定、高位仮定、ならび低位仮定の 3 つの推計について、総人口、年齢 3 区分(0～14 歳、15～64 歳、65 歳以上)別人口および年齢構造係数の結果を示す。

表A-1 総人口, 年齢3区分(0～14歳, 15～64歳, 65歳以上)別人口及び年齢構造係数
：出生一定(死亡中位)推計

年次	人口 (1,000人) 総数	0～14歳	15～64歳	65歳以上	割合 (%) 0～14歳	15～64歳	65歳以上
平成 22 (2010)	128,057	16,839	81,735	29,484	13.1	63.8	23.0
23 (2011)	127,750	16,682	81,303	29,764	13.1	63.6	23.3
24 (2012)	127,501	16,497	80,173	30,831	12.9	62.9	24.2
25 (2013)	127,250	16,283	78,996	31,971	12.8	62.1	25.1
26 (2014)	126,948	16,065	77,803	33,080	12.7	61.3	26.1
27 (2015)	126,597	15,826	76,818	33,952	12.5	60.7	26.8
28 (2016)	126,198	15,579	75,979	34,640	12.3	60.2	27.4
29 (2017)	125,755	15,328	75,245	35,182	12.2	59.8	28.0
30 (2018)	125,270	15,090	74,584	35,596	12.0	59.5	28.4
31 (2019)	124,745	14,856	74,011	35,877	11.9	59.3	28.8
32 (2020)	124,183	14,651	73,408	36,124	11.8	59.1	29.1
33 (2021)	123,586	14,430	72,866	36,290	11.7	59.0	29.4
34 (2022)	122,957	14,193	72,408	36,356	11.5	58.9	29.6
35 (2023)	122,299	13,943	71,920	36,436	11.4	58.8	29.8
36 (2024)	121,613	13,715	71,369	36,529	11.3	58.7	30.0
37 (2025)	120,902	13,484	70,845	36,573	11.2	58.6	30.3
38 (2026)	120,167	13,237	70,346	36,584	11.0	58.5	30.4
39 (2027)	119,410	13,010	69,803	36,597	10.9	58.5	30.6
40 (2028)	118,632	12,803	69,190	36,640	10.8	58.3	30.9
41 (2029)	117,834	12,613	68,521	36,701	10.7	58.1	31.1
42 (2030)	117,018	12,440	67,729	36,849	10.6	57.9	31.5
43 (2031)	116,182	12,281	67,229	36,673	10.6	57.9	31.6
44 (2032)	115,328	12,135	66,346	36,848	10.5	57.5	32.0
45 (2033)	114,457	11,999	65,445	37,013	10.5	57.2	32.3
46 (2034)	113,570	11,871	64,496	37,203	10.5	56.8	32.8
47 (2035)	112,667	11,749	63,511	37,407	10.4	56.4	33.2
48 (2036)	111,749	11,631	62,467	37,651	10.4	55.9	33.7
49 (2037)	110,817	11,515	61,371	37,931	10.4	55.4	34.2
50 (2038)	109,874	11,401	60,234	38,239	10.4	54.8	34.8
51 (2039)	108,919	11,285	59,126	38,508	10.4	54.3	35.4
52 (2040)	107,954	11,168	58,108	38,678	10.3	53.8	35.8
53 (2041)	106,981	11,049	57,163	38,769	10.3	53.4	36.2
54 (2042)	106,001	10,926	56,293	38,782	10.3	53.1	36.6
55 (2043)	105,015	10,799	55,457	38,759	10.3	52.8	36.9
56 (2044)	104,025	10,668	54,680	38,676	10.3	52.6	37.2
57 (2045)	103,032	10,534	53,934	38,564	10.2	52.3	37.4
58 (2046)	102,037	10,396	53,244	38,398	10.2	52.2	37.6
59 (2047)	101,041	10,254	52,562	38,225	10.1	52.0	37.8
60 (2048)	100,046	10,110	51,879	38,057	10.1	51.9	38.0
61 (2049)	99,051	9,964	51,206	37,881	10.1	51.7	38.2
62 (2050)	98,057	9,816	50,565	37,676	10.0	51.6	38.4
63 (2051)	97,064	9,668	49,966	37,430	10.0	51.5	38.6
64 (2052)	96,072	9,520	49,381	37,171	9.9	51.4	38.7
65 (2053)	95,081	9,373	48,816	36,891	9.9	51.3	38.8
66 (2054)	94,089	9,228	48,276	36,585	9.8	51.3	38.9
67 (2055)	93,096	9,085	47,754	36,257	9.8	51.3	38.9
68 (2056)	92,101	8,946	47,239	35,916	9.7	51.3	39.0
69 (2057)	91,103	8,810	46,702	35,591	9.7	51.3	39.1
70 (2058)	90,102	8,679	46,167	35,257	9.6	51.2	39.1
71 (2059)	89,098	8,552	45,595	34,951	9.6	51.2	39.2
72 (2060)	88,090	8,431	45,016	34,642	9.6	51.1	39.3

各年10月1日現在人口．平成22(2010)年は，総務省統計局『平成22年国勢調査による基準人口』(国籍・年齢「不詳人口」をあん分補正した人口)による．

表A-1 総人口, 年齢3区分(0～14歳, 15～64歳, 65歳以上)別人口及び年齢構造係数
　　　：出生一定(死亡中位)推計(つづき)

年次	人口 (1,000人) 総数	0～14歳	15～64歳	65歳以上	割合 (%) 0～14歳	15～64歳	65歳以上
平成 73 (2061)	87,071	8,316	44,458	34,296	9.6	51.1	39.4
74 (2062)	86,039	8,205	43,883	33,951	9.5	51.0	39.5
75 (2063)	84,998	8,100	43,294	33,605	9.5	50.9	39.5
76 (2064)	83,949	7,999	42,712	33,238	9.5	50.9	39.6
77 (2065)	82,893	7,902	42,123	32,869	9.5	50.8	39.7
78 (2066)	81,835	7,809	41,536	32,490	9.5	50.8	39.7
79 (2067)	80,775	7,718	40,956	32,100	9.6	50.7	39.7
80 (2068)	79,718	7,630	40,397	31,690	9.6	50.7	39.8
81 (2069)	78,665	7,544	39,849	31,272	9.6	50.7	39.8
82 (2070)	77,620	7,458	39,332	30,829	9.6	50.7	39.7
83 (2071)	76,584	7,373	38,808	30,403	9.6	50.7	39.7
84 (2072)	75,560	7,287	38,271	30,001	9.6	50.6	39.7
85 (2073)	74,549	7,201	37,726	29,622	9.7	50.6	39.7
86 (2074)	73,554	7,114	37,206	29,234	9.7	50.6	39.7
87 (2075)	72,575	7,026	36,684	28,865	9.7	50.5	39.8
88 (2076)	71,612	6,937	36,149	28,526	9.7	50.5	39.8
89 (2077)	70,667	6,847	35,636	28,184	9.7	50.4	39.9
90 (2078)	69,738	6,756	35,141	27,841	9.7	50.4	39.9
91 (2079)	68,826	6,664	34,666	27,497	9.7	50.4	40.0
92 (2080)	67,930	6,571	34,207	27,151	9.7	50.4	40.0
93 (2081)	67,049	6,479	33,765	26,806	9.7	50.4	40.0
94 (2082)	66,182	6,386	33,336	26,461	9.6	50.4	40.0
95 (2083)	65,329	6,294	32,919	26,117	9.6	50.4	40.0
96 (2084)	64,488	6,202	32,511	25,774	9.6	50.4	40.0
97 (2085)	63,658	6,111	32,112	25,435	9.6	50.4	40.0
98 (2086)	62,839	6,022	31,719	25,098	9.6	50.5	39.9
99 (2087)	62,031	5,935	31,331	24,765	9.6	50.5	39.9
100 (2088)	61,231	5,849	30,946	24,436	9.6	50.5	39.9
101 (2089)	60,441	5,766	30,563	24,112	9.5	50.6	39.9
102 (2090)	59,659	5,685	30,182	23,792	9.5	50.6	39.9
103 (2091)	58,885	5,606	29,802	23,477	9.5	50.6	39.9
104 (2092)	58,119	5,530	29,422	23,167	9.5	50.6	39.9
105 (2093)	57,361	5,456	29,042	22,862	9.5	50.6	39.9
106 (2094)	56,610	5,385	28,663	22,563	9.5	50.6	39.9
107 (2095)	55,868	5,315	28,285	22,268	9.5	50.6	39.9
108 (2096)	55,133	5,248	27,907	21,977	9.5	50.6	39.9
109 (2097)	54,406	5,183	27,532	21,692	9.5	50.6	39.9
110 (2098)	53,687	5,119	27,159	21,410	9.5	50.6	39.9
111 (2099)	52,977	5,056	26,788	21,132	9.5	50.6	39.9
112 (2100)	52,275	4,995	26,422	20,859	9.6	50.5	39.9
113 (2101)	51,582	4,934	26,058	20,589	9.6	50.5	39.9
114 (2102)	50,897	4,874	25,699	20,324	9.6	50.5	39.9
115 (2103)	50,221	4,814	25,345	20,062	9.6	50.5	39.9
116 (2104)	49,555	4,755	24,995	19,804	9.6	50.4	40.0
117 (2105)	48,897	4,695	24,651	19,550	9.6	50.4	40.0
118 (2106)	48,248	4,636	24,313	19,299	9.6	50.4	40.0
119 (2107)	47,608	4,577	23,981	19,050	9.6	50.4	40.0
120 (2108)	46,977	4,517	23,655	18,805	9.6	50.4	40.0
121 (2109)	46,356	4,458	23,336	18,562	9.6	50.3	40.0
122 (2110)	45,743	4,398	23,024	18,321	9.6	50.3	40.1

各年10月1日現在人口.

表A-2 総人口, 年齢3区分(0〜14歳, 15〜64歳, 65歳以上)別人口及び年齢構造係数
: 出生一定(死亡高位)推計

年次	人口 (1,000人) 総数	0〜14歳	15〜64歳	65歳以上	割合 (%) 0〜14歳	15〜64歳	65歳以上
平成 22 (2010)	128,057	16,839	81,735	29,484	13.1	63.8	23.0
23 (2011)	127,687	16,682	81,295	29,711	13.1	63.7	23.3
24 (2012)	127,364	16,496	80,157	30,711	13.0	62.9	24.1
25 (2013)	127,042	16,282	78,972	31,788	12.8	62.2	25.0
26 (2014)	126,673	16,063	77,774	32,836	12.7	61.4	25.9
27 (2015)	126,258	15,824	76,784	33,650	12.5	60.8	26.7
28 (2016)	125,800	15,576	75,941	34,283	12.4	60.4	27.3
29 (2017)	125,299	15,324	75,202	34,773	12.2	60.0	27.8
30 (2018)	124,759	15,086	74,537	35,136	12.1	59.7	28.2
31 (2019)	124,182	14,852	73,960	35,369	12.0	59.6	28.5
32 (2020)	123,571	14,646	73,354	35,571	11.9	59.4	28.8
33 (2021)	122,928	14,426	72,808	35,694	11.7	59.2	29.0
34 (2022)	122,255	14,188	72,347	35,720	11.6	59.2	29.2
35 (2023)	121,554	13,937	71,855	35,762	11.5	59.1	29.4
36 (2024)	120,829	13,709	71,301	35,818	11.3	59.0	29.6
37 (2025)	120,080	13,478	70,775	35,828	11.2	58.9	29.8
38 (2026)	119,309	13,231	70,273	35,805	11.1	58.9	30.0
39 (2027)	118,518	13,004	69,727	35,787	11.0	58.8	30.2
40 (2028)	117,708	12,797	69,111	35,800	10.9	58.7	30.4
41 (2029)	116,879	12,607	68,440	35,832	10.8	58.6	30.7
42 (2030)	116,033	12,434	67,647	35,953	10.7	58.3	31.0
43 (2031)	115,169	12,275	67,144	35,751	10.7	58.3	31.0
44 (2032)	114,289	12,129	66,260	35,900	10.6	58.0	31.4
45 (2033)	113,392	11,993	65,358	36,041	10.6	57.6	31.8
46 (2034)	112,480	11,865	64,408	36,208	10.5	57.3	32.2
47 (2035)	111,554	11,743	63,422	36,389	10.5	56.9	32.6
48 (2036)	110,614	11,625	62,378	36,611	10.5	56.4	33.1
49 (2037)	109,662	11,509	61,282	36,871	10.5	55.9	33.6
50 (2038)	108,699	11,394	60,146	37,158	10.5	55.3	34.2
51 (2039)	107,726	11,279	59,039	37,408	10.5	54.8	34.7
52 (2040)	106,745	11,162	58,022	37,562	10.5	54.4	35.2
53 (2041)	105,757	11,042	57,077	37,637	10.4	54.0	35.6
54 (2042)	104,763	10,919	56,207	37,637	10.4	53.7	35.9
55 (2043)	103,765	10,792	55,372	37,601	10.4	53.4	36.2
56 (2044)	102,764	10,662	54,595	37,508	10.4	53.1	36.5
57 (2045)	101,762	10,527	53,849	37,386	10.3	52.9	36.7
58 (2046)	100,759	10,388	53,159	37,212	10.3	52.8	36.9
59 (2047)	99,756	10,247	52,478	37,031	10.3	52.6	37.1
60 (2048)	98,753	10,103	51,794	36,856	10.2	52.4	37.3
61 (2049)	97,751	9,956	51,121	36,674	10.2	52.3	37.5
62 (2050)	96,750	9,809	50,480	36,461	10.1	52.2	37.7
63 (2051)	95,750	9,661	49,881	36,208	10.1	52.1	37.8
64 (2052)	94,750	9,513	49,296	35,941	10.0	52.0	37.9
65 (2053)	93,749	9,365	48,731	35,653	10.0	52.0	38.0
66 (2054)	92,747	9,220	48,190	35,337	9.9	52.0	38.1
67 (2055)	91,743	9,077	47,668	34,998	9.9	52.0	38.1
68 (2056)	90,736	8,937	47,153	34,646	9.8	52.0	38.2
69 (2057)	89,726	8,802	46,615	34,309	9.8	52.0	38.2
70 (2058)	88,712	8,671	46,079	33,963	9.8	51.9	38.3
71 (2059)	87,694	8,544	45,507	33,643	9.7	51.9	38.4
72 (2060)	86,673	8,423	44,929	33,321	9.7	51.8	38.4

各年10月1日現在人口. 平成22(2010)年は, 総務省統計局『平成22年国勢調査による基準人口』(国籍・年齢「不詳人口」をあん分補正した人口)による.

表A-2 総人口, 年齢3区分(0～14歳, 15～64歳, 65歳以上)別人口及び年齢構造係数
：出生一定(死亡高位)推計(つづき)

年　次	人　口　(1,000人)				割　合　(%)		
	総　数	0～14歳	15～64歳	65歳以上	0～14歳	15～64歳	65歳以上
平成 73 (2061)	85,642	8,307	44,371	32,964	9.7	51.8	38.5
74 (2062)	84,601	8,197	43,796	32,608	9.7	51.8	38.5
75 (2063)	83,552	8,091	43,206	32,255	9.7	51.7	38.6
76 (2064)	82,498	7,990	42,624	31,883	9.7	51.7	38.6
77 (2065)	81,441	7,894	42,035	31,512	9.7	51.6	38.7
78 (2066)	80,383	7,801	41,449	31,133	9.7	51.6	38.7
79 (2067)	79,328	7,710	40,870	30,748	9.7	51.5	38.8
80 (2068)	78,277	7,622	40,311	30,344	9.7	51.5	38.8
81 (2069)	77,234	7,536	39,763	29,935	9.8	51.5	38.8
82 (2070)	76,200	7,450	39,246	29,504	9.8	51.5	38.7
83 (2071)	75,179	7,365	38,721	29,093	9.8	51.5	38.7
84 (2072)	74,171	7,279	38,185	28,707	9.8	51.5	38.7
85 (2073)	73,179	7,193	37,641	28,345	9.8	51.4	38.7
86 (2074)	72,203	7,106	37,121	27,976	9.8	51.4	38.7
87 (2075)	71,243	7,018	36,599	27,626	9.9	51.4	38.8
88 (2076)	70,301	6,929	36,066	27,306	9.9	51.3	38.8
89 (2077)	69,376	6,839	35,553	26,984	9.9	51.2	38.9
90 (2078)	68,467	6,747	35,059	26,660	9.9	51.2	38.9
91 (2079)	67,574	6,655	34,584	26,334	9.8	51.2	39.0
92 (2080)	66,696	6,563	34,127	26,007	9.8	51.2	39.0
93 (2081)	65,833	6,470	33,685	25,678	9.8	51.2	39.0
94 (2082)	64,982	6,377	33,256	25,349	9.8	51.2	39.0
95 (2083)	64,144	6,285	32,840	25,020	9.8	51.2	39.0
96 (2084)	63,318	6,193	32,433	24,692	9.8	51.2	39.0
97 (2085)	62,502	6,103	32,034	24,366	9.8	51.3	39.0
98 (2086)	61,697	6,014	31,641	24,041	9.7	51.3	39.0
99 (2087)	60,900	5,926	31,253	23,720	9.7	51.3	38.9
100 (2088)	60,113	5,841	30,869	23,403	9.7	51.4	38.9
101 (2089)	59,333	5,758	30,487	23,089	9.7	51.4	38.9
102 (2090)	58,562	5,676	30,106	22,780	9.7	51.4	38.9
103 (2091)	57,799	5,598	29,726	22,475	9.7	51.4	38.9
104 (2092)	57,043	5,522	29,346	22,175	9.7	51.4	38.9
105 (2093)	56,296	5,448	28,967	21,881	9.7	51.5	38.9
106 (2094)	55,556	5,376	28,588	21,591	9.7	51.5	38.9
107 (2095)	54,824	5,307	28,210	21,306	9.7	51.5	38.9
108 (2096)	54,100	5,240	27,834	21,026	9.7	51.4	38.9
109 (2097)	53,384	5,174	27,459	20,751	9.7	51.4	38.9
110 (2098)	52,676	5,111	27,086	20,480	9.7	51.4	38.9
111 (2099)	51,977	5,048	26,716	20,213	9.7	51.4	38.9
112 (2100)	51,287	4,987	26,350	19,951	9.7	51.4	38.9
113 (2101)	50,605	4,926	25,987	19,693	9.7	51.4	38.9
114 (2102)	49,933	4,866	25,629	19,438	9.7	51.3	38.9
115 (2103)	49,269	4,806	25,275	19,188	9.8	51.3	38.9
116 (2104)	48,614	4,747	24,926	18,942	9.8	51.3	39.0
117 (2105)	47,969	4,687	24,582	18,699	9.8	51.2	39.0
118 (2106)	47,332	4,628	24,245	18,459	9.8	51.2	39.0
119 (2107)	46,704	4,569	23,913	18,223	9.8	51.2	39.0
120 (2108)	46,086	4,509	23,588	17,989	9.8	51.2	39.0
121 (2109)	45,476	4,450	23,269	17,757	9.8	51.2	39.0
122 (2110)	44,875	4,390	22,957	17,528	9.8	51.2	39.1

各年10月1日現在人口.

表A-3 総人口, 年齢3区分(0～14歳, 15～64歳, 65歳以上)別人口及び年齢構造係数
：出生一定(死亡低位)推計

年次	人口 (1,000人) 総数	0～14歳	15～64歳	65歳以上	割合 (%) 0～14歳	15～64歳	65歳以上
平成 22 (2010)	128,057	16,839	81,735	29,484	13.1	63.8	23.0
23 (2011)	127,806	16,683	81,310	29,813	13.1	63.6	23.3
24 (2012)	127,628	16,498	80,188	30,943	12.9	62.8	24.2
25 (2013)	127,444	16,285	79,017	32,143	12.8	62.0	25.2
26 (2014)	127,206	16,067	77,829	33,310	12.6	61.2	26.2
27 (2015)	126,917	15,828	76,850	34,239	12.5	60.6	27.0
28 (2016)	126,578	15,581	76,015	34,981	12.3	60.1	27.6
29 (2017)	126,191	15,330	75,285	35,575	12.1	59.7	28.2
30 (2018)	125,760	15,093	74,628	36,038	12.0	59.3	28.7
31 (2019)	125,286	14,860	74,059	36,367	11.9	59.1	29.0
32 (2020)	124,773	14,654	73,459	36,659	11.7	58.9	29.4
33 (2021)	124,223	14,435	72,920	36,868	11.6	58.7	29.7
34 (2022)	123,639	14,197	72,465	36,976	11.5	58.6	29.9
35 (2023)	123,023	13,947	71,980	37,095	11.3	58.5	30.2
36 (2024)	122,378	13,720	71,432	37,226	11.2	58.4	30.4
37 (2025)	121,705	13,489	70,911	37,305	11.1	58.3	30.7
38 (2026)	121,007	13,242	70,415	37,350	10.9	58.2	30.9
39 (2027)	120,285	13,016	69,874	37,395	10.8	58.1	31.1
40 (2028)	119,540	12,808	69,263	37,469	10.7	57.9	31.3
41 (2029)	118,774	12,618	68,596	37,560	10.6	57.8	31.6
42 (2030)	117,988	12,445	67,806	37,737	10.5	57.5	32.0
43 (2031)	117,181	12,286	67,309	37,586	10.5	57.4	32.1
44 (2032)	116,355	12,140	66,427	37,788	10.4	57.1	32.5
45 (2033)	115,511	12,004	65,527	37,979	10.4	56.7	32.9
46 (2034)	114,648	11,876	64,579	38,194	10.4	56.3	33.3
47 (2035)	113,769	11,754	63,594	38,421	10.3	55.9	33.8
48 (2036)	112,874	11,636	62,550	38,688	10.3	55.4	34.3
49 (2037)	111,964	11,521	61,454	38,990	10.3	54.9	34.8
50 (2038)	111,041	11,406	60,316	39,319	10.3	54.3	35.4
51 (2039)	110,105	11,291	59,207	39,607	10.3	53.8	36.0
52 (2040)	109,158	11,174	58,188	39,796	10.2	53.3	36.5
53 (2041)	108,201	11,054	57,243	39,904	10.2	52.9	36.9
54 (2042)	107,235	10,932	56,372	39,932	10.2	52.6	37.2
55 (2043)	106,263	10,805	55,536	39,921	10.2	52.3	37.6
56 (2044)	105,284	10,675	54,759	39,851	10.1	52.0	37.9
57 (2045)	104,302	10,540	54,013	39,749	10.1	51.8	38.1
58 (2046)	103,316	10,402	53,322	39,592	10.1	51.6	38.3
59 (2047)	102,329	10,261	52,641	39,427	10.0	51.4	38.5
60 (2048)	101,341	10,117	51,958	39,267	10.0	51.3	38.7
61 (2049)	100,354	9,971	51,284	39,099	9.9	51.1	39.0
62 (2050)	99,367	9,823	50,644	38,900	9.9	51.0	39.1
63 (2051)	98,382	9,675	50,045	38,661	9.8	50.9	39.3
64 (2052)	97,397	9,527	49,460	38,410	9.8	50.8	39.4
65 (2053)	96,414	9,380	48,895	38,138	9.7	50.7	39.6
66 (2054)	95,431	9,235	48,355	37,840	9.7	50.7	39.7
67 (2055)	94,448	9,092	47,833	37,522	9.6	50.6	39.7
68 (2056)	93,464	8,953	47,319	37,192	9.6	50.6	39.8
69 (2057)	92,478	8,817	46,783	36,879	9.5	50.6	39.9
70 (2058)	91,490	8,686	46,247	36,557	9.5	50.5	40.0
71 (2059)	90,499	8,560	45,675	36,264	9.5	50.5	40.1
72 (2060)	89,504	8,439	45,097	35,968	9.4	50.4	40.2

各年10月1日現在人口. 平成22(2010)年は, 総務省統計局『平成22年国勢調査による基準人口』(国籍・年齢「不詳人口」をあん分補正した人口)による.

表A-3 総人口, 年齢3区分(0～14歳, 15～64歳, 65歳以上)別人口及び年齢構造係数
：出生一定(死亡低位)推計(つづき)

年次	人口 (1,000人) 総数	0～14歳	15～64歳	65歳以上	割合 (%) 0～14歳	15～64歳	65歳以上
平成 73 (2061)	88,497	8,323	44,539	35,635	9.4	50.3	40.3
74 (2062)	87,477	8,212	43,964	35,300	9.4	50.3	40.4
75 (2063)	86,444	8,107	43,374	34,963	9.4	50.2	40.4
76 (2064)	85,400	8,006	42,792	34,602	9.4	50.1	40.5
77 (2065)	84,349	7,909	42,203	34,237	9.4	50.0	40.6
78 (2066)	83,291	7,816	41,616	33,859	9.4	50.0	40.7
79 (2067)	82,229	7,726	41,036	33,468	9.4	49.9	40.7
80 (2068)	81,167	7,638	40,477	33,053	9.4	49.9	40.7
81 (2069)	80,107	7,551	39,928	32,627	9.4	49.8	40.7
82 (2070)	79,051	7,465	39,411	32,174	9.4	49.9	40.7
83 (2071)	78,002	7,380	38,886	31,736	9.5	49.9	40.7
84 (2072)	76,963	7,295	38,349	31,319	9.5	49.8	40.7
85 (2073)	75,936	7,209	37,804	30,923	9.5	49.8	40.7
86 (2074)	74,922	7,122	37,283	30,517	9.5	49.8	40.7
87 (2075)	73,923	7,034	36,761	30,129	9.5	49.7	40.8
88 (2076)	72,941	6,945	36,226	29,771	9.5	49.7	40.8
89 (2077)	71,975	6,854	35,711	29,409	9.5	49.6	40.9
90 (2078)	71,026	6,763	35,216	29,047	9.5	49.6	40.9
91 (2079)	70,094	6,671	34,740	28,683	9.5	49.6	40.9
92 (2080)	69,178	6,579	34,281	28,319	9.5	49.6	40.9
93 (2081)	68,279	6,486	33,838	27,955	9.5	49.6	40.9
94 (2082)	67,394	6,393	33,408	27,593	9.5	49.6	40.9
95 (2083)	66,524	6,301	32,990	27,233	9.5	49.6	40.9
96 (2084)	65,668	6,209	32,583	26,875	9.5	49.6	40.9
97 (2085)	64,823	6,119	32,183	26,521	9.4	49.6	40.9
98 (2086)	63,991	6,030	31,790	26,171	9.4	49.7	40.9
99 (2087)	63,169	5,942	31,401	25,826	9.4	49.7	40.9
100 (2088)	62,357	5,857	31,016	25,485	9.4	49.7	40.9
101 (2089)	61,555	5,773	30,633	25,149	9.4	49.8	40.9
102 (2090)	60,762	5,692	30,251	24,818	9.4	49.8	40.8
103 (2091)	59,977	5,614	29,871	24,493	9.4	49.8	40.8
104 (2092)	59,201	5,537	29,490	24,173	9.4	49.8	40.8
105 (2093)	58,432	5,464	29,110	23,858	9.4	49.8	40.8
106 (2094)	57,671	5,392	28,731	23,548	9.3	49.8	40.8
107 (2095)	56,918	5,323	28,352	23,243	9.4	49.8	40.8
108 (2096)	56,172	5,255	27,974	22,942	9.4	49.8	40.8
109 (2097)	55,434	5,190	27,598	22,646	9.4	49.8	40.9
110 (2098)	54,705	5,126	27,225	22,354	9.4	49.8	40.9
111 (2099)	53,983	5,063	26,854	22,066	9.4	49.7	40.9
112 (2100)	53,270	5,002	26,487	21,781	9.4	49.7	40.9
113 (2101)	52,565	4,941	26,123	21,501	9.4	49.7	40.9
114 (2102)	51,868	4,881	25,763	21,224	9.4	49.7	40.9
115 (2103)	51,181	4,821	25,409	20,951	9.4	49.6	40.9
116 (2104)	50,502	4,762	25,059	20,681	9.4	49.6	41.0
117 (2105)	49,832	4,702	24,714	20,415	9.4	49.6	41.0
118 (2106)	49,171	4,643	24,375	20,152	9.4	49.6	41.0
119 (2107)	48,519	4,584	24,043	19,893	9.4	49.6	41.0
120 (2108)	47,876	4,524	23,716	19,635	9.4	49.5	41.0
121 (2109)	47,242	4,465	23,397	19,381	9.5	49.5	41.0
122 (2110)	46,617	4,405	23,084	19,129	9.4	49.5	41.0

各年10月1日現在人口.

表A-4 総人口, 年齢3区分(0～14歳, 15～64歳, 65歳以上)別人口及び年齢構造係数
：出生中位(死亡一定)推計

年次	人口 (1,000人) 総数	0～14歳	15～64歳	65歳以上	割合 (%) 0～14歳	15～64歳	65歳以上
平成 22 (2010)	128,057	16,839	81,735	29,484	13.1	63.8	23.0
23 (2011)	127,783	16,685	81,311	29,786	13.1	63.6	23.3
24 (2012)	127,503	16,493	80,179	30,831	12.9	62.9	24.2
25 (2013)	127,201	16,280	78,997	31,923	12.8	62.1	25.1
26 (2014)	126,835	16,065	77,799	32,971	12.7	61.3	26.0
27 (2015)	126,403	15,825	76,808	33,770	12.5	60.8	26.7
28 (2016)	125,906	15,571	75,963	34,372	12.4	60.3	27.3
29 (2017)	125,347	15,307	75,221	34,818	12.2	60.0	27.8
30 (2018)	124,729	15,052	74,552	35,125	12.1	59.8	28.2
31 (2019)	124,056	14,795	73,971	35,291	11.9	59.6	28.4
32 (2020)	123,334	14,562	73,358	35,414	11.8	59.5	28.7
33 (2021)	122,567	14,311	72,805	35,450	11.7	59.4	28.9
34 (2022)	121,758	14,041	72,337	35,381	11.5	59.4	29.1
35 (2023)	120,913	13,757	71,837	35,319	11.4	59.4	29.2
36 (2024)	120,035	13,495	71,275	35,266	11.2	59.4	29.4
37 (2025)	119,127	13,229	70,739	35,159	11.1	59.4	29.5
38 (2026)	118,192	12,946	70,230	35,016	11.0	59.4	29.6
39 (2027)	117,233	12,693	69,667	34,872	10.8	59.4	29.7
40 (2028)	116,250	12,452	69,042	34,756	10.7	59.4	29.9
41 (2029)	115,247	12,228	68,364	34,656	10.6	59.3	30.1
42 (2030)	114,225	12,024	67,559	34,642	10.5	59.1	30.3
43 (2031)	113,184	11,841	67,038	34,305	10.5	59.2	30.3
44 (2032)	112,126	11,676	66,132	34,318	10.4	59.0	30.6
45 (2033)	111,052	11,528	65,203	34,322	10.4	58.7	30.9
46 (2034)	109,964	11,393	64,220	34,351	10.4	58.4	31.2
47 (2035)	108,864	11,269	63,199	34,396	10.4	58.1	31.6
48 (2036)	107,753	11,152	62,118	34,483	10.3	57.6	32.0
49 (2037)	106,634	11,041	60,983	34,611	10.4	57.2	32.5
50 (2038)	105,508	10,931	59,807	34,769	10.4	56.7	33.0
51 (2039)	104,377	10,822	58,660	34,894	10.4	56.2	33.4
52 (2040)	103,242	10,711	57,604	34,928	10.4	55.8	33.8
53 (2041)	102,107	10,596	56,620	34,890	10.4	55.5	34.2
54 (2042)	100,971	10,477	55,712	34,782	10.4	55.2	34.4
55 (2043)	99,837	10,353	54,838	34,646	10.4	54.9	34.7
56 (2044)	98,706	10,225	54,024	34,457	10.4	54.7	34.9
57 (2045)	97,577	10,091	53,241	34,245	10.3	54.6	35.1
58 (2046)	96,452	9,953	52,513	33,986	10.3	54.4	35.2
59 (2047)	95,328	9,810	51,796	33,723	10.3	54.3	35.4
60 (2048)	94,207	9,663	51,078	33,467	10.3	54.2	35.5
61 (2049)	93,086	9,512	50,370	33,203	10.2	54.1	35.7
62 (2050)	91,965	9,359	49,696	32,909	10.2	54.0	35.8
63 (2051)	90,841	9,204	49,063	32,574	10.1	54.0	35.9
64 (2052)	89,716	9,048	48,445	32,223	10.1	54.0	35.9
65 (2053)	88,587	8,892	47,846	31,849	10.0	54.0	36.0
66 (2054)	87,454	8,737	47,273	31,444	10.0	54.1	36.0
67 (2055)	86,317	8,584	46,717	31,017	9.9	54.1	35.9
68 (2056)	85,177	8,433	46,168	30,576	9.9	54.2	35.9
69 (2057)	84,034	8,287	45,598	30,149	9.9	54.3	35.9
70 (2058)	82,888	8,146	45,028	29,715	9.8	54.3	35.8
71 (2059)	81,742	8,010	44,423	29,310	9.8	54.3	35.9
72 (2060)	80,597	7,880	43,811	28,907	9.8	54.4	35.9

各年10月1日現在人口. 平成22(2010)年は, 総務省統計局『平成22年国勢調査による基準人口』(国籍・年齢「不詳人口」をあん分補正した人口)による.

表A-4 総人口, 年齢3区分(0〜14歳, 15〜64歳, 65歳以上)別人口及び年齢構造係数
：出生中位(死亡一定)推計(つづき)

年次	人口 (1,000人) 総数	0〜14歳	15〜64歳	65歳以上	割合 (%) 0〜14歳	15〜64歳	65歳以上
平成 73 (2061)	79,455	7,755	43,219	28,481	9.8	54.4	35.8
74 (2062)	78,318	7,638	42,610	28,070	9.8	54.4	35.8
75 (2063)	77,188	7,526	41,987	27,676	9.7	54.4	35.9
76 (2064)	76,069	7,420	41,371	27,277	9.8	54.4	35.9
77 (2065)	74,961	7,320	40,748	26,893	9.8	54.4	35.9
78 (2066)	73,867	7,224	40,127	26,516	9.8	54.3	35.9
79 (2067)	72,789	7,132	39,513	26,144	9.8	54.3	35.9
80 (2068)	71,729	7,044	38,918	25,767	9.8	54.3	35.9
81 (2069)	70,687	6,959	38,333	25,395	9.8	54.2	35.9
82 (2070)	69,664	6,875	37,779	25,011	9.9	54.2	35.9
83 (2071)	68,661	6,792	37,217	24,652	9.9	54.2	35.9
84 (2072)	67,677	6,709	36,644	24,324	9.9	54.1	35.9
85 (2073)	66,712	6,627	36,063	24,023	9.9	54.1	36.0
86 (2074)	65,766	6,543	35,506	23,717	9.9	54.0	36.1
87 (2075)	64,837	6,458	34,948	23,430	10.0	53.9	36.1
88 (2076)	63,924	6,372	34,377	23,175	10.0	53.8	36.3
89 (2077)	63,026	6,285	33,835	22,907	10.0	53.7	36.3
90 (2078)	62,143	6,196	33,305	22,642	10.0	53.6	36.4
91 (2079)	61,273	6,106	32,793	22,374	10.0	53.5	36.5
92 (2080)	60,416	6,015	32,302	22,098	10.0	53.5	36.6
93 (2081)	59,569	5,924	31,832	21,813	9.9	53.4	36.6
94 (2082)	58,733	5,831	31,381	21,520	9.9	53.4	36.6
95 (2083)	57,906	5,739	30,948	21,219	9.9	53.4	36.6
96 (2084)	57,089	5,647	30,529	20,913	9.9	53.5	36.6
97 (2085)	56,281	5,556	30,123	20,602	9.9	53.5	36.6
98 (2086)	55,480	5,466	29,726	20,289	9.9	53.6	36.6
99 (2087)	54,688	5,377	29,335	19,976	9.8	53.6	36.5
100 (2088)	53,904	5,290	28,950	19,664	9.8	53.7	36.5
101 (2089)	53,129	5,206	28,567	19,356	9.8	53.8	36.4
102 (2090)	52,361	5,123	28,186	19,052	9.8	53.8	36.4
103 (2091)	51,602	5,043	27,805	18,754	9.8	53.9	36.3
104 (2092)	50,852	4,966	27,424	18,463	9.8	53.9	36.3
105 (2093)	50,112	4,891	27,043	18,178	9.8	54.0	36.3
106 (2094)	49,380	4,819	26,661	17,899	9.8	54.0	36.2
107 (2095)	48,658	4,750	26,280	17,628	9.8	54.0	36.2
108 (2096)	47,946	4,683	25,900	17,363	9.8	54.0	36.2
109 (2097)	47,244	4,618	25,521	17,105	9.8	54.0	36.2
110 (2098)	46,553	4,555	25,144	16,854	9.8	54.0	36.2
111 (2099)	45,871	4,494	24,769	16,609	9.8	54.0	36.2
112 (2100)	45,200	4,434	24,396	16,370	9.8	54.0	36.2
113 (2101)	44,540	4,376	24,027	16,136	9.8	53.9	36.2
114 (2102)	43,890	4,318	23,662	15,909	9.8	53.9	36.2
115 (2103)	43,250	4,262	23,302	15,686	9.9	53.9	36.3
116 (2104)	42,621	4,205	22,946	15,469	9.9	53.8	36.3
117 (2105)	42,002	4,149	22,596	15,257	9.9	53.8	36.3
118 (2106)	41,394	4,093	22,252	15,048	9.9	53.8	36.4
119 (2107)	40,796	4,037	21,915	14,843	9.9	53.7	36.4
120 (2108)	40,207	3,981	21,585	14,641	9.9	53.7	36.4
121 (2109)	39,629	3,925	21,262	14,442	9.9	53.7	36.4
122 (2110)	39,060	3,869	20,946	14,245	9.9	53.6	36.5

各年10月1日現在人口.

表A-5 総人口, 年齢3区分(0～14歳, 15～64歳, 65歳以上)別人口及び年齢構造係数
: 出生高位(死亡一定)推計

年次	人口 (1,000人) 総数	0～14歳	15～64歳	65歳以上	割合 (%) 0～14歳	15～64歳	65歳以上
平成 22 (2010)	128,057	16,839	81,735	29,484	13.1	63.8	23.0
23 (2011)	127,815	16,717	81,311	29,786	13.1	63.6	23.3
24 (2012)	127,588	16,578	80,179	30,831	13.0	62.8	24.2
25 (2013)	127,355	16,435	78,997	31,923	12.9	62.0	25.1
26 (2014)	127,078	16,308	77,799	32,971	12.8	61.2	25.9
27 (2015)	126,753	16,175	76,808	33,770	12.8	60.6	26.6
28 (2016)	126,382	16,047	75,963	34,372	12.7	60.1	27.2
29 (2017)	125,964	15,924	75,221	34,818	12.6	59.7	27.6
30 (2018)	125,499	15,822	74,552	35,125	12.6	59.4	28.0
31 (2019)	124,987	15,725	73,971	35,291	12.6	59.2	28.2
32 (2020)	124,429	15,657	73,358	35,414	12.6	59.0	28.5
33 (2021)	123,827	15,571	72,805	35,450	12.6	58.8	28.6
34 (2022)	123,182	15,465	72,337	35,381	12.6	58.7	28.7
35 (2023)	122,499	15,342	71,837	35,319	12.5	58.6	28.8
36 (2024)	121,779	15,239	71,275	35,266	12.5	58.5	29.0
37 (2025)	121,026	15,128	70,739	35,159	12.5	58.4	29.1
38 (2026)	120,242	14,965	70,261	35,016	12.4	58.4	29.1
39 (2027)	119,430	14,808	69,750	34,872	12.4	58.4	29.2
40 (2028)	118,592	14,643	69,193	34,756	12.3	58.3	29.3
41 (2029)	117,731	14,474	68,601	34,656	12.3	58.3	29.4
42 (2030)	116,847	14,303	67,902	34,642	12.2	58.1	29.6
43 (2031)	115,942	14,132	67,505	34,305	12.2	58.2	29.6
44 (2032)	115,020	13,963	66,739	34,318	12.1	58.0	29.8
45 (2033)	114,081	13,798	65,961	34,322	12.1	57.8	30.1
46 (2034)	113,128	13,637	65,139	34,351	12.1	57.6	30.4
47 (2035)	112,163	13,484	64,283	34,396	12.0	57.3	30.7
48 (2036)	111,189	13,338	63,368	34,483	12.0	57.0	31.0
49 (2037)	110,209	13,200	62,399	34,611	12.0	56.6	31.4
50 (2038)	109,226	13,069	61,388	34,769	12.0	56.2	31.8
51 (2039)	108,242	12,945	60,403	34,894	12.0	55.8	32.2
52 (2040)	107,259	12,826	59,505	34,928	12.0	55.5	32.6
53 (2041)	106,280	12,712	58,678	34,890	12.0	55.2	32.8
54 (2042)	105,307	12,603	57,922	34,782	12.0	55.0	33.0
55 (2043)	104,341	12,497	57,198	34,646	12.0	54.8	33.2
56 (2044)	103,383	12,395	56,531	34,457	12.0	54.7	33.3
57 (2045)	102,434	12,297	55,892	34,245	12.0	54.6	33.4
58 (2046)	101,493	12,201	55,307	33,986	12.0	54.5	33.5
59 (2047)	100,560	12,107	54,730	33,723	12.0	54.4	33.5
60 (2048)	99,632	12,015	54,151	33,467	12.1	54.4	33.6
61 (2049)	98,709	11,924	53,582	33,203	12.1	54.3	33.6
62 (2050)	97,788	11,833	53,045	32,909	12.1	54.2	33.7
63 (2051)	96,867	11,741	52,552	32,574	12.1	54.3	33.6
64 (2052)	95,945	11,648	52,073	32,223	12.1	54.3	33.6
65 (2053)	95,020	11,553	51,618	31,849	12.2	54.3	33.5
66 (2054)	94,091	11,456	51,190	31,444	12.2	54.4	33.4
67 (2055)	93,157	11,356	50,784	31,017	12.2	54.5	33.3
68 (2056)	92,219	11,254	50,389	30,576	12.2	54.6	33.2
69 (2057)	91,275	11,149	49,978	30,149	12.2	54.8	33.0
70 (2058)	90,328	11,041	49,572	29,715	12.2	54.9	32.9
71 (2059)	89,379	10,932	49,137	29,310	12.2	55.0	32.8
72 (2060)	88,428	10,820	48,701	28,907	12.2	55.1	32.7

各年10月1日現在人口. 平成22(2010)年は, 総務省統計局『平成22年国勢調査による基準人口』(国籍・年齢「不詳人口」をあん分補正した人口)による.

表A-5 総人口,年齢3区分(0～14歳,15～64歳,65歳以上)別人口及び年齢構造係数
：出生高位(死亡一定)推計(つづき)

年次	人口 (1,000人) 総数	0～14歳	15～64歳	65歳以上	割合 (%) 0～14歳	15～64歳	65歳以上
平成 73 (2061)	87,478	10,708	48,289	28,481	12.2	55.2	32.6
74 (2062)	86,532	10,596	47,866	28,070	12.2	55.3	32.4
75 (2063)	85,592	10,484	47,432	27,676	12.2	55.4	32.3
76 (2064)	84,661	10,374	47,010	27,277	12.3	55.5	32.2
77 (2065)	83,740	10,265	46,582	26,893	12.3	55.6	32.1
78 (2066)	82,833	10,158	46,160	26,516	12.3	55.7	32.0
79 (2067)	81,942	10,054	45,744	26,144	12.3	55.8	31.9
80 (2068)	81,069	9,953	45,349	25,767	12.3	55.9	31.8
81 (2069)	80,214	9,855	44,964	25,395	12.3	56.1	31.7
82 (2070)	79,379	9,760	44,608	25,011	12.3	56.2	31.5
83 (2071)	78,564	9,669	44,243	24,652	12.3	56.3	31.4
84 (2072)	77,769	9,580	43,865	24,324	12.3	56.4	31.3
85 (2073)	76,994	9,494	43,476	24,023	12.3	56.5	31.2
86 (2074)	76,238	9,411	43,110	23,717	12.3	56.5	31.1
87 (2075)	75,501	9,331	42,740	23,430	12.4	56.6	31.0
88 (2076)	74,780	9,252	42,325	23,204	12.4	56.6	31.0
89 (2077)	74,076	9,175	41,918	22,983	12.4	56.6	31.0
90 (2078)	73,386	9,099	41,508	22,779	12.4	56.6	31.0
91 (2079)	72,709	9,024	41,095	22,590	12.4	56.5	31.1
92 (2080)	72,043	8,949	40,684	22,410	12.4	56.5	31.1
93 (2081)	71,389	8,874	40,278	22,237	12.4	56.4	31.1
94 (2082)	70,743	8,800	39,876	22,068	12.4	56.4	31.2
95 (2083)	70,106	8,725	39,480	21,901	12.4	56.3	31.2
96 (2084)	69,476	8,650	39,093	21,733	12.4	56.3	31.3
97 (2085)	68,853	8,574	38,715	21,564	12.5	56.2	31.3
98 (2086)	68,235	8,497	38,347	21,391	12.5	56.2	31.3
99 (2087)	67,622	8,419	37,988	21,215	12.5	56.2	31.4
100 (2088)	67,014	8,341	37,637	21,035	12.4	56.2	31.4
101 (2089)	66,411	8,262	37,294	20,854	12.4	56.2	31.4
102 (2090)	65,811	8,183	36,957	20,671	12.4	56.2	31.4
103 (2091)	65,217	8,104	36,625	20,488	12.4	56.2	31.4
104 (2092)	64,626	8,024	36,297	20,304	12.4	56.2	31.4
105 (2093)	64,040	7,945	35,974	20,120	12.4	56.2	31.4
106 (2094)	63,458	7,866	35,655	19,937	12.4	56.2	31.4
107 (2095)	62,880	7,788	35,338	19,753	12.4	56.2	31.4
108 (2096)	62,306	7,711	35,026	19,570	12.4	56.2	31.4
109 (2097)	61,737	7,635	34,716	19,386	12.4	56.2	31.4
110 (2098)	61,173	7,560	34,409	19,203	12.4	56.2	31.4
111 (2099)	60,612	7,487	34,105	19,021	12.4	56.3	31.4
112 (2100)	60,056	7,415	33,802	18,839	12.3	56.3	31.4
113 (2101)	59,504	7,345	33,501	18,658	12.3	56.3	31.4
114 (2102)	58,956	7,276	33,202	18,478	12.3	56.3	31.3
115 (2103)	58,413	7,209	32,903	18,301	12.3	56.3	31.3
116 (2104)	57,873	7,144	32,604	18,125	12.3	56.3	31.3
117 (2105)	57,338	7,079	32,306	17,953	12.3	56.3	31.3
118 (2106)	56,808	7,017	32,009	17,783	12.4	56.3	31.3
119 (2107)	56,282	6,955	31,711	17,616	12.4	56.3	31.3
120 (2108)	55,761	6,894	31,414	17,452	12.4	56.3	31.3
121 (2109)	55,245	6,834	31,118	17,292	12.4	56.3	31.3
122 (2110)	54,733	6,775	30,823	17,135	12.4	56.3	31.3

各年10月1日現在人口.

表A-6 総人口, 年齢3区分(0～14歳, 15～64歳, 65歳以上)別人口及び年齢構造係数
：出生低位(死亡一定)推計

年次	人口 (1,000人) 総数	0～14歳	15～64歳	65歳以上	割合 (%) 0～14歳	15～64歳	65歳以上
平成 22 (2010)	128,057	16,839	81,735	29,484	13.1	63.8	23.0
23 (2011)	127,741	16,643	81,311	29,786	13.0	63.7	23.3
24 (2012)	127,394	16,384	80,179	30,831	12.9	62.9	24.2
25 (2013)	127,008	16,088	78,997	31,923	12.7	62.2	25.1
26 (2014)	126,542	15,772	77,799	32,971	12.5	61.5	26.1
27 (2015)	125,995	15,416	76,808	33,770	12.2	61.0	26.8
28 (2016)	125,370	15,035	75,963	34,372	12.0	60.6	27.4
29 (2017)	124,674	14,635	75,221	34,818	11.7	60.3	27.9
30 (2018)	123,915	14,238	74,552	35,125	11.5	60.2	28.3
31 (2019)	123,098	13,837	73,971	35,291	11.2	60.1	28.7
32 (2020)	122,231	13,459	73,358	35,414	11.0	60.0	29.0
33 (2021)	121,320	13,064	72,805	35,450	10.8	60.0	29.2
34 (2022)	120,369	12,652	72,337	35,381	10.5	60.1	29.4
35 (2023)	119,384	12,228	71,837	35,319	10.2	60.2	29.6
36 (2024)	118,368	11,828	71,275	35,266	10.0	60.2	29.8
37 (2025)	117,325	11,427	70,739	35,159	9.7	60.3	30.0
38 (2026)	116,257	11,052	70,189	35,016	9.5	60.4	30.1
39 (2027)	115,166	10,733	69,560	34,872	9.3	60.4	30.3
40 (2028)	114,054	10,445	68,853	34,756	9.2	60.4	30.5
41 (2029)	112,924	10,192	68,076	34,656	9.0	60.3	30.7
42 (2030)	111,776	9,976	67,158	34,642	8.9	60.1	31.0
43 (2031)	110,610	9,794	66,511	34,305	8.9	60.1	31.0
44 (2032)	109,429	9,641	65,470	34,318	8.8	59.8	31.4
45 (2033)	108,232	9,510	64,400	34,322	8.8	59.5	31.7
46 (2034)	107,020	9,396	63,273	34,351	8.8	59.1	32.1
47 (2035)	105,796	9,294	62,106	34,396	8.8	58.7	32.5
48 (2036)	104,560	9,198	60,879	34,483	8.8	58.2	33.0
49 (2037)	103,314	9,104	59,600	34,611	8.8	57.7	33.5
50 (2038)	102,059	9,009	58,281	34,769	8.8	57.1	34.1
51 (2039)	100,798	8,911	56,993	34,894	8.8	56.5	34.6
52 (2040)	99,530	8,806	55,797	34,928	8.8	56.1	35.1
53 (2041)	98,258	8,693	54,676	34,890	8.8	55.6	35.5
54 (2042)	96,984	8,570	53,631	34,782	8.8	55.3	35.9
55 (2043)	95,708	8,439	52,623	34,646	8.8	55.0	36.2
56 (2044)	94,431	8,297	51,677	34,457	8.8	54.7	36.5
57 (2045)	93,154	8,146	50,763	34,245	8.7	54.5	36.8
58 (2046)	91,878	7,986	49,906	33,986	8.7	54.3	37.0
59 (2047)	90,602	7,818	49,061	33,723	8.6	54.2	37.2
60 (2048)	89,325	7,643	48,216	33,467	8.6	54.0	37.5
61 (2049)	88,048	7,462	47,383	33,203	8.5	53.8	37.7
62 (2050)	86,769	7,278	46,582	32,909	8.4	53.7	37.9
63 (2051)	85,489	7,091	45,823	32,574	8.3	53.6	38.1
64 (2052)	84,205	6,904	45,078	32,223	8.2	53.5	38.3
65 (2053)	82,919	6,718	44,352	31,849	8.1	53.5	38.4
66 (2054)	81,629	6,536	43,649	31,444	8.0	53.5	38.5
67 (2055)	80,337	6,358	42,962	31,017	7.9	53.5	38.6
68 (2056)	79,043	6,187	42,280	30,576	7.8	53.5	38.7
69 (2057)	77,746	6,025	41,573	30,149	7.7	53.5	38.8
70 (2058)	76,450	5,871	40,864	29,715	7.7	53.5	38.9
71 (2059)	75,154	5,727	40,117	29,310	7.6	53.4	39.0
72 (2060)	73,860	5,593	39,360	28,907	7.6	53.3	39.1

各年10月1日現在人口. 平成22(2010)年は, 総務省統計局『平成22年国勢調査による基準人口』(国籍・年齢「不詳人口」をあん分補正した人口)による.

表A-6 総人口, 年齢3区分(0〜14歳, 15〜64歳, 65歳以上)別人口及び年齢構造係数
　　　：出生低位(死亡一定)推計(つづき)

年　次	人　口　(1,000人) 総　数	0〜14歳	15〜64歳	65歳以上	割　合　(%) 0〜14歳	15〜64歳	65歳以上
平成 73 (2061)	72,572	5,470	38,621	28,481	7.5	53.2	39.2
74 (2062)	71,290	5,356	37,864	28,070	7.5	53.1	39.4
75 (2063)	70,016	5,251	37,089	27,676	7.5	53.0	39.5
76 (2064)	68,754	5,155	36,321	27,277	7.5	52.8	39.7
77 (2065)	67,505	5,067	35,545	26,893	7.5	52.7	39.8
78 (2066)	66,271	4,985	34,771	26,516	7.5	52.5	40.0
79 (2067)	65,055	4,908	34,003	26,144	7.5	52.3	40.2
80 (2068)	63,856	4,835	33,255	25,767	7.6	52.1	40.4
81 (2069)	62,677	4,764	32,518	25,395	7.6	51.9	40.5
82 (2070)	61,518	4,694	31,813	25,011	7.6	51.7	40.7
83 (2071)	60,379	4,625	31,102	24,652	7.7	51.5	40.8
84 (2072)	59,261	4,555	30,381	24,324	7.7	51.3	41.0
85 (2073)	58,162	4,484	29,655	24,023	7.7	51.0	41.3
86 (2074)	57,083	4,411	28,955	23,717	7.7	50.7	41.5
87 (2075)	56,022	4,335	28,256	23,430	7.7	50.4	41.8
88 (2076)	54,978	4,257	27,584	23,137	7.7	50.2	42.1
89 (2077)	53,951	4,177	26,965	22,809	7.7	50.0	42.3
90 (2078)	52,940	4,094	26,377	22,469	7.7	49.8	42.4
91 (2079)	51,943	4,009	25,822	22,112	7.7	49.7	42.6
92 (2080)	50,960	3,923	25,303	21,734	7.7	49.7	42.6
93 (2081)	49,989	3,835	24,817	21,337	7.7	49.6	42.7
94 (2082)	49,032	3,747	24,360	20,924	7.6	49.7	42.7
95 (2083)	48,086	3,659	23,926	20,500	7.6	49.8	42.6
96 (2084)	47,152	3,572	23,510	20,070	7.6	49.9	42.6
97 (2085)	46,229	3,486	23,107	19,636	7.5	50.0	42.5
98 (2086)	45,317	3,402	22,712	19,203	7.5	50.1	42.4
99 (2087)	44,416	3,319	22,324	18,773	7.5	50.3	42.3
100 (2088)	43,527	3,240	21,938	18,349	7.4	50.4	42.2
101 (2089)	42,650	3,163	21,553	17,933	7.4	50.5	42.0
102 (2090)	41,785	3,090	21,168	17,526	7.4	50.7	41.9
103 (2091)	40,932	3,021	20,782	17,130	7.4	50.8	41.8
104 (2092)	40,093	2,954	20,394	16,745	7.4	50.9	41.8
105 (2093)	39,268	2,892	20,004	16,372	7.4	50.9	41.7
106 (2094)	38,457	2,832	19,613	16,012	7.4	51.0	41.6
107 (2095)	37,660	2,776	19,221	15,663	7.4	51.0	41.6
108 (2096)	36,879	2,723	18,828	15,328	7.4	51.1	41.6
109 (2097)	36,114	2,673	18,437	15,004	7.4	51.1	41.5
110 (2098)	35,365	2,625	18,048	14,693	7.4	51.0	41.5
111 (2099)	34,633	2,579	17,661	14,393	7.4	51.0	41.6
112 (2100)	33,917	2,534	17,277	14,105	7.5	50.9	41.6
113 (2101)	33,218	2,491	16,899	13,828	7.5	50.9	41.6
114 (2102)	32,536	2,449	16,526	13,561	7.5	50.8	41.7
115 (2103)	31,870	2,407	16,161	13,303	7.6	50.7	41.7
116 (2104)	31,222	2,365	15,803	13,054	7.6	50.6	41.8
117 (2105)	30,590	2,324	15,454	12,812	7.6	50.5	41.9
118 (2106)	29,974	2,282	15,115	12,577	7.6	50.4	42.0
119 (2107)	29,373	2,240	14,786	12,347	7.6	50.3	42.0
120 (2108)	28,788	2,198	14,468	12,122	7.6	50.3	42.1
121 (2109)	28,217	2,155	14,162	11,900	7.6	50.2	42.2
122 (2110)	27,659	2,112	13,867	11,680	7.6	50.1	42.2

各年10月1日現在人口.

表A-7 総人口, 年齢3区分(0～14歳, 15～64歳, 65歳以上)別人口及び年齢構造係数
：出生一定(死亡一定)推計

年次	人口 (1,000人) 総数	0～14歳	15～64歳	65歳以上	割合 (%) 0～14歳	15～64歳	65歳以上
平成 22 (2010)	128,057	16,839	81,735	29,484	13.1	63.8	23.0
23 (2011)	127,780	16,683	81,311	29,786	13.1	63.6	23.3
24 (2012)	127,507	16,497	80,179	30,831	12.9	62.9	24.2
25 (2013)	127,203	16,283	78,997	31,923	12.8	62.1	25.1
26 (2014)	126,834	16,064	77,799	32,971	12.7	61.3	26.0
27 (2015)	126,403	15,824	76,808	33,770	12.5	60.8	26.7
28 (2016)	125,911	15,576	75,963	34,372	12.4	60.3	27.3
29 (2017)	125,363	15,324	75,221	34,818	12.2	60.0	27.8
30 (2018)	124,763	15,086	74,552	35,125	12.1	59.8	28.2
31 (2019)	124,113	14,851	73,971	35,291	12.0	59.6	28.4
32 (2020)	123,417	14,644	73,358	35,414	11.9	59.4	28.7
33 (2021)	122,679	14,423	72,805	35,450	11.8	59.3	28.9
34 (2022)	121,902	14,184	72,337	35,381	11.6	59.3	29.0
35 (2023)	121,090	13,933	71,837	35,319	11.5	59.3	29.2
36 (2024)	120,245	13,704	71,275	35,266	11.4	59.3	29.3
37 (2025)	119,370	13,472	70,739	35,159	11.3	59.3	29.5
38 (2026)	118,468	13,225	70,227	35,016	11.2	59.3	29.6
39 (2027)	117,540	12,997	69,671	34,872	11.1	59.3	29.7
40 (2028)	116,589	12,789	69,044	34,756	11.0	59.2	29.8
41 (2029)	115,616	12,598	68,362	34,656	10.9	59.1	30.0
42 (2030)	114,624	12,424	67,558	34,642	10.8	58.9	30.2
43 (2031)	113,613	12,265	67,043	34,305	10.8	59.0	30.2
44 (2032)	112,584	12,118	66,148	34,318	10.8	58.8	30.5
45 (2033)	111,539	11,982	65,236	34,322	10.7	58.5	30.8
46 (2034)	110,479	11,853	64,275	34,351	10.7	58.2	31.1
47 (2035)	109,407	11,730	63,280	34,396	10.7	57.8	31.4
48 (2036)	108,323	11,612	62,228	34,483	10.7	57.4	31.8
49 (2037)	107,230	11,495	61,124	34,611	10.7	57.0	32.3
50 (2038)	106,131	11,380	59,982	34,769	10.7	56.5	32.8
51 (2039)	105,027	11,264	58,868	34,894	10.7	56.1	33.2
52 (2040)	103,919	11,146	57,845	34,928	10.7	55.7	33.6
53 (2041)	102,811	11,026	56,895	34,890	10.7	55.3	33.9
54 (2042)	101,704	10,902	56,019	34,782	10.7	55.1	34.2
55 (2043)	100,598	10,775	55,178	34,646	10.7	54.8	34.4
56 (2044)	99,496	10,644	54,395	34,457	10.7	54.7	34.6
57 (2045)	98,397	10,508	53,643	34,245	10.7	54.5	34.8
58 (2046)	97,301	10,369	52,946	33,986	10.7	54.4	34.9
59 (2047)	96,209	10,227	52,259	33,723	10.6	54.3	35.1
60 (2048)	95,120	10,082	51,571	33,467	10.6	54.2	35.2
61 (2049)	94,031	9,936	50,893	33,203	10.6	54.1	35.3
62 (2050)	92,944	9,787	50,247	32,909	10.5	54.1	35.4
63 (2051)	91,855	9,639	49,642	32,574	10.5	54.0	35.5
64 (2052)	90,765	9,490	49,051	32,223	10.5	54.0	35.5
65 (2053)	89,672	9,342	48,481	31,849	10.4	54.1	35.5
66 (2054)	88,575	9,196	47,935	31,444	10.4	54.1	35.5
67 (2055)	87,476	9,053	47,406	31,017	10.3	54.2	35.5
68 (2056)	86,373	8,913	46,885	30,576	10.3	54.3	35.4
69 (2057)	85,268	8,777	46,342	30,149	10.3	54.3	35.4
70 (2058)	84,160	8,645	45,801	29,715	10.3	54.4	35.3
71 (2059)	83,052	8,518	45,224	29,310	10.3	54.5	35.3
72 (2060)	81,945	8,397	44,641	28,907	10.2	54.5	35.3

各年10月1日現在人口．平成22(2010)年は、総務省統計局『平成22年国勢調査による基準人口』(国籍・年齢「不詳人口」をあん分補正した人口)による．

表A-7 総人口, 年齢3区分(0～14歳, 15～64歳, 65歳以上)別人口及び年齢構造係数
：出生一定(死亡一定)推計(つづき)

年次	人口 (1,000人)				割合 (%)		
	総数	0～14歳	15～64歳	65歳以上	0～14歳	15～64歳	65歳以上
平成 73 (2061)	80,840	8,280	44,079	28,481	10.2	54.5	35.2
74 (2062)	79,741	8,169	43,501	28,070	10.2	54.6	35.2
75 (2063)	78,648	8,063	42,909	27,676	10.3	54.6	35.2
76 (2064)	77,564	7,962	42,325	27,277	10.3	54.6	35.2
77 (2065)	76,493	7,865	41,734	26,893	10.3	54.6	35.2
78 (2066)	75,435	7,772	41,147	26,516	10.3	54.5	35.2
79 (2067)	74,392	7,681	40,567	26,144	10.3	54.5	35.1
80 (2068)	73,366	7,593	40,007	25,767	10.3	54.5	35.1
81 (2069)	72,359	7,506	39,458	25,395	10.4	54.5	35.1
82 (2070)	71,370	7,420	38,940	25,011	10.4	54.6	35.0
83 (2071)	70,401	7,334	38,415	24,652	10.4	54.6	35.0
84 (2072)	69,451	7,248	37,878	24,324	10.4	54.5	35.0
85 (2073)	68,519	7,162	37,334	24,023	10.5	54.5	35.1
86 (2074)	67,606	7,075	36,814	23,717	10.5	54.5	35.1
87 (2075)	66,710	6,986	36,293	23,430	10.5	54.4	35.1
88 (2076)	65,830	6,897	35,761	23,172	10.5	54.3	35.2
89 (2077)	64,966	6,807	35,249	22,910	10.5	54.3	35.3
90 (2078)	64,115	6,715	34,757	22,644	10.5	54.2	35.3
91 (2079)	63,278	6,623	34,283	22,372	10.5	54.2	35.4
92 (2080)	62,453	6,530	33,826	22,097	10.5	54.2	35.4
93 (2081)	61,639	6,438	33,384	21,818	10.4	54.2	35.4
94 (2082)	60,836	6,345	32,957	21,535	10.4	54.2	35.4
95 (2083)	60,042	6,252	32,541	21,250	10.4	54.2	35.4
96 (2084)	59,257	6,160	32,134	20,963	10.4	54.2	35.4
97 (2085)	58,481	6,070	31,736	20,676	10.4	54.3	35.4
98 (2086)	57,713	5,981	31,344	20,389	10.4	54.3	35.3
99 (2087)	56,953	5,893	30,956	20,104	10.3	54.4	35.3
100 (2088)	56,201	5,807	30,572	19,821	10.3	54.4	35.3
101 (2089)	55,456	5,724	30,191	19,541	10.3	54.4	35.2
102 (2090)	54,720	5,643	29,810	19,266	10.3	54.5	35.2
103 (2091)	53,991	5,564	29,431	18,996	10.3	54.5	35.2
104 (2092)	53,271	5,488	29,052	18,730	10.3	54.5	35.2
105 (2093)	52,559	5,414	28,674	18,471	10.3	54.6	35.1
106 (2094)	51,856	5,343	28,296	18,217	10.3	54.6	35.1
107 (2095)	51,161	5,273	27,919	17,969	10.3	54.6	35.1
108 (2096)	50,476	5,206	27,544	17,726	10.3	54.6	35.1
109 (2097)	49,799	5,141	27,170	17,489	10.3	54.6	35.1
110 (2098)	49,132	5,077	26,799	17,257	10.3	54.5	35.1
111 (2099)	48,474	5,014	26,430	17,030	10.3	54.5	35.1
112 (2100)	47,825	4,952	26,065	16,807	10.4	54.5	35.1
113 (2101)	47,186	4,892	25,704	16,590	10.4	54.5	35.2
114 (2102)	46,555	4,832	25,347	16,376	10.4	54.4	35.2
115 (2103)	45,934	4,772	24,995	16,167	10.4	54.4	35.2
116 (2104)	45,321	4,713	24,648	15,961	10.4	54.4	35.2
117 (2105)	44,718	4,653	24,306	15,759	10.4	54.4	35.2
118 (2106)	44,124	4,594	23,970	15,560	10.4	54.3	35.3
119 (2107)	43,538	4,535	23,640	15,364	10.4	54.3	35.3
120 (2108)	42,961	4,475	23,316	15,170	10.4	54.3	35.3
121 (2109)	42,393	4,416	22,999	14,978	10.4	54.3	35.3
122 (2110)	41,832	4,356	22,689	14,787	10.4	54.2	35.3

各年10月1日現在人口.

表A-8 総人口, 年齢3区分(0～14歳, 15～64歳, 65歳以上)別人口及び年齢構造係数
: 出生中位(死亡中位)推計(封鎖人口)

年次	人口 (1,000人) 総数	0～14歳	15～64歳	65歳以上	割合 (%) 0～14歳	15～64歳	65歳以上
平成 22 (2010)	128,057	16,839	81,735	29,484	13.1	63.8	23.0
23 (2011)	127,876	16,715	81,398	29,763	13.1	63.7	23.3
24 (2012)	127,671	16,549	80,292	30,829	13.0	62.9	24.1
25 (2013)	127,432	16,360	79,103	31,969	12.8	62.1	25.1
26 (2014)	127,142	16,166	77,898	33,078	12.7	61.3	26.0
27 (2015)	126,798	15,946	76,900	33,951	12.6	60.6	26.8
28 (2016)	126,399	15,710	76,048	34,641	12.4	60.2	27.4
29 (2017)	125,947	15,462	75,298	35,186	12.3	59.8	27.9
30 (2018)	125,444	15,220	74,622	35,602	12.1	59.5	28.4
31 (2019)	124,894	14,974	74,033	35,887	12.0	59.3	28.7
32 (2020)	124,300	14,748	73,414	36,139	11.9	59.1	29.1
33 (2021)	123,666	14,502	72,856	36,309	11.7	58.9	29.4
34 (2022)	122,996	14,232	72,382	36,382	11.6	58.8	29.6
35 (2023)	122,291	13,946	71,877	36,468	11.4	58.8	29.8
36 (2024)	121,556	13,678	71,310	36,569	11.3	58.7	30.1
37 (2025)	120,794	13,401	70,772	36,621	11.1	58.6	30.3
38 (2026)	120,006	13,099	70,266	36,641	10.9	58.6	30.5
39 (2027)	119,194	12,825	69,705	36,664	10.8	58.5	30.8
40 (2028)	118,360	12,563	69,079	36,717	10.6	58.4	31.0
41 (2029)	117,505	12,317	68,398	36,790	10.5	58.2	31.3
42 (2030)	116,630	12,092	67,586	36,952	10.4	57.9	31.7
43 (2031)	115,736	11,889	67,061	36,786	10.3	57.9	31.8
44 (2032)	114,824	11,706	66,142	36,976	10.2	57.6	32.2
45 (2033)	113,895	11,540	65,197	37,158	10.1	57.2	32.6
46 (2034)	112,950	11,390	64,196	37,364	10.1	56.8	33.1
47 (2035)	111,991	11,253	63,152	37,586	10.0	56.4	33.6
48 (2036)	111,017	11,125	62,044	37,849	10.0	55.9	34.1
49 (2037)	110,031	11,004	60,877	38,150	10.0	55.3	34.7
50 (2038)	109,033	10,888	59,666	38,480	10.0	54.7	35.3
51 (2039)	108,024	10,773	58,480	38,771	10.0	54.1	35.9
52 (2040)	107,006	10,659	57,384	38,963	10.0	53.6	36.4
53 (2041)	105,980	10,544	56,361	39,075	9.9	53.2	36.9
54 (2042)	104,946	10,425	55,412	39,109	9.9	52.8	37.3
55 (2043)	103,907	10,303	54,498	39,106	9.9	52.4	37.6
56 (2044)	102,863	10,178	53,643	39,043	9.9	52.1	38.0
57 (2045)	101,816	10,048	52,819	38,949	9.9	51.9	38.3
58 (2046)	100,766	9,913	52,053	38,800	9.8	51.7	38.5
59 (2047)	99,714	9,774	51,297	38,643	9.8	51.4	38.8
60 (2048)	98,660	9,631	50,540	38,489	9.8	51.2	39.0
61 (2049)	97,606	9,484	49,796	38,326	9.7	51.0	39.3
62 (2050)	96,551	9,334	49,088	38,129	9.7	50.8	39.5
63 (2051)	95,496	9,181	48,426	37,889	9.6	50.7	39.7
64 (2052)	94,439	9,026	47,781	37,632	9.6	50.6	39.8
65 (2053)	93,381	8,870	47,162	37,349	9.5	50.5	40.0
66 (2054)	92,321	8,713	46,572	37,035	9.4	50.4	40.1
67 (2055)	91,258	8,558	46,005	36,696	9.4	50.4	40.2
68 (2056)	90,192	8,404	45,449	36,339	9.3	50.4	40.3
69 (2057)	89,123	8,253	44,875	35,994	9.3	50.4	40.4
70 (2058)	88,049	8,107	44,309	35,633	9.2	50.3	40.5
71 (2059)	86,970	7,965	43,710	35,295	9.2	50.3	40.6
72 (2060)	85,888	7,829	43,108	34,951	9.1	50.2	40.7

各年10月1日現在人口. 平成22(2010)年は, 総務省統計局『平成22年国勢調査による基準人口』(国籍・年齢「不詳人口」をあん分補正した人口)による.

表A-8 総人口, 年齢3区分(0～14歳, 15～64歳, 65歳以上)別人口及び年齢構造係数
　　　：出生中位(死亡中位)推計(封鎖人口)(つづき)

年　次	人　口　(1,000人) 総　数	0～14歳	15～64歳	65歳以上	割　合　(%) 0～14歳	15～64歳	65歳以上
平成 73 (2061)	84,794	7,698	42,529	34,567	9.1	50.2	40.8
74 (2062)	83,689	7,574	41,932	34,183	9.0	50.1	40.8
75 (2063)	82,573	7,455	41,319	33,799	9.0	50.0	40.9
76 (2064)	81,450	7,343	40,713	33,394	9.0	50.0	41.0
77 (2065)	80,321	7,237	40,098	32,986	9.0	49.9	41.1
78 (2066)	79,190	7,136	39,484	32,569	9.0	49.9	41.1
79 (2067)	78,058	7,041	38,876	32,142	9.0	49.8	41.2
80 (2068)	76,930	6,949	38,287	31,694	9.0	49.8	41.2
81 (2069)	75,808	6,860	37,708	31,240	9.0	49.7	41.2
82 (2070)	74,693	6,774	37,158	30,762	9.1	49.7	41.2
83 (2071)	73,590	6,690	36,598	30,302	9.1	49.7	41.2
84 (2072)	72,500	6,606	36,025	29,869	9.1	49.7	41.2
85 (2073)	71,425	6,523	35,442	29,460	9.1	49.6	41.2
86 (2074)	70,367	6,440	34,881	29,045	9.2	49.6	41.3
87 (2075)	69,326	6,356	34,316	28,654	9.2	49.5	41.3
88 (2076)	68,304	6,272	33,730	28,302	9.2	49.4	41.4
89 (2077)	67,300	6,186	33,173	27,940	9.2	49.3	41.5
90 (2078)	66,314	6,099	32,630	27,586	9.2	49.2	41.6
91 (2079)	65,347	6,010	32,103	27,233	9.2	49.1	41.7
92 (2080)	64,397	5,921	31,599	26,877	9.2	49.1	41.7
93 (2081)	63,464	5,830	31,117	26,517	9.2	49.0	41.8
94 (2082)	62,546	5,739	30,655	26,152	9.2	49.0	41.8
95 (2083)	61,644	5,648	30,212	25,784	9.2	49.0	41.8
96 (2084)	60,756	5,557	29,786	25,414	9.1	49.0	41.8
97 (2085)	59,881	5,466	29,373	25,042	9.1	49.1	41.8
98 (2086)	59,019	5,375	28,972	24,672	9.1	49.1	41.8
99 (2087)	58,168	5,286	28,578	24,303	9.1	49.1	41.8
100 (2088)	57,328	5,198	28,192	23,938	9.1	49.2	41.8
101 (2089)	56,498	5,112	27,809	23,576	9.0	49.2	41.7
102 (2090)	55,678	5,029	27,430	23,220	9.0	49.3	41.7
103 (2091)	54,868	4,947	27,052	22,870	9.0	49.3	41.7
104 (2092)	54,067	4,868	26,675	22,525	9.0	49.3	41.7
105 (2093)	53,276	4,792	26,298	22,186	9.0	49.4	41.6
106 (2094)	52,493	4,718	25,922	21,853	9.0	49.4	41.6
107 (2095)	51,719	4,646	25,547	21,525	9.0	49.4	41.6
108 (2096)	50,954	4,578	25,173	21,204	9.0	49.4	41.6
109 (2097)	50,198	4,511	24,799	20,887	9.0	49.4	41.6
110 (2098)	49,451	4,447	24,428	20,576	9.0	49.4	41.6
111 (2099)	48,714	4,385	24,058	20,271	9.0	49.4	41.6
112 (2100)	47,986	4,324	23,691	19,971	9.0	49.4	41.6
113 (2101)	47,268	4,265	23,326	19,676	9.0	49.3	41.6
114 (2102)	46,559	4,208	22,964	19,387	9.0	49.3	41.6
115 (2103)	45,860	4,151	22,607	19,103	9.1	49.3	41.7
116 (2104)	45,171	4,094	22,253	18,824	9.1	49.3	41.7
117 (2105)	44,493	4,039	21,904	18,550	9.1	49.2	41.7
118 (2106)	43,824	3,983	21,561	18,280	9.1	49.2	41.7
119 (2107)	43,166	3,928	21,224	18,014	9.1	49.2	41.7
120 (2108)	42,519	3,873	20,893	17,753	9.1	49.1	41.8
121 (2109)	41,882	3,818	20,570	17,494	9.1	49.1	41.8
122 (2110)	41,255	3,762	20,253	17,239	9.1	49.1	41.8

各年10月1日現在人口.

表A-9 総人口, 年齢3区分(0～14歳, 15～64歳, 65歳以上)別人口及び年齢構造係数
: 出生高位(死亡中位)推計(封鎖人口)

年 次	人口 (1,000人) 総数	0～14歳	15～64歳	65歳以上	割合 (%) 0～14歳	15～64歳	65歳以上
平成 22 (2010)	128,057	16,839	81,735	29,484	13.1	63.8	23.0
23 (2011)	127,909	16,748	81,398	29,763	13.1	63.6	23.3
24 (2012)	127,756	16,635	80,292	30,829	13.0	62.8	24.1
25 (2013)	127,587	16,515	79,103	31,969	12.9	62.0	25.1
26 (2014)	127,387	16,411	77,898	33,078	12.9	61.2	26.0
27 (2015)	127,152	16,300	76,900	33,951	12.8	60.5	26.7
28 (2016)	126,880	16,191	76,048	34,641	12.8	59.9	27.3
29 (2017)	126,571	16,087	75,298	35,186	12.7	59.5	27.8
30 (2018)	126,223	15,999	74,622	35,602	12.7	59.1	28.2
31 (2019)	125,836	15,916	74,033	35,887	12.6	58.8	28.5
32 (2020)	125,409	15,856	73,414	36,139	12.6	58.5	28.8
33 (2021)	124,942	15,777	72,856	36,309	12.6	58.3	29.1
34 (2022)	124,437	15,674	72,382	36,382	12.6	58.2	29.2
35 (2023)	123,896	15,550	71,877	36,468	12.6	58.0	29.4
36 (2024)	123,321	15,442	71,310	36,569	12.5	57.8	29.7
37 (2025)	122,714	15,321	70,772	36,621	12.5	57.7	29.8
38 (2026)	122,079	15,140	70,299	36,641	12.4	57.6	30.0
39 (2027)	121,416	14,962	69,790	36,664	12.3	57.5	30.2
40 (2028)	120,727	14,775	69,235	36,717	12.2	57.3	30.4
41 (2029)	120,015	14,583	68,642	36,790	12.2	57.2	30.7
42 (2030)	119,279	14,389	67,939	36,952	12.1	57.0	31.0
43 (2031)	118,523	14,196	67,541	36,786	12.0	57.0	31.0
44 (2032)	117,747	14,005	66,765	36,976	11.9	56.7	31.4
45 (2033)	116,953	13,820	65,975	37,158	11.8	56.4	31.8
46 (2034)	116,143	13,642	65,136	37,364	11.7	56.1	32.2
47 (2035)	115,318	13,473	64,259	37,586	11.7	55.7	32.6
48 (2036)	114,480	13,314	63,317	37,849	11.6	55.3	33.1
49 (2037)	113,631	13,166	62,316	38,150	11.6	54.8	33.6
50 (2038)	112,774	13,027	61,267	38,480	11.6	54.3	34.1
51 (2039)	111,909	12,898	60,241	38,771	11.5	53.8	34.6
52 (2040)	111,040	12,776	59,301	38,963	11.5	53.4	35.1
53 (2041)	110,167	12,662	58,429	39,075	11.5	53.0	35.5
54 (2042)	109,292	12,554	57,629	39,109	11.5	52.7	35.8
55 (2043)	108,417	12,451	56,859	39,106	11.5	52.4	36.1
56 (2044)	107,543	12,354	56,146	39,043	11.5	52.2	36.3
57 (2045)	106,671	12,260	55,462	38,949	11.5	52.0	36.5
58 (2046)	105,802	12,170	54,832	38,800	11.5	51.8	36.7
59 (2047)	104,935	12,081	54,211	38,643	11.5	51.7	36.8
60 (2048)	104,072	11,994	53,589	38,489	11.5	51.5	37.0
61 (2049)	103,212	11,907	52,978	38,326	11.5	51.3	37.1
62 (2050)	102,353	11,820	52,404	38,129	11.5	51.2	37.3
63 (2051)	101,496	11,730	51,877	37,889	11.6	51.1	37.3
64 (2052)	100,639	11,638	51,369	37,632	11.6	51.0	37.4
65 (2053)	99,781	11,543	50,889	37,349	11.6	51.0	37.4
66 (2054)	98,921	11,443	50,443	37,035	11.6	51.0	37.4
67 (2055)	98,058	11,340	50,022	36,696	11.6	51.0	37.4
68 (2056)	97,190	11,232	49,619	36,339	11.6	51.1	37.4
69 (2057)	96,317	11,120	49,203	35,994	11.5	51.1	37.4
70 (2058)	95,438	11,006	48,799	35,633	11.5	51.1	37.3
71 (2059)	94,552	10,888	48,369	35,295	11.5	51.2	37.3
72 (2060)	93,660	10,768	47,941	34,951	11.5	51.2	37.3

各年10月1日現在人口. 平成22(2010)年は, 総務省統計局『平成22年国勢調査による基準人口』(国籍・年齢「不詳人口」をあん分補正した人口)による.

表A-9 総人口, 年齢3区分(0～14歳, 15～64歳, 65歳以上)別人口及び年齢構造係数
：出生高位(死亡中位)推計(封鎖人口)(つづき)

年次	人口 (1,000人) 総数	0～14歳	15～64歳	65歳以上	割合 (%) 0～14歳	15～64歳	65歳以上
平成 73 (2061)	92,756	10,647	47,541	34,567	11.5	51.3	37.3
74 (2062)	91,838	10,526	47,128	34,183	11.5	51.3	37.2
75 (2063)	90,908	10,406	46,703	33,799	11.4	51.4	37.2
76 (2064)	89,969	10,287	46,289	33,394	11.4	51.4	37.1
77 (2065)	89,024	10,170	45,868	32,986	11.4	51.5	37.1
78 (2066)	88,076	10,057	45,450	32,569	11.4	51.6	37.0
79 (2067)	87,128	9,947	45,039	32,142	11.4	51.7	36.9
80 (2068)	86,183	9,841	44,647	31,694	11.4	51.8	36.8
81 (2069)	85,244	9,739	44,264	31,240	11.4	51.9	36.6
82 (2070)	84,314	9,642	43,911	30,762	11.4	52.1	36.5
83 (2071)	83,396	9,549	43,545	30,302	11.4	52.2	36.3
84 (2072)	82,492	9,460	43,164	29,869	11.5	52.3	36.2
85 (2073)	81,605	9,374	42,771	29,460	11.5	52.4	36.1
86 (2074)	80,735	9,292	42,398	29,045	11.5	52.5	36.0
87 (2075)	79,883	9,212	42,017	28,654	11.5	52.6	35.9
88 (2076)	79,051	9,135	41,584	28,332	11.6	52.6	35.8
89 (2077)	78,238	9,059	41,159	28,020	11.6	52.6	35.8
90 (2078)	77,444	8,985	40,729	27,730	11.6	52.6	35.8
91 (2079)	76,668	8,912	40,297	27,459	11.6	52.6	35.8
92 (2080)	75,909	8,838	39,869	27,203	11.6	52.5	35.8
93 (2081)	75,167	8,765	39,444	26,958	11.7	52.5	35.9
94 (2082)	74,441	8,691	39,026	26,724	11.7	52.4	35.9
95 (2083)	73,728	8,616	38,616	26,496	11.7	52.4	35.9
96 (2084)	73,027	8,540	38,216	26,271	11.7	52.3	36.0
97 (2085)	72,338	8,463	37,827	26,048	11.7	52.3	36.0
98 (2086)	71,659	8,384	37,450	25,825	11.7	52.3	36.0
99 (2087)	70,990	8,305	37,084	25,601	11.7	52.2	36.1
100 (2088)	70,328	8,224	36,729	25,376	11.7	52.2	36.1
101 (2089)	69,674	8,142	36,383	25,150	11.7	52.2	36.1
102 (2090)	69,027	8,060	36,044	24,923	11.7	52.2	36.1
103 (2091)	68,386	7,977	35,712	24,697	11.7	52.2	36.1
104 (2092)	67,750	7,893	35,386	24,471	11.7	52.2	36.1
105 (2093)	67,120	7,811	35,065	24,245	11.6	52.2	36.1
106 (2094)	66,495	7,728	34,748	24,019	11.6	52.3	36.1
107 (2095)	65,875	7,647	34,436	23,793	11.6	52.3	36.1
108 (2096)	65,260	7,566	34,126	23,568	11.6	52.3	36.1
109 (2097)	64,650	7,488	33,820	23,342	11.6	52.3	36.1
110 (2098)	64,044	7,410	33,515	23,118	11.6	52.3	36.1
111 (2099)	63,443	7,335	33,213	22,894	11.6	52.4	36.1
112 (2100)	62,846	7,262	32,912	22,672	11.6	52.4	36.1
113 (2101)	62,254	7,190	32,612	22,452	11.5	52.4	36.1
114 (2102)	61,666	7,121	32,311	22,234	11.5	52.4	36.1
115 (2103)	61,083	7,053	32,011	22,018	11.5	52.4	36.0
116 (2104)	60,504	6,988	31,710	21,806	11.5	52.4	36.0
117 (2105)	59,929	6,924	31,409	21,596	11.6	52.4	36.0
118 (2106)	59,358	6,861	31,107	21,390	11.6	52.4	36.0
119 (2107)	58,792	6,800	30,805	21,187	11.6	52.4	36.0
120 (2108)	58,230	6,740	30,503	20,987	11.6	52.4	36.0
121 (2109)	57,672	6,681	30,201	20,790	11.6	52.4	36.0
122 (2110)	57,118	6,622	29,901	20,595	11.6	52.3	36.1

各年10月1日現在人口.

表A-10 総人口,年齢3区分(0～14歳,15～64歳,65歳以上)別人口及び年齢構造係数
：出生低位(死亡中位)推計(封鎖人口)

年次	人口 (1,000人) 総数	0～14歳	15～64歳	65歳以上	割合 (%) 0～14歳	15～64歳	65歳以上
平成 22 (2010)	128,057	16,839	81,735	29,484	13.1	63.8	23.0
23 (2011)	127,834	16,673	81,398	29,763	13.0	63.7	23.3
24 (2012)	127,561	16,439	80,292	30,829	12.9	62.9	24.2
25 (2013)	127,237	16,165	79,103	31,969	12.7	62.2	25.1
26 (2014)	126,846	15,870	77,898	33,078	12.5	61.4	26.1
27 (2015)	126,384	15,533	76,900	33,951	12.3	60.8	26.9
28 (2016)	125,856	15,167	76,048	34,641	12.1	60.4	27.5
29 (2017)	125,266	14,781	75,298	35,186	11.8	60.1	28.1
30 (2018)	124,620	14,396	74,622	35,602	11.6	59.9	28.6
31 (2019)	123,923	14,003	74,033	35,887	11.3	59.7	29.0
32 (2020)	123,183	13,631	73,414	36,139	11.1	59.6	29.3
33 (2021)	122,403	13,239	72,856	36,309	10.8	59.5	29.7
34 (2022)	121,589	12,826	72,382	36,382	10.5	59.5	29.9
35 (2023)	120,743	12,397	71,877	36,468	10.3	59.5	30.2
36 (2024)	119,869	11,990	71,310	36,569	10.0	59.5	30.5
37 (2025)	118,969	11,576	70,772	36,621	9.7	59.5	30.8
38 (2026)	118,047	11,182	70,224	36,641	9.5	59.5	31.0
39 (2027)	117,103	10,844	69,595	36,664	9.3	59.4	31.3
40 (2028)	116,139	10,536	68,885	36,717	9.1	59.3	31.6
41 (2029)	115,155	10,263	68,102	36,790	8.9	59.1	31.9
42 (2030)	114,153	10,029	67,173	36,952	8.8	58.8	32.4
43 (2031)	113,134	9,830	66,519	36,786	8.7	58.8	32.5
44 (2032)	112,099	9,660	65,462	36,976	8.6	58.4	33.0
45 (2033)	111,047	9,515	64,374	37,158	8.6	58.0	33.5
46 (2034)	109,979	9,388	63,227	37,364	8.5	57.5	34.0
47 (2035)	108,897	9,274	62,037	37,586	8.5	57.0	34.5
48 (2036)	107,800	9,168	60,783	37,849	8.5	56.4	35.1
49 (2037)	106,689	9,067	59,473	38,150	8.5	55.7	35.8
50 (2038)	105,565	8,966	58,120	38,480	8.5	55.1	36.5
51 (2039)	104,429	8,863	56,796	38,771	8.5	54.4	37.1
52 (2040)	103,281	8,755	55,564	38,963	8.5	53.8	37.7
53 (2041)	102,122	8,640	54,406	39,075	8.5	53.3	38.3
54 (2042)	100,953	8,518	53,326	39,109	8.4	52.8	38.7
55 (2043)	99,775	8,387	52,282	39,106	8.4	52.4	39.2
56 (2044)	98,589	8,247	51,299	39,043	8.4	52.0	39.6
57 (2045)	97,397	8,099	50,350	38,949	8.3	51.7	40.0
58 (2046)	96,200	7,942	49,459	38,800	8.3	51.4	40.3
59 (2047)	94,999	7,777	48,579	38,643	8.2	51.1	40.7
60 (2048)	93,794	7,605	47,700	38,489	8.1	50.9	41.0
61 (2049)	92,587	7,427	46,834	38,326	8.0	50.6	41.4
62 (2050)	91,379	7,245	46,004	38,129	7.9	50.3	41.7
63 (2051)	90,169	7,060	45,220	37,889	7.8	50.2	42.0
64 (2052)	88,957	6,874	44,452	37,632	7.7	50.0	42.3
65 (2053)	87,745	6,688	43,708	37,349	7.6	49.8	42.6
66 (2054)	86,532	6,505	42,991	37,035	7.5	49.7	42.8
67 (2055)	85,317	6,326	42,295	36,696	7.4	49.6	43.0
68 (2056)	84,100	6,153	41,607	36,339	7.3	49.5	43.2
69 (2057)	82,881	5,988	40,899	35,994	7.2	49.3	43.4
70 (2058)	81,659	5,831	40,195	35,633	7.1	49.2	43.6
71 (2059)	80,434	5,683	39,456	35,295	7.1	49.1	43.9
72 (2060)	79,207	5,545	38,711	34,951	7.0	48.9	44.1

各年10月1日現在人口．平成22(2010)年は，総務省統計局『平成22年国勢調査による基準人口』（国籍・年齢「不詳人口」をあん分補正した人口）による．

表A-10 総人口,年齢3区分(0～14歳,15～64歳,65歳以上)別人口及び年齢構造係数
：出生低位(死亡中位)推計(封鎖人口)(つづき)

年次	人口 (1,000人) 総数	0～14歳	15～64歳	65歳以上	割合 (%) 0～14歳	15～64歳	65歳以上
平成 73 (2061)	77,970	5,417	37,986	34,567	6.9	48.7	44.3
74 (2062)	76,723	5,298	37,241	34,183	6.9	48.5	44.6
75 (2063)	75,467	5,189	36,478	33,799	6.9	48.3	44.8
76 (2064)	74,204	5,089	35,722	33,394	6.9	48.1	45.0
77 (2065)	72,937	4,996	34,955	32,986	6.9	47.9	45.2
78 (2066)	71,669	4,910	34,190	32,569	6.9	47.7	45.4
79 (2067)	70,402	4,830	33,429	32,142	6.9	47.5	45.7
80 (2068)	69,138	4,754	32,689	31,694	6.9	47.3	45.8
81 (2069)	67,881	4,681	31,960	31,240	6.9	47.1	46.0
82 (2070)	66,633	4,610	31,261	30,762	6.9	46.9	46.2
83 (2071)	65,397	4,540	30,554	30,302	6.9	46.7	46.3
84 (2072)	64,174	4,470	29,836	29,869	7.0	46.5	46.5
85 (2073)	62,967	4,398	29,109	29,460	7.0	46.2	46.8
86 (2074)	61,778	4,325	28,407	29,045	7.0	46.0	47.0
87 (2075)	60,606	4,250	27,702	28,654	7.0	45.7	47.3
88 (2076)	59,454	4,173	27,018	28,263	7.0	45.4	47.5
89 (2077)	58,321	4,094	26,388	27,839	7.0	45.2	47.7
90 (2078)	57,208	4,013	25,789	27,406	7.0	45.1	47.9
91 (2079)	56,114	3,930	25,224	26,960	7.0	45.0	48.0
92 (2080)	55,038	3,845	24,697	26,497	7.0	44.9	48.1
93 (2081)	53,981	3,759	24,204	26,019	7.0	44.8	48.2
94 (2082)	52,942	3,672	23,740	25,529	6.9	44.8	48.2
95 (2083)	51,919	3,586	23,301	25,032	6.9	44.9	48.2
96 (2084)	50,912	3,499	22,881	24,531	6.9	44.9	48.2
97 (2085)	49,921	3,414	22,476	24,031	6.8	45.0	48.1
98 (2086)	48,944	3,330	22,080	23,533	6.8	45.1	48.1
99 (2087)	47,981	3,249	21,692	23,041	6.8	45.2	48.0
100 (2088)	47,033	3,169	21,308	22,555	6.7	45.3	48.0
101 (2089)	46,097	3,093	20,926	22,078	6.7	45.4	47.9
102 (2090)	45,174	3,020	20,545	21,610	6.7	45.5	47.8
103 (2091)	44,264	2,949	20,164	21,151	6.7	45.6	47.8
104 (2092)	43,367	2,883	19,781	20,703	6.6	45.6	47.7
105 (2093)	42,482	2,819	19,398	20,265	6.6	45.7	47.7
106 (2094)	41,610	2,760	19,013	19,838	6.6	45.7	47.7
107 (2095)	40,751	2,703	18,629	19,420	6.6	45.7	47.7
108 (2096)	39,906	2,649	18,244	19,013	6.6	45.7	47.6
109 (2097)	39,073	2,598	17,860	18,615	6.6	45.7	47.6
110 (2098)	38,255	2,550	17,478	18,227	6.7	45.7	47.6
111 (2099)	37,451	2,503	17,098	17,850	6.7	45.7	47.7
112 (2100)	36,661	2,458	16,722	17,481	6.7	45.6	47.7
113 (2101)	35,887	2,415	16,350	17,122	6.7	45.6	47.7
114 (2102)	35,128	2,372	15,983	16,772	6.8	45.5	47.7
115 (2103)	34,384	2,331	15,623	16,431	6.8	45.4	47.8
116 (2104)	33,657	2,289	15,270	16,098	6.8	45.4	47.8
117 (2105)	32,946	2,248	14,925	15,773	6.8	45.3	47.9
118 (2106)	32,251	2,207	14,589	15,455	6.8	45.2	47.9
119 (2107)	31,573	2,166	14,264	15,144	6.9	45.2	48.0
120 (2108)	30,912	2,125	13,949	14,839	6.9	45.1	48.0
121 (2109)	30,267	2,083	13,644	14,540	6.9	45.1	48.0
122 (2110)	29,638	2,041	13,351	14,246	6.9	45.0	48.1

各年10月1日現在人口.

(B) 仮定値一定推計、封鎖人口推計
平成22(2010)年～平成122(2110)年

比較表

結果表 B-1～B-7：仮定値一定推計（7推計）、封鎖人口推計（3推計）について、7種の人口指標の年次推移の比較を示す。

表B-1 総人口：仮定値一定推計における各推計値 (1,000人)

年次	仮定値一定 出生率一定 死亡中位	死亡高位	死亡低位	仮定値一定 死亡率一定 出生中位	出生高位	出生低位	出生一定 死亡一定	封鎖人口 出生中位 死亡中位	出生高位 死亡中位	出生低位 死亡中位
平成22 (2010)	128,057	128,057	128,057	128,057	128,057	128,057	128,057	128,057	128,057	128,057
23 (2011)	127,750	127,687	127,806	127,783	127,815	127,741	127,780	127,876	127,909	127,834
24 (2012)	127,501	127,364	127,628	127,503	127,588	127,394	127,507	127,671	127,756	127,561
25 (2013)	127,250	127,042	127,444	127,201	127,355	127,008	127,203	127,432	127,587	127,237
26 (2014)	126,948	126,673	127,206	126,835	127,078	126,542	126,834	127,142	127,387	126,846
27 (2015)	126,597	126,258	126,917	126,403	126,753	125,995	126,403	126,798	127,152	126,384
28 (2016)	126,198	125,800	126,578	125,906	126,382	125,370	125,911	126,399	126,880	125,856
29 (2017)	125,755	125,299	126,191	125,347	125,964	124,674	125,363	125,947	126,571	125,266
30 (2018)	125,270	124,759	125,760	124,729	125,499	123,915	124,763	125,444	126,223	124,620
31 (2019)	124,745	124,182	125,286	124,056	124,987	123,098	124,113	124,894	125,836	123,923
32 (2020)	124,183	123,571	124,773	123,334	124,429	122,231	123,417	124,300	125,409	123,183
33 (2021)	123,586	122,928	124,223	122,567	123,827	121,320	122,679	123,666	124,942	122,403
34 (2022)	122,957	122,255	123,639	121,758	123,182	120,369	121,902	122,996	124,437	121,589
35 (2023)	122,299	121,554	123,023	120,913	122,499	119,384	121,090	122,291	123,896	120,743
36 (2024)	121,613	120,829	122,378	120,035	121,779	118,368	120,245	121,556	123,321	119,869
37 (2025)	120,902	120,080	121,705	119,127	121,026	117,325	119,370	120,794	122,714	118,969
38 (2026)	120,167	119,309	121,007	118,192	120,242	116,257	118,468	120,006	122,079	118,047
39 (2027)	119,410	118,518	120,285	117,233	119,430	115,166	117,540	119,194	121,416	117,103
40 (2028)	118,632	117,708	119,540	116,250	118,592	114,054	116,589	118,360	120,727	116,139
41 (2029)	117,834	116,879	118,774	115,247	117,731	112,924	115,616	117,505	120,015	115,155
42 (2030)	117,018	116,033	117,988	114,225	116,847	111,776	114,624	116,630	119,279	114,153
43 (2031)	116,182	115,169	117,181	113,184	115,942	110,610	113,613	115,736	118,523	113,134
44 (2032)	115,328	114,289	116,355	112,126	115,020	109,429	112,584	114,824	117,747	112,099
45 (2033)	114,457	113,392	115,511	111,052	114,081	108,232	111,539	113,895	116,953	111,047
46 (2034)	113,570	112,480	114,648	109,964	113,128	107,020	110,479	112,950	116,143	109,979
47 (2035)	112,667	111,554	113,769	108,864	112,163	105,796	109,407	111,991	115,318	108,897
48 (2036)	111,749	110,614	112,874	107,753	111,189	104,560	108,323	111,017	114,480	107,800
49 (2037)	110,817	109,662	111,964	106,634	110,209	103,314	107,230	110,031	113,631	106,689
50 (2038)	109,874	108,699	111,041	105,508	109,226	102,059	106,131	109,033	112,774	105,565
51 (2039)	108,919	107,726	110,105	104,377	108,242	100,798	105,027	108,024	111,909	104,429
52 (2040)	107,954	106,745	109,158	103,242	107,259	99,530	103,919	107,006	111,040	103,281
53 (2041)	106,981	105,757	108,201	102,107	106,280	98,258	102,811	105,980	110,167	102,122
54 (2042)	106,001	104,763	107,235	100,971	105,307	96,984	101,704	104,946	109,292	100,953
55 (2043)	105,015	103,765	106,263	99,837	104,341	95,708	100,598	103,907	108,417	99,775
56 (2044)	104,025	102,764	105,284	98,706	103,383	94,431	99,496	102,863	107,543	98,589
57 (2045)	103,032	101,762	104,302	97,577	102,434	93,154	98,397	101,816	106,671	97,397
58 (2046)	102,037	100,759	103,316	96,452	101,493	91,878	97,301	100,766	105,802	96,200
59 (2047)	101,041	99,756	102,329	95,328	100,560	90,602	96,209	99,714	104,935	94,999
60 (2048)	100,046	98,753	101,341	94,207	99,632	89,325	95,120	98,660	104,072	93,794
61 (2049)	99,051	97,751	100,354	93,086	98,709	88,048	94,031	97,606	103,212	92,587
62 (2050)	98,057	96,750	99,367	91,965	97,788	86,769	92,944	96,551	102,353	91,379
63 (2051)	97,064	95,750	98,382	90,841	96,867	85,489	91,855	95,496	101,496	90,169
64 (2052)	96,072	94,750	97,397	89,716	95,945	84,205	90,765	94,439	100,639	88,957
65 (2053)	95,081	93,749	96,414	88,587	95,020	82,919	89,672	93,381	99,781	87,745
66 (2054)	94,089	92,747	95,431	87,454	94,091	81,629	88,575	92,321	98,921	86,532
67 (2055)	93,096	91,743	94,448	86,317	93,157	80,337	87,476	91,258	98,058	85,317
68 (2056)	92,101	90,736	93,464	85,177	92,219	79,043	86,373	90,192	97,190	84,100
69 (2057)	91,103	89,726	92,478	84,034	91,275	77,746	85,268	89,123	96,317	82,881
70 (2058)	90,102	88,712	91,490	82,888	90,328	76,450	84,160	88,049	95,438	81,659
71 (2059)	89,098	87,694	90,499	81,742	89,379	75,154	83,052	86,970	94,552	80,434
72 (2060)	88,090	86,673	89,504	80,597	88,428	73,860	81,945	85,888	93,660	79,207

各年10月1日現在人口．平成22(2010)年は，総務省統計局『平成22年国勢調査による基準人口』（国籍・年齢「不詳人口」をあん分補正した人口）による．

表B-1 総人口：仮定値一定推計における各推計値（つづき） (1,000人)

年次	仮定値一定 出生率一定 死亡中位	死亡高位	死亡低位	死亡率一定 出生中位	出生高位	出生低位	出生一定 死亡一定	封鎖人口 出生中位 死亡中位	出生高位 死亡中位	出生低位 死亡中位
平成 73 (2061)	87,071	85,642	88,497	79,455	87,478	72,572	80,840	84,794	92,756	77,970
74 (2062)	86,039	84,601	87,477	78,318	86,532	71,290	79,741	83,689	91,838	76,723
75 (2063)	84,998	83,552	86,444	77,188	85,592	70,016	78,648	82,573	90,908	75,467
76 (2064)	83,949	82,498	85,400	76,069	84,661	68,754	77,564	81,450	89,969	74,204
77 (2065)	82,893	81,441	84,349	74,961	83,740	67,505	76,493	80,321	89,024	72,937
78 (2066)	81,835	80,383	83,291	73,867	82,833	66,271	75,435	79,190	88,076	71,669
79 (2067)	80,775	79,328	82,229	72,789	81,942	65,055	74,392	78,058	87,128	70,402
80 (2068)	79,718	78,277	81,167	71,729	81,069	63,856	73,366	76,930	86,183	69,138
81 (2069)	78,665	77,234	80,107	70,687	80,214	62,677	72,359	75,808	85,244	67,881
82 (2070)	77,620	76,200	79,051	69,664	79,379	61,518	71,370	74,693	84,314	66,633
83 (2071)	76,584	75,179	78,002	68,661	78,564	60,379	70,401	73,590	83,396	65,397
84 (2072)	75,560	74,171	76,963	67,677	77,769	59,261	69,451	72,500	82,492	64,174
85 (2073)	74,549	73,179	75,936	66,712	76,994	58,162	68,519	71,425	81,605	62,967
86 (2074)	73,554	72,203	74,922	65,766	76,238	57,083	67,606	70,367	80,735	61,778
87 (2075)	72,575	71,243	73,923	64,837	75,501	56,022	66,710	69,326	79,883	60,606
88 (2076)	71,612	70,301	72,941	63,924	74,780	54,978	65,830	68,304	79,051	59,454
89 (2077)	70,667	69,376	71,975	63,026	74,076	53,951	64,966	67,300	78,238	58,321
90 (2078)	69,738	68,467	71,026	62,143	73,386	52,940	64,115	66,314	77,444	57,208
91 (2079)	68,826	67,574	70,094	61,273	72,709	51,943	63,278	65,347	76,668	56,114
92 (2080)	67,930	66,696	69,178	60,416	72,043	50,960	62,453	64,397	75,909	55,038
93 (2081)	67,049	65,833	68,279	59,569	71,389	49,989	61,639	63,464	75,167	53,981
94 (2082)	66,182	64,982	67,394	58,733	70,743	49,032	60,836	62,546	74,441	52,942
95 (2083)	65,329	64,144	66,524	57,906	70,106	48,086	60,042	61,644	73,728	51,919
96 (2084)	64,488	63,318	65,668	57,089	69,476	47,152	59,257	60,756	73,027	50,912
97 (2085)	63,658	62,502	64,823	56,281	68,853	46,229	58,481	59,881	72,338	49,921
98 (2086)	62,839	61,697	63,991	55,480	68,235	45,317	57,713	59,019	71,659	48,944
99 (2087)	62,031	60,900	63,169	54,688	67,622	44,416	56,953	58,168	70,990	47,981
100 (2088)	61,231	60,113	62,357	53,904	67,014	43,527	56,201	57,328	70,328	47,033
101 (2089)	60,441	59,333	61,555	53,129	66,411	42,650	55,456	56,498	69,674	46,097
102 (2090)	59,659	58,562	60,762	52,361	65,811	41,785	54,720	55,678	69,027	45,174
103 (2091)	58,885	57,799	59,977	51,602	65,217	40,932	53,991	54,868	68,386	44,264
104 (2092)	58,119	57,043	59,201	50,852	64,626	40,093	53,271	54,067	67,750	43,367
105 (2093)	57,361	56,296	58,432	50,112	64,040	39,268	52,559	53,276	67,120	42,482
106 (2094)	56,610	55,556	57,671	49,380	63,458	38,457	51,856	52,493	66,495	41,610
107 (2095)	55,868	54,824	56,918	48,658	62,880	37,660	51,161	51,719	65,875	40,751
108 (2096)	55,133	54,100	56,172	47,946	62,306	36,879	50,476	50,954	65,260	39,906
109 (2097)	54,406	53,384	55,434	47,244	61,737	36,114	49,799	50,198	64,650	39,073
110 (2098)	53,687	52,676	54,705	46,553	61,173	35,365	49,132	49,451	64,044	38,255
111 (2099)	52,977	51,977	53,983	45,871	60,612	34,633	48,474	48,714	63,443	37,451
112 (2100)	52,275	51,287	53,270	45,200	60,056	33,917	47,825	47,986	62,846	36,661
113 (2101)	51,582	50,605	52,565	44,540	59,504	33,218	47,186	47,268	62,254	35,887
114 (2102)	50,897	49,933	51,868	43,890	58,956	32,536	46,555	46,559	61,666	35,128
115 (2103)	50,221	49,269	51,181	43,250	58,413	31,870	45,934	45,860	61,083	34,384
116 (2104)	49,555	48,614	50,502	42,621	57,873	31,222	45,321	45,171	60,504	33,657
117 (2105)	48,897	47,969	49,832	42,002	57,338	30,590	44,718	44,493	59,929	32,946
118 (2106)	48,248	47,332	49,171	41,394	56,808	29,974	44,124	43,824	59,358	32,251
119 (2107)	47,608	46,704	48,519	40,796	56,282	29,373	43,538	43,166	58,792	31,573
120 (2108)	46,977	46,086	47,876	40,207	55,761	28,788	42,961	42,519	58,230	30,912
121 (2109)	46,356	45,476	47,242	39,629	55,245	28,217	42,393	41,882	57,672	30,267
122 (2110)	45,743	44,875	46,617	39,060	54,733	27,659	41,832	41,255	57,118	29,638

各年10月1日現在人口.

表B-2 年少人口：仮定値一定推計における各推計値 (1,000人)

年次	仮定値一定 出生率一定 死亡中位	死亡高位	死亡低位	死亡率一定 出生中位	出生高位	出生低位	出生一定 死亡一定	封鎖人口 出生中位 死亡中位	出生高位 死亡中位	出生低位 死亡中位
平成 22 (2010)	16,839	16,839	16,839	16,839	16,839	16,839	16,839	16,839	16,839	16,839
23 (2011)	16,682	16,682	16,683	16,685	16,717	16,643	16,683	16,715	16,748	16,673
24 (2012)	16,497	16,496	16,498	16,493	16,578	16,384	16,497	16,549	16,635	16,439
25 (2013)	16,283	16,282	16,285	16,280	16,435	16,088	16,283	16,360	16,515	16,165
26 (2014)	16,065	16,063	16,067	16,065	16,308	15,772	16,064	16,166	16,411	15,870
27 (2015)	15,826	15,824	15,828	15,825	16,175	15,416	15,824	15,946	16,300	15,533
28 (2016)	15,579	15,576	15,581	15,571	16,047	15,035	15,576	15,710	16,191	15,167
29 (2017)	15,328	15,324	15,330	15,307	15,924	14,635	15,324	15,462	16,087	14,781
30 (2018)	15,090	15,086	15,093	15,052	15,822	14,238	15,086	15,220	15,999	14,396
31 (2019)	14,856	14,852	14,860	14,795	15,725	13,837	14,851	14,974	15,916	14,003
32 (2020)	14,651	14,646	14,654	14,562	15,657	13,459	14,644	14,748	15,856	13,631
33 (2021)	14,430	14,426	14,435	14,311	15,571	13,064	14,423	14,502	15,777	13,239
34 (2022)	14,193	14,188	14,197	14,041	15,465	12,652	14,184	14,232	15,674	12,826
35 (2023)	13,943	13,937	13,947	13,757	15,342	12,228	13,933	13,946	15,550	12,397
36 (2024)	13,715	13,709	13,720	13,495	15,239	11,828	13,704	13,678	15,442	11,990
37 (2025)	13,484	13,478	13,489	13,229	15,128	11,427	13,472	13,401	15,321	11,576
38 (2026)	13,237	13,231	13,242	12,946	14,965	11,052	13,225	13,099	15,140	11,182
39 (2027)	13,010	13,004	13,016	12,693	14,808	10,733	12,997	12,825	14,962	10,844
40 (2028)	12,803	12,797	12,808	12,452	14,643	10,445	12,789	12,563	14,775	10,536
41 (2029)	12,613	12,607	12,618	12,228	14,474	10,192	12,598	12,317	14,583	10,263
42 (2030)	12,440	12,434	12,445	12,024	14,303	9,976	12,424	12,092	14,389	10,029
43 (2031)	12,281	12,275	12,286	11,841	14,132	9,794	12,265	11,889	14,196	9,830
44 (2032)	12,135	12,129	12,140	11,676	13,963	9,641	12,118	11,706	14,005	9,660
45 (2033)	11,999	11,993	12,004	11,528	13,798	9,510	11,982	11,540	13,820	9,515
46 (2034)	11,871	11,865	11,876	11,393	13,637	9,396	11,853	11,390	13,642	9,388
47 (2035)	11,749	11,743	11,754	11,269	13,484	9,294	11,730	11,253	13,473	9,274
48 (2036)	11,631	11,625	11,636	11,152	13,338	9,198	11,612	11,125	13,314	9,168
49 (2037)	11,515	11,509	11,521	11,041	13,200	9,104	11,495	11,004	13,166	9,067
50 (2038)	11,401	11,394	11,406	10,931	13,069	9,009	11,380	10,888	13,027	8,966
51 (2039)	11,285	11,279	11,291	10,822	12,945	8,911	11,264	10,773	12,898	8,863
52 (2040)	11,168	11,162	11,174	10,711	12,826	8,806	11,146	10,659	12,776	8,755
53 (2041)	11,049	11,042	11,054	10,596	12,712	8,693	11,026	10,544	12,662	8,640
54 (2042)	10,926	10,919	10,932	10,477	12,603	8,570	10,902	10,425	12,554	8,518
55 (2043)	10,799	10,792	10,805	10,353	12,497	8,439	10,775	10,303	12,451	8,387
56 (2044)	10,668	10,662	10,675	10,225	12,395	8,297	10,644	10,178	12,354	8,247
57 (2045)	10,534	10,527	10,540	10,091	12,297	8,146	10,508	10,048	12,260	8,099
58 (2046)	10,396	10,388	10,402	9,953	12,201	7,986	10,369	9,913	12,170	7,942
59 (2047)	10,254	10,247	10,261	9,810	12,107	7,818	10,227	9,774	12,081	7,777
60 (2048)	10,110	10,103	10,117	9,663	12,015	7,643	10,082	9,631	11,994	7,605
61 (2049)	9,964	9,956	9,971	9,512	11,924	7,462	9,936	9,484	11,907	7,427
62 (2050)	9,816	9,809	9,823	9,359	11,833	7,278	9,787	9,334	11,820	7,245
63 (2051)	9,668	9,661	9,675	9,204	11,741	7,091	9,639	9,181	11,730	7,060
64 (2052)	9,520	9,513	9,527	9,048	11,648	6,904	9,490	9,026	11,638	6,874
65 (2053)	9,373	9,365	9,380	8,892	11,553	6,718	9,342	8,870	11,543	6,688
66 (2054)	9,228	9,220	9,235	8,737	11,456	6,536	9,196	8,713	11,443	6,505
67 (2055)	9,085	9,077	9,092	8,584	11,356	6,358	9,053	8,558	11,340	6,326
68 (2056)	8,946	8,937	8,953	8,433	11,254	6,187	8,913	8,404	11,232	6,153
69 (2057)	8,810	8,802	8,817	8,287	11,149	6,025	8,777	8,253	11,120	5,988
70 (2058)	8,679	8,671	8,686	8,146	11,041	5,871	8,645	8,107	11,006	5,831
71 (2059)	8,552	8,544	8,560	8,010	10,932	5,727	8,518	7,965	10,888	5,683
72 (2060)	8,431	8,423	8,439	7,880	10,820	5,593	8,397	7,829	10,768	5,545

各年10月1日現在人口．平成22(2010)年は，総務省統計局『平成22年国勢調査による基準人口』(国籍・年齢「不詳人口」をあん分補正した人口)による．

表B-2 年少人口：仮定値一定推計における各推計値（つづき）　　　　　　　　　　　　（1,000人）

年次	仮定値一定 出生率一定 死亡中位	死亡高位	死亡低位	死亡率一定 出生中位	出生高位	出生低位	出生一定 死亡一定	封鎖人口 出生中位 死亡中位	出生高位 死亡中位	出生低位 死亡中位
平成 73 (2061)	8,316	8,307	8,323	7,755	10,708	5,470	8,280	7,698	10,647	5,417
74 (2062)	8,205	8,197	8,212	7,638	10,596	5,356	8,169	7,574	10,526	5,298
75 (2063)	8,100	8,091	8,107	7,526	10,484	5,251	8,063	7,455	10,406	5,189
76 (2064)	7,999	7,990	8,006	7,420	10,374	5,155	7,962	7,343	10,287	5,089
77 (2065)	7,902	7,894	7,909	7,320	10,265	5,067	7,865	7,237	10,170	4,996
78 (2066)	7,809	7,801	7,816	7,224	10,158	4,985	7,772	7,136	10,057	4,910
79 (2067)	7,718	7,710	7,726	7,132	10,054	4,908	7,681	7,041	9,947	4,830
80 (2068)	7,630	7,622	7,638	7,044	9,953	4,835	7,593	6,949	9,841	4,754
81 (2069)	7,544	7,536	7,551	6,959	9,855	4,764	7,506	6,860	9,739	4,681
82 (2070)	7,458	7,450	7,465	6,875	9,760	4,694	7,420	6,774	9,642	4,610
83 (2071)	7,373	7,365	7,380	6,792	9,669	4,625	7,334	6,690	9,549	4,540
84 (2072)	7,287	7,279	7,295	6,709	9,580	4,555	7,248	6,606	9,460	4,470
85 (2073)	7,201	7,193	7,209	6,627	9,494	4,484	7,162	6,523	9,374	4,398
86 (2074)	7,114	7,106	7,122	6,543	9,411	4,411	7,075	6,440	9,292	4,325
87 (2075)	7,026	7,018	7,034	6,458	9,331	4,335	6,986	6,356	9,212	4,250
88 (2076)	6,937	6,929	6,945	6,372	9,252	4,257	6,897	6,272	9,135	4,173
89 (2077)	6,847	6,839	6,854	6,285	9,175	4,177	6,807	6,186	9,059	4,094
90 (2078)	6,756	6,747	6,763	6,196	9,099	4,094	6,715	6,099	8,985	4,013
91 (2079)	6,664	6,655	6,671	6,106	9,024	4,009	6,623	6,010	8,912	3,930
92 (2080)	6,571	6,563	6,579	6,015	8,949	3,923	6,530	5,921	8,838	3,845
93 (2081)	6,479	6,470	6,486	5,924	8,874	3,835	6,438	5,830	8,765	3,759
94 (2082)	6,386	6,377	6,393	5,831	8,800	3,747	6,345	5,739	8,691	3,672
95 (2083)	6,294	6,285	6,301	5,739	8,725	3,659	6,252	5,648	8,616	3,586
96 (2084)	6,202	6,193	6,209	5,647	8,650	3,572	6,160	5,557	8,540	3,499
97 (2085)	6,111	6,103	6,119	5,556	8,574	3,486	6,070	5,466	8,463	3,414
98 (2086)	6,022	6,014	6,030	5,466	8,497	3,402	5,981	5,375	8,384	3,330
99 (2087)	5,935	5,926	5,942	5,377	8,419	3,319	5,893	5,286	8,305	3,249
100 (2088)	5,849	5,841	5,857	5,290	8,341	3,240	5,807	5,198	8,224	3,169
101 (2089)	5,766	5,758	5,773	5,206	8,262	3,163	5,724	5,112	8,142	3,093
102 (2090)	5,685	5,676	5,692	5,123	8,183	3,090	5,643	5,029	8,060	3,020
103 (2091)	5,606	5,598	5,614	5,043	8,104	3,021	5,564	4,947	7,977	2,949
104 (2092)	5,530	5,522	5,537	4,966	8,024	2,954	5,488	4,868	7,893	2,883
105 (2093)	5,456	5,448	5,464	4,891	7,945	2,892	5,414	4,792	7,811	2,819
106 (2094)	5,385	5,376	5,392	4,819	7,866	2,832	5,343	4,718	7,728	2,760
107 (2095)	5,315	5,307	5,323	4,750	7,788	2,776	5,273	4,646	7,647	2,703
108 (2096)	5,248	5,240	5,255	4,683	7,711	2,723	5,206	4,578	7,566	2,649
109 (2097)	5,183	5,174	5,190	4,618	7,635	2,673	5,141	4,511	7,488	2,598
110 (2098)	5,119	5,111	5,126	4,555	7,560	2,625	5,077	4,447	7,410	2,550
111 (2099)	5,056	5,048	5,063	4,494	7,487	2,579	5,014	4,385	7,335	2,503
112 (2100)	4,995	4,987	5,002	4,434	7,415	2,534	4,952	4,324	7,262	2,458
113 (2101)	4,934	4,926	4,941	4,376	7,345	2,491	4,892	4,265	7,190	2,415
114 (2102)	4,874	4,866	4,881	4,318	7,276	2,449	4,832	4,208	7,121	2,372
115 (2103)	4,814	4,806	4,821	4,262	7,209	2,407	4,772	4,151	7,053	2,331
116 (2104)	4,755	4,747	4,762	4,205	7,144	2,365	4,713	4,094	6,988	2,289
117 (2105)	4,695	4,687	4,702	4,149	7,079	2,324	4,653	4,039	6,924	2,248
118 (2106)	4,636	4,628	4,643	4,093	7,017	2,282	4,594	3,983	6,861	2,207
119 (2107)	4,577	4,569	4,584	4,037	6,955	2,240	4,535	3,928	6,800	2,166
120 (2108)	4,517	4,509	4,524	3,981	6,894	2,198	4,475	3,873	6,740	2,125
121 (2109)	4,458	4,450	4,465	3,925	6,834	2,155	4,416	3,818	6,681	2,083
122 (2110)	4,398	4,390	4,405	3,869	6,775	2,112	4,356	3,762	6,622	2,041

各年10月1日現在人口.

表B-3 年少人口割合：仮定値一定推計における各推計値　　　　　　　　　　　　　　　　　　　　　　　　　　　　（％）

年　次	仮定値一定							封鎖人口		
	出生率一定			死亡率一定			出生一定	出生中位	出生高位	出生低位
	死亡中位	死亡高位	死亡低位	出生中位	出生高位	出生低位	死亡一定	死亡中位	死亡中位	死亡中位
平成 22 (2010)	13.1	13.1	13.1	13.1	13.1	13.1	13.1	13.1	13.1	13.1
23 (2011)	13.1	13.1	13.1	13.1	13.1	13.0	13.1	13.1	13.1	13.0
24 (2012)	12.9	13.0	12.9	12.9	13.0	12.9	12.9	13.0	13.0	12.9
25 (2013)	12.8	12.8	12.8	12.8	12.9	12.7	12.8	12.8	12.9	12.7
26 (2014)	12.7	12.7	12.6	12.7	12.8	12.5	12.7	12.7	12.9	12.5
27 (2015)	12.5	12.5	12.5	12.5	12.8	12.2	12.5	12.6	12.8	12.3
28 (2016)	12.3	12.4	12.3	12.4	12.7	12.0	12.4	12.4	12.8	12.1
29 (2017)	12.2	12.2	12.1	12.2	12.6	11.7	12.2	12.3	12.7	11.8
30 (2018)	12.0	12.1	12.0	12.1	12.6	11.5	12.1	12.1	12.7	11.6
31 (2019)	11.9	12.0	11.9	11.9	12.6	11.2	12.0	12.0	12.6	11.3
32 (2020)	11.8	11.9	11.7	11.8	12.6	11.0	11.9	11.9	12.6	11.1
33 (2021)	11.7	11.7	11.6	11.7	12.6	10.8	11.8	11.7	12.6	10.8
34 (2022)	11.5	11.6	11.5	11.5	12.6	10.5	11.6	11.6	12.6	10.5
35 (2023)	11.4	11.5	11.3	11.4	12.5	10.2	11.5	11.4	12.6	10.3
36 (2024)	11.3	11.3	11.2	11.2	12.5	10.0	11.4	11.3	12.5	10.0
37 (2025)	11.2	11.2	11.1	11.1	12.5	9.7	11.3	11.1	12.5	9.7
38 (2026)	11.0	11.1	10.9	11.0	12.4	9.5	11.2	10.9	12.4	9.5
39 (2027)	10.9	11.0	10.8	10.8	12.4	9.3	11.1	10.8	12.3	9.3
40 (2028)	10.8	10.9	10.7	10.7	12.3	9.2	11.0	10.6	12.2	9.1
41 (2029)	10.7	10.8	10.6	10.6	12.3	9.0	10.9	10.5	12.2	8.9
42 (2030)	10.6	10.7	10.5	10.5	12.2	8.9	10.8	10.4	12.1	8.8
43 (2031)	10.6	10.7	10.5	10.5	12.2	8.9	10.8	10.3	12.0	8.7
44 (2032)	10.5	10.6	10.4	10.4	12.1	8.8	10.8	10.2	11.9	8.6
45 (2033)	10.5	10.6	10.4	10.4	12.1	8.8	10.7	10.1	11.8	8.6
46 (2034)	10.5	10.5	10.4	10.4	12.1	8.8	10.7	10.1	11.7	8.5
47 (2035)	10.4	10.5	10.3	10.4	12.0	8.8	10.7	10.0	11.7	8.5
48 (2036)	10.4	10.5	10.3	10.3	12.0	8.8	10.7	10.0	11.6	8.5
49 (2037)	10.4	10.5	10.3	10.4	12.0	8.8	10.7	10.0	11.6	8.5
50 (2038)	10.4	10.5	10.3	10.4	12.0	8.8	10.7	10.0	11.6	8.5
51 (2039)	10.4	10.5	10.3	10.4	12.0	8.8	10.7	10.0	11.5	8.5
52 (2040)	10.3	10.5	10.2	10.4	12.0	8.8	10.7	10.0	11.5	8.5
53 (2041)	10.3	10.4	10.2	10.4	12.0	8.8	10.7	9.9	11.5	8.5
54 (2042)	10.3	10.4	10.2	10.4	12.0	8.8	10.7	9.9	11.5	8.4
55 (2043)	10.3	10.4	10.2	10.4	12.0	8.8	10.7	9.9	11.5	8.4
56 (2044)	10.3	10.4	10.1	10.4	12.0	8.8	10.7	9.9	11.5	8.4
57 (2045)	10.2	10.3	10.1	10.3	12.0	8.7	10.7	9.9	11.5	8.3
58 (2046)	10.2	10.3	10.1	10.3	12.0	8.7	10.7	9.8	11.5	8.3
59 (2047)	10.1	10.3	10.0	10.3	12.0	8.6	10.6	9.8	11.5	8.2
60 (2048)	10.1	10.2	10.0	10.3	12.1	8.6	10.6	9.8	11.5	8.1
61 (2049)	10.1	10.2	9.9	10.2	12.1	8.5	10.6	9.7	11.5	8.0
62 (2050)	10.0	10.1	9.9	10.2	12.1	8.4	10.5	9.7	11.5	7.9
63 (2051)	10.0	10.1	9.8	10.1	12.1	8.3	10.5	9.6	11.6	7.8
64 (2052)	9.9	10.0	9.8	10.1	12.1	8.2	10.5	9.6	11.6	7.7
65 (2053)	9.9	10.0	9.7	10.0	12.2	8.1	10.4	9.5	11.6	7.6
66 (2054)	9.8	9.9	9.7	10.0	12.2	8.0	10.4	9.4	11.6	7.5
67 (2055)	9.8	9.9	9.6	9.9	12.2	7.9	10.3	9.4	11.6	7.4
68 (2056)	9.7	9.8	9.6	9.9	12.2	7.8	10.3	9.3	11.6	7.3
69 (2057)	9.7	9.8	9.5	9.9	12.2	7.7	10.3	9.3	11.5	7.2
70 (2058)	9.6	9.8	9.5	9.8	12.2	7.7	10.3	9.2	11.5	7.1
71 (2059)	9.6	9.7	9.5	9.8	12.2	7.6	10.3	9.2	11.5	7.1
72 (2060)	9.6	9.7	9.4	9.8	12.2	7.6	10.2	9.1	11.5	7.0

各年10月1日現在人口．平成22(2010)年は，総務省統計局『平成22年国勢調査による基準人口』(国籍・年齢「不詳人口」をあん分補正した人口)による．

表B-3 年少人口割合：仮定値一定推計における各推計値（つづき） (%)

年次	仮定値一定 出生率一定 死亡中位	死亡高位	死亡低位	死亡率一定 出生中位	出生高位	出生低位	出生一定 死亡一定	封鎖人口 出生中位 死亡中位	出生高位 死亡中位	出生低位 死亡中位
平成73 (2061)	9.6	9.7	9.4	9.8	12.2	7.5	10.2	9.1	11.5	6.9
74 (2062)	9.5	9.7	9.4	9.8	12.2	7.5	10.2	9.0	11.5	6.9
75 (2063)	9.5	9.7	9.4	9.7	12.2	7.5	10.3	9.0	11.4	6.9
76 (2064)	9.5	9.7	9.4	9.8	12.3	7.5	10.3	9.0	11.4	6.9
77 (2065)	9.5	9.7	9.4	9.8	12.3	7.5	10.3	9.0	11.4	6.9
78 (2066)	9.5	9.7	9.4	9.8	12.3	7.5	10.3	9.0	11.4	6.9
79 (2067)	9.6	9.7	9.4	9.8	12.3	7.5	10.3	9.0	11.4	6.9
80 (2068)	9.6	9.7	9.4	9.8	12.3	7.6	10.3	9.0	11.4	6.9
81 (2069)	9.6	9.8	9.4	9.8	12.3	7.6	10.4	9.0	11.4	6.9
82 (2070)	9.6	9.8	9.4	9.9	12.3	7.6	10.4	9.1	11.4	6.9
83 (2071)	9.6	9.8	9.5	9.9	12.3	7.7	10.4	9.1	11.4	6.9
84 (2072)	9.6	9.8	9.5	9.9	12.3	7.7	10.4	9.1	11.5	7.0
85 (2073)	9.7	9.8	9.5	9.9	12.3	7.7	10.5	9.1	11.5	7.0
86 (2074)	9.7	9.8	9.5	9.9	12.3	7.7	10.5	9.2	11.5	7.0
87 (2075)	9.7	9.9	9.5	10.0	12.4	7.7	10.5	9.2	11.5	7.0
88 (2076)	9.7	9.9	9.5	10.0	12.4	7.7	10.5	9.2	11.6	7.0
89 (2077)	9.7	9.9	9.5	10.0	12.4	7.7	10.5	9.2	11.6	7.0
90 (2078)	9.7	9.9	9.5	10.0	12.4	7.7	10.5	9.2	11.6	7.0
91 (2079)	9.7	9.8	9.5	10.0	12.4	7.7	10.5	9.2	11.6	7.0
92 (2080)	9.7	9.8	9.5	10.0	12.4	7.7	10.5	9.2	11.6	7.0
93 (2081)	9.7	9.8	9.5	9.9	12.4	7.7	10.4	9.2	11.7	7.0
94 (2082)	9.6	9.8	9.5	9.9	12.4	7.6	10.4	9.2	11.7	6.9
95 (2083)	9.6	9.8	9.5	9.9	12.4	7.6	10.4	9.2	11.7	6.9
96 (2084)	9.6	9.8	9.5	9.9	12.4	7.6	10.4	9.1	11.7	6.9
97 (2085)	9.6	9.8	9.4	9.9	12.5	7.5	10.4	9.1	11.7	6.8
98 (2086)	9.6	9.7	9.4	9.9	12.5	7.5	10.4	9.1	11.7	6.8
99 (2087)	9.6	9.7	9.4	9.8	12.5	7.5	10.3	9.1	11.7	6.8
100 (2088)	9.6	9.7	9.4	9.8	12.4	7.4	10.3	9.1	11.7	6.7
101 (2089)	9.5	9.7	9.4	9.8	12.4	7.4	10.3	9.0	11.7	6.7
102 (2090)	9.5	9.7	9.4	9.8	12.4	7.4	10.3	9.0	11.7	6.7
103 (2091)	9.5	9.7	9.4	9.8	12.4	7.4	10.3	9.0	11.7	6.7
104 (2092)	9.5	9.7	9.4	9.8	12.4	7.4	10.3	9.0	11.7	6.6
105 (2093)	9.5	9.7	9.4	9.8	12.4	7.4	10.3	9.0	11.6	6.6
106 (2094)	9.5	9.7	9.3	9.8	12.4	7.4	10.3	9.0	11.6	6.6
107 (2095)	9.5	9.7	9.4	9.8	12.4	7.4	10.3	9.0	11.6	6.6
108 (2096)	9.5	9.7	9.4	9.8	12.4	7.4	10.3	9.0	11.6	6.6
109 (2097)	9.5	9.7	9.4	9.8	12.4	7.4	10.3	9.0	11.6	6.6
110 (2098)	9.5	9.7	9.4	9.8	12.4	7.4	10.3	9.0	11.6	6.7
111 (2099)	9.5	9.7	9.4	9.8	12.4	7.4	10.3	9.0	11.6	6.7
112 (2100)	9.6	9.7	9.4	9.8	12.3	7.5	10.4	9.0	11.6	6.7
113 (2101)	9.6	9.7	9.4	9.8	12.3	7.5	10.4	9.0	11.5	6.7
114 (2102)	9.6	9.7	9.4	9.8	12.3	7.5	10.4	9.0	11.5	6.8
115 (2103)	9.6	9.8	9.4	9.9	12.3	7.6	10.4	9.1	11.5	6.8
116 (2104)	9.6	9.8	9.4	9.9	12.3	7.6	10.4	9.1	11.5	6.8
117 (2105)	9.6	9.8	9.4	9.9	12.3	7.6	10.4	9.1	11.6	6.8
118 (2106)	9.6	9.8	9.4	9.9	12.4	7.6	10.4	9.1	11.6	6.8
119 (2107)	9.6	9.8	9.4	9.9	12.4	7.6	10.4	9.1	11.6	6.9
120 (2108)	9.6	9.8	9.4	9.9	12.4	7.6	10.4	9.1	11.6	6.9
121 (2109)	9.6	9.8	9.5	9.9	12.4	7.6	10.4	9.1	11.6	6.9
122 (2110)	9.6	9.8	9.4	9.9	12.4	7.6	10.4	9.1	11.6	6.9

各年10月1日現在人口．

表B-4　生産年齢人口：仮定値一定推計における各推計値　　　　　　　　　　　　　　　　　　　　　　　　　（1,000人）

年次	仮定値一定 出生率一定 死亡中位	死亡高位	死亡低位	死亡率一定 出生中位	出生高位	出生低位	出生一定 死亡一定	封鎖人口 出生中位 死亡中位	出生高位 死亡中位	出生低位 死亡中位
平成22 (2010)	81,735	81,735	81,735	81,735	81,735	81,735	81,735	81,735	81,735	81,735
23 (2011)	81,303	81,295	81,310	81,311	81,311	81,311	81,311	81,398	81,398	81,398
24 (2012)	80,173	80,157	80,188	80,179	80,179	80,179	80,179	80,292	80,292	80,292
25 (2013)	78,996	78,972	79,017	78,997	78,997	78,997	78,997	79,103	79,103	79,103
26 (2014)	77,803	77,774	77,829	77,799	77,799	77,799	77,799	77,898	77,898	77,898
27 (2015)	76,818	76,784	76,850	76,808	76,808	76,808	76,808	76,900	76,900	76,900
28 (2016)	75,979	75,941	76,015	75,963	75,963	75,963	75,963	76,048	76,048	76,048
29 (2017)	75,245	75,202	75,285	75,221	75,221	75,221	75,221	75,298	75,298	75,298
30 (2018)	74,584	74,537	74,628	74,552	74,552	74,552	74,552	74,622	74,622	74,622
31 (2019)	74,011	73,960	74,059	73,971	73,971	73,971	73,971	74,033	74,033	74,033
32 (2020)	73,408	73,354	73,459	73,358	73,358	73,358	73,358	73,414	73,414	73,414
33 (2021)	72,866	72,808	72,920	72,805	72,805	72,805	72,805	72,856	72,856	72,856
34 (2022)	72,408	72,347	72,465	72,337	72,337	72,337	72,337	72,382	72,382	72,382
35 (2023)	71,920	71,855	71,980	71,837	71,837	71,837	71,837	71,877	71,877	71,877
36 (2024)	71,369	71,301	71,432	71,275	71,275	71,275	71,275	71,310	71,310	71,310
37 (2025)	70,845	70,775	70,911	70,739	70,739	70,739	70,739	70,772	70,772	70,772
38 (2026)	70,346	70,273	70,415	70,230	70,261	70,189	70,227	70,266	70,299	70,224
39 (2027)	69,803	69,727	69,874	69,667	69,750	69,560	69,671	69,705	69,790	69,595
40 (2028)	69,190	69,111	69,263	69,042	69,193	68,853	69,044	69,079	69,235	68,885
41 (2029)	68,521	68,440	68,596	68,364	68,601	68,076	68,362	68,398	68,642	68,102
42 (2030)	67,729	67,647	67,806	67,559	67,902	67,158	67,558	67,586	67,939	67,173
43 (2031)	67,229	67,144	67,309	67,038	67,505	66,511	67,043	67,061	67,541	66,519
44 (2032)	66,346	66,260	66,427	66,132	66,739	65,470	66,148	66,142	66,765	65,462
45 (2033)	65,445	65,358	65,527	65,203	65,961	64,400	65,236	65,197	65,975	64,374
46 (2034)	64,496	64,408	64,579	64,220	65,139	63,273	64,275	64,196	65,136	63,227
47 (2035)	63,511	63,422	63,594	63,199	64,283	62,106	63,280	63,152	64,259	62,037
48 (2036)	62,467	62,378	62,550	62,118	63,368	60,879	62,228	62,044	63,317	60,783
49 (2037)	61,371	61,282	61,454	60,983	62,399	59,600	61,124	60,877	62,316	59,473
50 (2038)	60,234	60,146	60,316	59,807	61,388	58,281	59,982	59,666	61,267	58,120
51 (2039)	59,126	59,039	59,207	58,660	60,403	56,993	58,868	58,480	60,241	56,796
52 (2040)	58,108	58,022	58,188	57,604	59,505	55,797	57,845	57,384	59,301	55,564
53 (2041)	57,163	57,077	57,243	56,620	58,678	54,676	56,895	56,361	58,429	54,406
54 (2042)	56,293	56,207	56,372	55,712	57,922	53,631	56,019	55,412	57,629	53,326
55 (2043)	55,457	55,372	55,536	54,838	57,198	52,623	55,178	54,498	56,859	52,282
56 (2044)	54,680	54,595	54,759	54,024	56,531	51,677	54,395	53,643	56,146	51,299
57 (2045)	53,934	53,849	54,013	53,241	55,892	50,763	53,643	52,819	55,462	50,350
58 (2046)	53,244	53,159	53,322	52,513	55,307	49,906	52,946	52,053	54,832	49,459
59 (2047)	52,562	52,478	52,641	51,796	54,730	49,061	52,259	51,297	54,211	48,579
60 (2048)	51,879	51,794	51,958	51,078	54,151	48,216	51,571	50,540	53,589	47,700
61 (2049)	51,206	51,121	51,284	50,370	53,582	47,383	50,893	49,796	52,978	46,834
62 (2050)	50,565	50,480	50,644	49,696	53,045	46,582	50,247	49,088	52,404	46,004
63 (2051)	49,966	49,881	50,045	49,063	52,552	45,823	49,642	48,426	51,877	45,220
64 (2052)	49,381	49,296	49,460	48,445	52,073	45,078	49,051	47,781	51,369	44,452
65 (2053)	48,816	48,731	48,895	47,846	51,618	44,352	48,481	47,162	50,889	43,708
66 (2054)	48,276	48,190	48,355	47,273	51,190	43,649	47,935	46,572	50,443	42,991
67 (2055)	47,754	47,668	47,833	46,717	50,784	42,962	47,406	46,005	50,022	42,295
68 (2056)	47,239	47,153	47,319	46,168	50,389	42,280	46,885	45,449	49,619	41,607
69 (2057)	46,702	46,615	46,783	45,598	49,978	41,573	46,342	44,875	49,203	40,899
70 (2058)	46,167	46,079	46,247	45,028	49,572	40,864	45,801	44,309	48,799	40,195
71 (2059)	45,595	45,507	45,675	44,423	49,137	40,117	45,224	43,710	48,369	39,456
72 (2060)	45,016	44,929	45,097	43,811	48,701	39,360	44,641	43,108	47,941	38,711

各年10月1日現在人口．平成22 (2010) 年は，総務省統計局『平成22年国勢調査による基準人口』（国籍・年齢「不詳人口」をあん分補正した人口）による．

表B-4　生産年齢人口：仮定値一定推計における各推計値（つづき）　　　　　　　　　　　　　　　　（1,000人）

年　次	仮定値一定 出生率一定 死亡中位	仮定値一定 出生率一定 死亡高位	仮定値一定 出生率一定 死亡低位	仮定値一定 死亡率一定 出生中位	仮定値一定 死亡率一定 出生高位	仮定値一定 死亡率一定 出生低位	出生一定 死亡一定	封鎖人口 出生中位 死亡中位	封鎖人口 出生高位 死亡中位	封鎖人口 出生低位 死亡中位
平成 73 (2061)	44,458	44,371	44,539	43,219	48,289	38,621	44,079	42,529	47,541	37,986
74 (2062)	43,883	43,796	43,964	42,610	47,866	37,864	43,501	41,932	47,128	37,241
75 (2063)	43,294	43,206	43,374	41,987	47,432	37,089	42,909	41,319	46,703	36,478
76 (2064)	42,712	42,624	42,792	41,371	47,010	36,321	42,325	40,713	46,289	35,722
77 (2065)	42,123	42,035	42,203	40,748	46,582	35,545	41,734	40,098	45,868	34,955
78 (2066)	41,536	41,449	41,616	40,127	46,160	34,771	41,147	39,484	45,450	34,190
79 (2067)	40,956	40,870	41,036	39,513	45,744	34,003	40,567	38,876	45,039	33,429
80 (2068)	40,397	40,311	40,477	38,918	45,349	33,255	40,007	38,287	44,647	32,689
81 (2069)	39,849	39,763	39,928	38,333	44,964	32,518	39,458	37,708	44,264	31,960
82 (2070)	39,332	39,246	39,411	37,779	44,608	31,813	38,940	37,158	43,911	31,261
83 (2071)	38,808	38,721	38,886	37,217	44,243	31,102	38,415	36,598	43,545	30,554
84 (2072)	38,271	38,185	38,349	36,644	43,865	30,381	37,878	36,025	43,164	29,836
85 (2073)	37,726	37,641	37,804	36,063	43,476	29,655	37,334	35,442	42,771	29,109
86 (2074)	37,206	37,121	37,283	35,506	43,110	28,955	36,814	34,881	42,398	28,407
87 (2075)	36,684	36,599	36,761	34,948	42,740	28,256	36,293	34,316	42,017	27,702
88 (2076)	36,149	36,066	36,226	34,377	42,325	27,584	35,761	33,730	41,584	27,018
89 (2077)	35,636	35,553	35,711	33,835	41,918	26,965	35,249	33,173	41,159	26,388
90 (2078)	35,141	35,059	35,216	33,305	41,508	26,377	34,757	32,630	40,729	25,789
91 (2079)	34,666	34,584	34,740	32,793	41,095	25,822	34,283	32,103	40,297	25,224
92 (2080)	34,207	34,127	34,281	32,302	40,684	25,303	33,826	31,599	39,869	24,697
93 (2081)	33,765	33,685	33,838	31,832	40,278	24,817	33,384	31,117	39,444	24,204
94 (2082)	33,336	33,256	33,408	31,381	39,876	24,360	32,957	30,655	39,026	23,740
95 (2083)	32,919	32,840	32,990	30,948	39,480	23,926	32,541	30,212	38,616	23,301
96 (2084)	32,511	32,433	32,583	30,529	39,093	23,510	32,134	29,786	38,216	22,881
97 (2085)	32,112	32,034	32,183	30,123	38,715	23,107	31,736	29,373	37,827	22,476
98 (2086)	31,719	31,641	31,790	29,726	38,347	22,712	31,344	28,972	37,450	22,080
99 (2087)	31,331	31,253	31,401	29,335	37,988	22,324	30,956	28,578	37,084	21,692
100 (2088)	30,946	30,869	31,016	28,950	37,637	21,938	30,572	28,192	36,729	21,308
101 (2089)	30,563	30,487	30,633	28,567	37,294	21,553	30,191	27,809	36,383	20,926
102 (2090)	30,182	30,106	30,251	28,186	36,957	21,168	29,810	27,430	36,044	20,545
103 (2091)	29,802	29,726	29,871	27,805	36,625	20,782	29,431	27,052	35,712	20,164
104 (2092)	29,422	29,346	29,490	27,424	36,297	20,394	29,052	26,675	35,386	19,781
105 (2093)	29,042	28,967	29,110	27,043	35,974	20,004	28,674	26,298	35,065	19,398
106 (2094)	28,663	28,588	28,731	26,661	35,655	19,613	28,296	25,922	34,748	19,013
107 (2095)	28,285	28,210	28,352	26,280	35,338	19,221	27,919	25,547	34,436	18,629
108 (2096)	27,907	27,834	27,974	25,900	35,026	18,828	27,544	25,173	34,126	18,244
109 (2097)	27,532	27,459	27,598	25,521	34,716	18,437	27,170	24,799	33,820	17,860
110 (2098)	27,159	27,086	27,225	25,144	34,409	18,048	26,799	24,428	33,515	17,478
111 (2099)	26,788	26,716	26,854	24,769	34,105	17,661	26,430	24,058	33,213	17,098
112 (2100)	26,422	26,350	26,487	24,396	33,802	17,277	26,065	23,691	32,912	16,722
113 (2101)	26,058	25,987	26,123	24,027	33,501	16,899	25,704	23,326	32,612	16,350
114 (2102)	25,699	25,629	25,763	23,662	33,202	16,526	25,347	22,964	32,311	15,983
115 (2103)	25,345	25,275	25,409	23,302	32,903	16,161	24,995	22,607	32,011	15,623
116 (2104)	24,995	24,926	25,059	22,946	32,604	15,803	24,648	22,253	31,710	15,270
117 (2105)	24,651	24,582	24,714	22,596	32,306	15,454	24,306	21,904	31,409	14,925
118 (2106)	24,313	24,245	24,375	22,252	32,009	15,115	23,970	21,561	31,107	14,589
119 (2107)	23,981	23,913	24,043	21,915	31,711	14,786	23,640	21,224	30,805	14,264
120 (2108)	23,655	23,588	23,716	21,585	31,414	14,468	23,316	20,893	30,503	13,949
121 (2109)	23,336	23,269	23,397	21,262	31,118	14,162	22,999	20,570	30,201	13,644
122 (2110)	23,024	22,957	23,084	20,946	30,823	13,867	22,689	20,253	29,901	13,351

各年10月1日現在人口.

表B-5　生産年齢人口割合：仮定値一定推計における各推計値　(%)

年次	仮定値一定 出生率一定 死亡中位	死亡高位	死亡低位	死亡率一定 出生中位	出生高位	出生低位	出生一定 死亡一定	封鎖人口 出生中位 死亡中位	出生高位 死亡中位	出生低位 死亡中位
平成 22 (2010)	63.8	63.8	63.8	63.8	63.8	63.8	63.8	63.8	63.8	63.8
23 (2011)	63.6	63.7	63.6	63.6	63.6	63.7	63.6	63.7	63.6	63.7
24 (2012)	62.9	62.9	62.8	62.9	62.8	62.9	62.9	62.9	62.8	62.9
25 (2013)	62.1	62.2	62.0	62.1	62.0	62.2	62.1	62.1	62.0	62.2
26 (2014)	61.3	61.4	61.2	61.3	61.2	61.5	61.3	61.3	61.2	61.4
27 (2015)	60.7	60.8	60.6	60.8	60.6	61.0	60.8	60.6	60.5	60.8
28 (2016)	60.2	60.4	60.1	60.3	60.1	60.6	60.3	60.2	59.9	60.4
29 (2017)	59.8	60.0	59.7	60.0	59.7	60.3	60.0	59.8	59.5	60.1
30 (2018)	59.5	59.7	59.3	59.8	59.4	60.2	59.8	59.5	59.1	59.9
31 (2019)	59.3	59.6	59.1	59.6	59.2	60.1	59.6	59.3	58.8	59.7
32 (2020)	59.1	59.4	58.9	59.5	59.0	60.0	59.4	59.1	58.5	59.6
33 (2021)	59.0	59.2	58.7	59.4	58.8	60.0	59.3	58.9	58.3	59.5
34 (2022)	58.9	59.2	58.6	59.4	58.7	60.1	59.3	58.8	58.2	59.5
35 (2023)	58.8	59.1	58.5	59.4	58.6	60.2	59.3	58.8	58.0	59.5
36 (2024)	58.7	59.0	58.4	59.4	58.5	60.2	59.3	58.7	57.8	59.5
37 (2025)	58.6	58.9	58.3	59.4	58.4	60.3	59.3	58.6	57.7	59.5
38 (2026)	58.5	58.9	58.2	59.4	58.4	60.4	59.3	58.6	57.6	59.5
39 (2027)	58.5	58.8	58.1	59.4	58.4	60.4	59.3	58.5	57.5	59.4
40 (2028)	58.3	58.7	57.9	59.4	58.3	60.4	59.2	58.4	57.3	59.3
41 (2029)	58.1	58.6	57.8	59.3	58.3	60.3	59.1	58.2	57.2	59.1
42 (2030)	57.9	58.3	57.5	59.1	58.1	60.1	58.9	57.9	57.0	58.8
43 (2031)	57.9	58.3	57.4	59.2	58.2	60.1	59.0	57.9	57.0	58.8
44 (2032)	57.5	58.0	57.1	59.0	58.0	59.8	58.8	57.6	56.7	58.4
45 (2033)	57.2	57.6	56.7	58.7	57.8	59.5	58.5	57.2	56.4	58.0
46 (2034)	56.8	57.3	56.3	58.4	57.6	59.1	58.2	56.8	56.1	57.5
47 (2035)	56.4	56.9	55.9	58.1	57.3	58.7	57.8	56.4	55.7	57.0
48 (2036)	55.9	56.4	55.4	57.6	57.0	58.2	57.4	55.9	55.3	56.4
49 (2037)	55.4	55.9	54.9	57.2	56.6	57.7	57.0	55.3	54.8	55.7
50 (2038)	54.8	55.3	54.3	56.7	56.2	57.1	56.5	54.7	54.3	55.1
51 (2039)	54.3	54.8	53.8	56.2	55.8	56.5	56.1	54.1	53.8	54.4
52 (2040)	53.8	54.4	53.3	55.8	55.5	56.1	55.7	53.6	53.4	53.8
53 (2041)	53.4	54.0	52.9	55.5	55.2	55.6	55.3	53.2	53.0	53.3
54 (2042)	53.1	53.7	52.6	55.2	55.0	55.3	55.1	52.8	52.7	52.8
55 (2043)	52.8	53.4	52.3	54.9	54.8	55.0	54.8	52.4	52.4	52.4
56 (2044)	52.6	53.1	52.0	54.7	54.7	54.7	54.7	52.1	52.2	52.0
57 (2045)	52.3	52.9	51.8	54.6	54.6	54.5	54.5	51.9	52.0	51.7
58 (2046)	52.2	52.8	51.6	54.4	54.5	54.3	54.4	51.7	51.8	51.4
59 (2047)	52.0	52.6	51.4	54.3	54.4	54.2	54.3	51.4	51.7	51.1
60 (2048)	51.9	52.4	51.3	54.2	54.4	54.0	54.2	51.2	51.5	50.9
61 (2049)	51.7	52.3	51.1	54.1	54.3	53.8	54.1	51.0	51.3	50.6
62 (2050)	51.6	52.2	51.0	54.0	54.2	53.7	54.1	50.8	51.2	50.3
63 (2051)	51.5	52.1	50.9	54.0	54.3	53.6	54.0	50.7	51.1	50.2
64 (2052)	51.4	52.0	50.8	54.0	54.3	53.5	54.0	50.6	51.0	50.0
65 (2053)	51.3	52.0	50.7	54.0	54.3	53.5	54.1	50.5	51.0	49.8
66 (2054)	51.3	52.0	50.7	54.1	54.4	53.5	54.1	50.4	51.0	49.7
67 (2055)	51.3	52.0	50.6	54.1	54.5	53.5	54.2	50.4	51.0	49.6
68 (2056)	51.3	52.0	50.6	54.2	54.6	53.5	54.3	50.4	51.1	49.5
69 (2057)	51.3	52.0	50.6	54.3	54.8	53.5	54.3	50.4	51.1	49.3
70 (2058)	51.2	51.9	50.5	54.3	54.9	53.5	54.4	50.3	51.1	49.2
71 (2059)	51.2	51.9	50.5	54.3	55.0	53.4	54.5	50.3	51.2	49.1
72 (2060)	51.1	51.8	50.4	54.4	55.1	53.3	54.5	50.2	51.2	48.9

各年10月1日現在人口．平成22(2010)年は，総務省統計局『平成22年国勢調査による基準人口』(国籍・年齢「不詳人口」をあん分補正した人口)による．

表B-5 生産年齢人口割合：仮定値一定推計における各推計値（つづき） (%)

年次	仮定値一定 出生率一定 死亡中位	死亡高位	死亡低位	死亡率一定 出生中位	出生高位	出生低位	出生一定 死亡一定	封鎖人口 出生中位 死亡中位	出生高位 死亡中位	出生低位 死亡中位
平成73 (2061)	51.1	51.8	50.3	54.4	55.2	53.2	54.5	50.2	51.3	48.7
74 (2062)	51.0	51.8	50.3	54.4	55.3	53.1	54.6	50.1	51.3	48.5
75 (2063)	50.9	51.7	50.2	54.4	55.4	53.0	54.6	50.0	51.4	48.3
76 (2064)	50.9	51.7	50.1	54.4	55.5	52.8	54.6	50.0	51.4	48.1
77 (2065)	50.8	51.6	50.0	54.4	55.6	52.7	54.6	49.9	51.5	47.9
78 (2066)	50.8	51.6	50.0	54.3	55.7	52.5	54.5	49.9	51.6	47.7
79 (2067)	50.7	51.5	49.9	54.3	55.8	52.3	54.5	49.8	51.7	47.5
80 (2068)	50.7	51.5	49.9	54.3	55.9	52.1	54.5	49.8	51.8	47.3
81 (2069)	50.7	51.5	49.8	54.2	56.1	51.9	54.5	49.7	51.9	47.1
82 (2070)	50.7	51.5	49.9	54.2	56.2	51.7	54.6	49.7	52.1	46.9
83 (2071)	50.7	51.5	49.9	54.2	56.3	51.5	54.6	49.7	52.2	46.7
84 (2072)	50.6	51.5	49.8	54.1	56.4	51.3	54.5	49.7	52.3	46.5
85 (2073)	50.6	51.4	49.8	54.1	56.5	51.0	54.5	49.6	52.4	46.2
86 (2074)	50.6	51.4	49.8	54.0	56.5	50.7	54.5	49.6	52.5	46.0
87 (2075)	50.5	51.4	49.7	53.9	56.6	50.4	54.4	49.5	52.6	45.7
88 (2076)	50.5	51.3	49.7	53.8	56.6	50.2	54.3	49.4	52.6	45.4
89 (2077)	50.4	51.2	49.6	53.7	56.6	50.0	54.3	49.3	52.6	45.2
90 (2078)	50.4	51.2	49.6	53.6	56.6	49.8	54.2	49.2	52.6	45.1
91 (2079)	50.4	51.2	49.6	53.5	56.5	49.7	54.2	49.1	52.6	45.0
92 (2080)	50.4	51.2	49.6	53.5	56.5	49.7	54.2	49.1	52.5	44.9
93 (2081)	50.4	51.2	49.6	53.4	56.4	49.6	54.2	49.0	52.5	44.8
94 (2082)	50.4	51.2	49.6	53.4	56.4	49.7	54.2	49.0	52.4	44.8
95 (2083)	50.4	51.2	49.6	53.4	56.3	49.8	54.2	49.0	52.4	44.9
96 (2084)	50.4	51.2	49.6	53.5	56.3	49.9	54.2	49.0	52.3	44.9
97 (2085)	50.4	51.3	49.6	53.5	56.2	50.0	54.3	49.1	52.3	45.0
98 (2086)	50.5	51.3	49.7	53.6	56.2	50.1	54.3	49.1	52.3	45.1
99 (2087)	50.5	51.3	49.7	53.6	56.2	50.3	54.4	49.1	52.2	45.2
100 (2088)	50.5	51.4	49.7	53.7	56.2	50.4	54.4	49.2	52.2	45.3
101 (2089)	50.6	51.4	49.8	53.8	56.2	50.5	54.4	49.2	52.2	45.4
102 (2090)	50.6	51.4	49.8	53.8	56.2	50.7	54.5	49.3	52.2	45.5
103 (2091)	50.6	51.4	49.8	53.9	56.2	50.8	54.5	49.3	52.2	45.6
104 (2092)	50.6	51.4	49.8	53.9	56.2	50.9	54.5	49.3	52.2	45.6
105 (2093)	50.6	51.5	49.8	54.0	56.2	50.9	54.6	49.4	52.2	45.7
106 (2094)	50.6	51.5	49.8	54.0	56.2	51.0	54.6	49.4	52.3	45.7
107 (2095)	50.6	51.5	49.8	54.0	56.2	51.0	54.6	49.4	52.3	45.7
108 (2096)	50.6	51.4	49.8	54.0	56.2	51.1	54.6	49.4	52.3	45.7
109 (2097)	50.6	51.4	49.8	54.0	56.2	51.1	54.6	49.4	52.3	45.7
110 (2098)	50.6	51.4	49.8	54.0	56.2	51.0	54.6	49.4	52.3	45.7
111 (2099)	50.6	51.4	49.7	54.0	56.3	51.0	54.5	49.4	52.4	45.7
112 (2100)	50.5	51.4	49.7	54.0	56.3	50.9	54.5	49.4	52.4	45.6
113 (2101)	50.5	51.4	49.7	53.9	56.3	50.9	54.5	49.3	52.4	45.6
114 (2102)	50.5	51.3	49.7	53.9	56.3	50.8	54.4	49.3	52.4	45.5
115 (2103)	50.5	51.3	49.6	53.9	56.3	50.7	54.4	49.3	52.4	45.4
116 (2104)	50.4	51.3	49.6	53.8	56.3	50.6	54.4	49.3	52.4	45.4
117 (2105)	50.4	51.2	49.6	53.8	56.3	50.5	54.4	49.2	52.4	45.3
118 (2106)	50.4	51.2	49.6	53.8	56.3	50.4	54.3	49.2	52.4	45.2
119 (2107)	50.4	51.2	49.6	53.7	56.3	50.3	54.3	49.2	52.4	45.2
120 (2108)	50.4	51.2	49.5	53.7	56.3	50.3	54.3	49.1	52.4	45.1
121 (2109)	50.3	51.2	49.5	53.7	56.3	50.2	54.3	49.1	52.4	45.1
122 (2110)	50.3	51.2	49.5	53.6	56.3	50.1	54.2	49.1	52.3	45.0

各年10月1日現在人口.

表B-6　老年人口：仮定値一定推計における各推計値　　　　　　　　　　　　　　　　　　　　　　　　(1,000人)

年次	仮定値一定 出生率一定 死亡中位	死亡高位	死亡低位	死亡率一定 出生中位	出生高位	出生低位	出生一定 死亡一定	封鎖人口 出生中位 死亡中位	出生高位 死亡中位	出生低位 死亡中位
平成22 (2010)	29,484	29,484	29,484	29,484	29,484	29,484	29,484	29,484	29,484	29,484
23 (2011)	29,764	29,711	29,813	29,786	29,786	29,786	29,786	29,763	29,763	29,763
24 (2012)	30,831	30,711	30,943	30,831	30,831	30,831	30,831	30,829	30,829	30,829
25 (2013)	31,971	31,788	32,143	31,923	31,923	31,923	31,923	31,969	31,969	31,969
26 (2014)	33,080	32,836	33,310	32,971	32,971	32,971	32,971	33,078	33,078	33,078
27 (2015)	33,952	33,650	34,239	33,770	33,770	33,770	33,770	33,951	33,951	33,951
28 (2016)	34,640	34,283	34,981	34,372	34,372	34,372	34,372	34,641	34,641	34,641
29 (2017)	35,182	34,773	35,575	34,818	34,818	34,818	34,818	35,186	35,186	35,186
30 (2018)	35,596	35,136	36,038	35,125	35,125	35,125	35,125	35,602	35,602	35,602
31 (2019)	35,877	35,369	36,367	35,291	35,291	35,291	35,291	35,887	35,887	35,887
32 (2020)	36,124	35,571	36,659	35,414	35,414	35,414	35,414	36,139	36,139	36,139
33 (2021)	36,290	35,694	36,868	35,450	35,450	35,450	35,450	36,309	36,309	36,309
34 (2022)	36,356	35,720	36,976	35,381	35,381	35,381	35,381	36,382	36,382	36,382
35 (2023)	36,436	35,762	37,095	35,319	35,319	35,319	35,319	36,468	36,468	36,468
36 (2024)	36,529	35,818	37,226	35,266	35,266	35,266	35,266	36,569	36,569	36,569
37 (2025)	36,573	35,828	37,305	35,159	35,159	35,159	35,159	36,621	36,621	36,621
38 (2026)	36,584	35,805	37,350	35,016	35,016	35,016	35,016	36,641	36,641	36,641
39 (2027)	36,597	35,787	37,395	34,872	34,872	34,872	34,872	36,664	36,664	36,664
40 (2028)	36,640	35,800	37,469	34,756	34,756	34,756	34,756	36,717	36,717	36,717
41 (2029)	36,701	35,832	37,560	34,656	34,656	34,656	34,656	36,790	36,790	36,790
42 (2030)	36,849	35,953	37,737	34,642	34,642	34,642	34,642	36,952	36,952	36,952
43 (2031)	36,673	35,751	37,586	34,305	34,305	34,305	34,305	36,786	36,786	36,786
44 (2032)	36,848	35,900	37,788	34,318	34,318	34,318	34,318	36,976	36,976	36,976
45 (2033)	37,013	36,041	37,979	34,322	34,322	34,322	34,322	37,158	37,158	37,158
46 (2034)	37,203	36,208	38,194	34,351	34,351	34,351	34,351	37,364	37,364	37,364
47 (2035)	37,407	36,389	38,421	34,396	34,396	34,396	34,396	37,586	37,586	37,586
48 (2036)	37,651	36,611	38,688	34,483	34,483	34,483	34,483	37,849	37,849	37,849
49 (2037)	37,931	36,871	38,990	34,611	34,611	34,611	34,611	38,150	38,150	38,150
50 (2038)	38,239	37,158	39,319	34,769	34,769	34,769	34,769	38,480	38,480	38,480
51 (2039)	38,508	37,408	39,607	34,894	34,894	34,894	34,894	38,771	38,771	38,771
52 (2040)	38,678	37,562	39,796	34,928	34,928	34,928	34,928	38,963	38,963	38,963
53 (2041)	38,769	37,637	39,904	34,890	34,890	34,890	34,890	39,075	39,075	39,075
54 (2042)	38,782	37,637	39,932	34,782	34,782	34,782	34,782	39,109	39,109	39,109
55 (2043)	38,759	37,601	39,921	34,646	34,646	34,646	34,646	39,106	39,106	39,106
56 (2044)	38,676	37,508	39,851	34,457	34,457	34,457	34,457	39,043	39,043	39,043
57 (2045)	38,564	37,386	39,749	34,245	34,245	34,245	34,245	38,949	38,949	38,949
58 (2046)	38,398	37,212	39,592	33,986	33,986	33,986	33,986	38,800	38,800	38,800
59 (2047)	38,225	37,031	39,427	33,723	33,723	33,723	33,723	38,643	38,643	38,643
60 (2048)	38,057	36,856	39,267	33,467	33,467	33,467	33,467	38,489	38,489	38,489
61 (2049)	37,881	36,674	39,099	33,203	33,203	33,203	33,203	38,326	38,326	38,326
62 (2050)	37,676	36,461	38,900	32,909	32,909	32,909	32,909	38,129	38,129	38,129
63 (2051)	37,430	36,208	38,661	32,574	32,574	32,574	32,574	37,889	37,889	37,889
64 (2052)	37,171	35,941	38,410	32,223	32,223	32,223	32,223	37,632	37,632	37,632
65 (2053)	36,891	35,653	38,138	31,849	31,849	31,849	31,849	37,349	37,349	37,349
66 (2054)	36,585	35,337	37,840	31,444	31,444	31,444	31,444	37,035	37,035	37,035
67 (2055)	36,257	34,998	37,522	31,017	31,017	31,017	31,017	36,696	36,696	36,696
68 (2056)	35,916	34,646	37,192	30,576	30,576	30,576	30,576	36,339	36,339	36,339
69 (2057)	35,591	34,309	36,879	30,149	30,149	30,149	30,149	35,994	35,994	35,994
70 (2058)	35,257	33,963	36,557	29,715	29,715	29,715	29,715	35,633	35,633	35,633
71 (2059)	34,951	33,643	36,264	29,310	29,310	29,310	29,310	35,295	35,295	35,295
72 (2060)	34,642	33,321	35,968	28,907	28,907	28,907	28,907	34,951	34,951	34,951

各年10月1日現在人口．平成22(2010)年は，総務省統計局『平成22年国勢調査による基準人口』(国籍・年齢「不詳人口」をあん分補正した人口)による．

表B-6　老年人口：仮定値一定推計における各推計値（つづき）　　　　　　　　　　　　　　　　　（1,000人）

年次	仮定値一定 出生率一定 死亡中位	死亡高位	死亡低位	死亡率一定 出生中位	出生高位	出生低位	出生一定 死亡一定	封鎖人口 出生中位 死亡中位	出生高位 死亡中位	出生低位 死亡中位
平成73 (2061)	34,296	32,964	35,635	28,481	28,481	28,481	28,481	34,567	34,567	34,567
74 (2062)	33,951	32,608	35,300	28,070	28,070	28,070	28,070	34,183	34,183	34,183
75 (2063)	33,605	32,255	34,963	27,676	27,676	27,676	27,676	33,799	33,799	33,799
76 (2064)	33,238	31,883	34,602	27,277	27,277	27,277	27,277	33,394	33,394	33,394
77 (2065)	32,869	31,512	34,237	26,893	26,893	26,893	26,893	32,986	32,986	32,986
78 (2066)	32,490	31,133	33,859	26,516	26,516	26,516	26,516	32,569	32,569	32,569
79 (2067)	32,100	30,748	33,468	26,144	26,144	26,144	26,144	32,142	32,142	32,142
80 (2068)	31,690	30,344	33,053	25,767	25,767	25,767	25,767	31,694	31,694	31,694
81 (2069)	31,272	29,935	32,627	25,395	25,395	25,395	25,395	31,240	31,240	31,240
82 (2070)	30,829	29,504	32,174	25,011	25,011	25,011	25,011	30,762	30,762	30,762
83 (2071)	30,403	29,093	31,736	24,652	24,652	24,652	24,652	30,302	30,302	30,302
84 (2072)	30,001	28,707	31,319	24,324	24,324	24,324	24,324	29,869	29,869	29,869
85 (2073)	29,622	28,345	30,923	24,023	24,023	24,023	24,023	29,460	29,460	29,460
86 (2074)	29,234	27,976	30,517	23,717	23,717	23,717	23,717	29,045	29,045	29,045
87 (2075)	28,865	27,626	30,129	23,430	23,430	23,430	23,430	28,654	28,654	28,654
88 (2076)	28,526	27,306	29,771	23,175	23,204	23,137	23,172	28,302	28,332	28,263
89 (2077)	28,184	26,984	29,409	22,907	22,983	22,809	22,910	27,940	28,020	27,839
90 (2078)	27,841	26,660	29,047	22,642	22,779	22,469	22,644	27,586	27,730	27,406
91 (2079)	27,497	26,334	28,683	22,374	22,590	22,112	22,372	27,233	27,459	26,960
92 (2080)	27,151	26,007	28,319	22,098	22,410	21,734	22,097	26,877	27,203	26,497
93 (2081)	26,806	25,678	27,955	21,813	22,237	21,337	21,818	26,517	26,958	26,019
94 (2082)	26,461	25,349	27,593	21,520	22,068	20,924	21,535	26,152	26,724	25,529
95 (2083)	26,117	25,020	27,233	21,219	21,901	20,500	21,250	25,784	26,496	25,032
96 (2084)	25,774	24,692	26,875	20,913	21,733	20,070	20,963	25,414	26,271	24,531
97 (2085)	25,435	24,366	26,521	20,602	21,564	19,636	20,676	25,042	26,048	24,031
98 (2086)	25,098	24,041	26,171	20,289	21,391	19,203	20,389	24,672	25,825	23,533
99 (2087)	24,765	23,720	25,826	19,976	21,215	18,773	20,104	24,303	25,601	23,041
100 (2088)	24,436	23,403	25,485	19,664	21,035	18,349	19,821	23,938	25,376	22,555
101 (2089)	24,112	23,089	25,149	19,356	20,854	17,933	19,541	23,576	25,150	22,078
102 (2090)	23,792	22,780	24,818	19,052	20,671	17,526	19,266	23,220	24,923	21,610
103 (2091)	23,477	22,475	24,493	18,754	20,488	17,130	18,996	22,870	24,697	21,151
104 (2092)	23,167	22,175	24,173	18,463	20,304	16,745	18,730	22,525	24,471	20,703
105 (2093)	22,862	21,881	23,858	18,178	20,120	16,372	18,471	22,186	24,245	20,265
106 (2094)	22,563	21,591	23,548	17,899	19,937	16,012	18,217	21,853	24,019	19,838
107 (2095)	22,268	21,306	23,243	17,628	19,753	15,663	17,969	21,525	23,793	19,420
108 (2096)	21,977	21,026	22,942	17,363	19,570	15,328	17,726	21,204	23,568	19,013
109 (2097)	21,692	20,751	22,646	17,105	19,386	15,004	17,489	20,887	23,342	18,615
110 (2098)	21,410	20,480	22,354	16,854	19,203	14,693	17,257	20,576	23,118	18,227
111 (2099)	21,132	20,213	22,066	16,609	19,021	14,393	17,030	20,271	22,894	17,850
112 (2100)	20,859	19,951	21,781	16,370	18,839	14,105	16,807	19,971	22,672	17,481
113 (2101)	20,589	19,693	21,501	16,136	18,658	13,828	16,590	19,676	22,452	17,122
114 (2102)	20,324	19,438	21,224	15,909	18,478	13,561	16,376	19,387	22,234	16,772
115 (2103)	20,062	19,188	20,951	15,686	18,301	13,303	16,167	19,103	22,018	16,431
116 (2104)	19,804	18,942	20,681	15,469	18,125	13,054	15,961	18,824	21,806	16,098
117 (2105)	19,550	18,699	20,415	15,257	17,953	12,812	15,759	18,550	21,596	15,773
118 (2106)	19,299	18,459	20,152	15,048	17,783	12,577	15,560	18,280	21,390	15,455
119 (2107)	19,050	18,223	19,893	14,843	17,616	12,347	15,364	18,014	21,187	15,144
120 (2108)	18,805	17,989	19,635	14,641	17,452	12,122	15,170	17,753	20,987	14,839
121 (2109)	18,562	17,757	19,381	14,442	17,292	11,900	14,978	17,494	20,790	14,540
122 (2110)	18,321	17,528	19,129	14,245	17,135	11,680	14,787	17,239	20,595	14,246

各年10月1日現在人口．

表B-7 老年人口割合：仮定値一定推計における各推計値 (%)

年次	仮定値一定 出生率一定 死亡中位	死亡高位	死亡低位	死亡率一定 出生中位	出生高位	出生低位	出生一定 死亡一定	封鎖人口 出生中位 死亡中位	出生高位 死亡中位	出生低位 死亡中位
平成22 (2010)	23.0	23.0	23.0	23.0	23.0	23.0	23.0	23.0	23.0	23.0
23 (2011)	23.3	23.3	23.3	23.3	23.3	23.3	23.3	23.3	23.3	23.3
24 (2012)	24.2	24.1	24.2	24.2	24.2	24.2	24.2	24.1	24.1	24.2
25 (2013)	25.1	25.0	25.2	25.1	25.1	25.1	25.1	25.1	25.1	25.1
26 (2014)	26.1	25.9	26.2	26.0	25.9	26.1	26.0	26.0	26.0	26.1
27 (2015)	26.8	26.7	27.0	26.7	26.6	26.8	26.7	26.8	26.7	26.9
28 (2016)	27.4	27.3	27.6	27.3	27.2	27.4	27.3	27.4	27.3	27.5
29 (2017)	28.0	27.8	28.2	27.8	27.6	27.9	27.8	27.9	27.8	28.1
30 (2018)	28.4	28.2	28.7	28.2	28.0	28.3	28.2	28.4	28.2	28.6
31 (2019)	28.8	28.5	29.0	28.4	28.2	28.7	28.4	28.7	28.5	29.0
32 (2020)	29.1	28.8	29.4	28.7	28.5	29.0	28.7	29.1	28.8	29.3
33 (2021)	29.4	29.0	29.7	28.9	28.6	29.2	28.9	29.4	29.1	29.7
34 (2022)	29.6	29.2	29.9	29.1	28.7	29.4	29.0	29.6	29.2	29.9
35 (2023)	29.8	29.4	30.2	29.2	28.8	29.6	29.2	29.8	29.4	30.2
36 (2024)	30.0	29.6	30.4	29.4	29.0	29.8	29.3	30.1	29.7	30.5
37 (2025)	30.3	29.8	30.7	29.5	29.1	30.0	29.5	30.3	29.8	30.8
38 (2026)	30.4	30.0	30.9	29.6	29.1	30.1	29.6	30.5	30.0	31.0
39 (2027)	30.6	30.2	31.1	29.7	29.2	30.3	29.7	30.8	30.2	31.3
40 (2028)	30.9	30.4	31.3	29.9	29.3	30.5	29.8	31.0	30.4	31.6
41 (2029)	31.1	30.7	31.6	30.1	29.4	30.7	30.0	31.3	30.7	31.9
42 (2030)	31.5	31.0	32.0	30.3	29.6	31.0	30.2	31.7	31.0	32.4
43 (2031)	31.6	31.0	32.1	30.3	29.6	31.0	30.2	31.8	31.0	32.5
44 (2032)	32.0	31.4	32.5	30.6	29.8	31.4	30.5	32.2	31.4	33.0
45 (2033)	32.3	31.8	32.9	30.9	30.1	31.7	30.8	32.6	31.8	33.5
46 (2034)	32.8	32.2	33.3	31.2	30.4	32.1	31.1	33.1	32.2	34.0
47 (2035)	33.2	32.6	33.8	31.6	30.7	32.5	31.4	33.6	32.6	34.5
48 (2036)	33.7	33.1	34.3	32.0	31.0	33.0	31.8	34.1	33.1	35.1
49 (2037)	34.2	33.6	34.8	32.5	31.4	33.5	32.3	34.7	33.6	35.8
50 (2038)	34.8	34.2	35.4	33.0	31.8	34.1	32.8	35.3	34.1	36.5
51 (2039)	35.4	34.7	36.0	33.4	32.2	34.6	33.2	35.9	34.6	37.1
52 (2040)	35.8	35.2	36.5	33.8	32.6	35.1	33.6	36.4	35.1	37.7
53 (2041)	36.2	35.6	36.9	34.2	32.8	35.5	33.9	36.9	35.5	38.3
54 (2042)	36.6	35.9	37.2	34.4	33.0	35.9	34.2	37.3	35.8	38.7
55 (2043)	36.9	36.2	37.6	34.7	33.2	36.2	34.4	37.6	36.1	39.2
56 (2044)	37.2	36.5	37.9	34.9	33.3	36.5	34.6	38.0	36.3	39.6
57 (2045)	37.4	36.7	38.1	35.1	33.4	36.8	34.8	38.3	36.5	40.0
58 (2046)	37.6	36.9	38.3	35.2	33.5	37.0	34.9	38.5	36.7	40.3
59 (2047)	37.8	37.1	38.5	35.4	33.5	37.2	35.1	38.8	36.8	40.7
60 (2048)	38.0	37.3	38.7	35.5	33.6	37.5	35.2	39.0	37.0	41.0
61 (2049)	38.2	37.5	39.0	35.7	33.6	37.7	35.3	39.3	37.1	41.4
62 (2050)	38.4	37.7	39.1	35.8	33.7	37.9	35.4	39.5	37.3	41.7
63 (2051)	38.6	37.8	39.3	35.9	33.6	38.1	35.5	39.7	37.3	42.0
64 (2052)	38.7	37.9	39.4	35.9	33.6	38.3	35.5	39.8	37.4	42.3
65 (2053)	38.8	38.0	39.6	36.0	33.5	38.4	35.5	40.0	37.4	42.6
66 (2054)	38.9	38.1	39.7	36.0	33.4	38.5	35.5	40.1	37.4	42.8
67 (2055)	38.9	38.1	39.7	35.9	33.3	38.6	35.5	40.2	37.4	43.0
68 (2056)	39.0	38.2	39.8	35.9	33.2	38.7	35.4	40.3	37.4	43.2
69 (2057)	39.1	38.2	39.9	35.9	33.0	38.8	35.4	40.4	37.4	43.4
70 (2058)	39.1	38.3	40.0	35.8	32.9	38.9	35.3	40.5	37.3	43.6
71 (2059)	39.2	38.4	40.1	35.9	32.8	39.0	35.3	40.6	37.3	43.9
72 (2060)	39.3	38.4	40.2	35.9	32.7	39.1	35.3	40.7	37.3	44.1

各年10月1日現在人口．平成22(2010)年は，総務省統計局『平成22年国勢調査による基準人口』（国籍・年齢「不詳人口」をあん分補正した人口）による．

表B-7 老年人口割合：仮定値一定推計における各推計値（つづき） (%)

年次	仮定値一定							封鎖人口		
	出生率一定			死亡率一定			出生一定	出生中位	出生高位	出生低位
	死亡中位	死亡高位	死亡低位	出生中位	出生高位	出生低位	死亡一定	死亡中位	死亡中位	死亡中位
平成 73 (2061)	39.4	38.5	40.3	35.8	32.6	39.2	35.2	40.8	37.3	44.3
74 (2062)	39.5	38.5	40.4	35.8	32.4	39.4	35.2	40.8	37.2	44.6
75 (2063)	39.5	38.6	40.4	35.9	32.3	39.5	35.2	40.9	37.2	44.8
76 (2064)	39.6	38.6	40.5	35.9	32.2	39.7	35.2	41.0	37.1	45.0
77 (2065)	39.7	38.7	40.6	35.9	32.1	39.8	35.2	41.1	37.1	45.2
78 (2066)	39.7	38.7	40.7	35.9	32.0	40.0	35.2	41.1	37.0	45.4
79 (2067)	39.7	38.8	40.7	35.9	31.9	40.2	35.1	41.2	36.9	45.7
80 (2068)	39.8	38.8	40.7	35.9	31.8	40.4	35.1	41.2	36.8	45.8
81 (2069)	39.8	38.8	40.7	35.9	31.7	40.5	35.1	41.2	36.6	46.0
82 (2070)	39.7	38.7	40.7	35.9	31.5	40.7	35.0	41.2	36.5	46.2
83 (2071)	39.7	38.7	40.7	35.9	31.4	40.8	35.0	41.2	36.3	46.3
84 (2072)	39.7	38.7	40.7	35.9	31.3	41.0	35.0	41.2	36.2	46.5
85 (2073)	39.7	38.7	40.7	36.0	31.2	41.3	35.1	41.2	36.1	46.8
86 (2074)	39.7	38.7	40.7	36.1	31.1	41.5	35.1	41.3	36.0	47.0
87 (2075)	39.8	38.8	40.8	36.1	31.0	41.8	35.1	41.3	35.9	47.3
88 (2076)	39.8	38.8	40.8	36.3	31.0	42.1	35.2	41.4	35.8	47.5
89 (2077)	39.9	38.9	40.9	36.3	31.0	42.3	35.3	41.5	35.8	47.7
90 (2078)	39.9	38.9	40.9	36.4	31.0	42.4	35.3	41.6	35.8	47.9
91 (2079)	40.0	39.0	40.9	36.5	31.1	42.6	35.4	41.7	35.8	48.0
92 (2080)	40.0	39.0	40.9	36.6	31.1	42.6	35.4	41.7	35.8	48.1
93 (2081)	40.0	39.0	40.9	36.6	31.1	42.7	35.4	41.8	35.9	48.2
94 (2082)	40.0	39.0	40.9	36.6	31.2	42.7	35.4	41.8	35.9	48.2
95 (2083)	40.0	39.0	40.9	36.6	31.2	42.6	35.4	41.8	35.9	48.2
96 (2084)	40.0	39.0	40.9	36.6	31.3	42.6	35.4	41.8	36.0	48.2
97 (2085)	40.0	39.0	40.9	36.6	31.3	42.5	35.4	41.8	36.0	48.1
98 (2086)	39.9	39.0	40.9	36.6	31.3	42.4	35.3	41.8	36.0	48.1
99 (2087)	39.9	38.9	40.9	36.5	31.4	42.3	35.3	41.8	36.1	48.0
100 (2088)	39.9	38.9	40.9	36.5	31.4	42.2	35.3	41.8	36.1	48.0
101 (2089)	39.9	38.9	40.9	36.4	31.4	42.0	35.2	41.7	36.1	47.9
102 (2090)	39.9	38.9	40.8	36.4	31.4	41.9	35.2	41.7	36.1	47.8
103 (2091)	39.9	38.9	40.8	36.3	31.4	41.8	35.2	41.7	36.1	47.8
104 (2092)	39.9	38.9	40.8	36.3	31.4	41.8	35.2	41.7	36.1	47.7
105 (2093)	39.9	38.9	40.8	36.3	31.4	41.7	35.1	41.6	36.1	47.7
106 (2094)	39.9	38.9	40.8	36.2	31.4	41.6	35.1	41.6	36.1	47.7
107 (2095)	39.9	38.9	40.8	36.2	31.4	41.6	35.1	41.6	36.1	47.7
108 (2096)	39.9	38.9	40.8	36.2	31.4	41.6	35.1	41.6	36.1	47.6
109 (2097)	39.9	38.9	40.9	36.2	31.4	41.5	35.1	41.6	36.1	47.6
110 (2098)	39.9	38.9	40.9	36.2	31.4	41.5	35.1	41.6	36.1	47.6
111 (2099)	39.9	38.9	40.9	36.2	31.4	41.6	35.1	41.6	36.1	47.7
112 (2100)	39.9	38.9	40.9	36.2	31.4	41.6	35.1	41.6	36.1	47.7
113 (2101)	39.9	38.9	40.9	36.2	31.4	41.6	35.2	41.6	36.1	47.7
114 (2102)	39.9	38.9	40.9	36.2	31.3	41.7	35.2	41.6	36.1	47.7
115 (2103)	39.9	38.9	40.9	36.3	31.3	41.7	35.2	41.7	36.0	47.8
116 (2104)	40.0	39.0	41.0	36.3	31.3	41.8	35.2	41.7	36.0	47.8
117 (2105)	40.0	39.0	41.0	36.3	31.3	41.9	35.2	41.7	36.0	47.9
118 (2106)	40.0	39.0	41.0	36.4	31.3	42.0	35.3	41.7	36.0	47.9
119 (2107)	40.0	39.0	41.0	36.4	31.3	42.0	35.3	41.7	36.0	48.0
120 (2108)	40.0	39.0	41.0	36.4	31.3	42.1	35.3	41.8	36.0	48.0
121 (2109)	40.0	39.0	41.0	36.4	31.3	42.2	35.3	41.8	36.0	48.0
122 (2110)	40.1	39.1	41.0	36.5	31.3	42.2	35.3	41.8	36.1	48.1

各年10月1日現在人口.

(C) 出生・外国人移動仮定による感応度分析
平成 22(2010)年〜平成 122(2110)年

総人口、年齢3区分(0〜14歳、15〜64歳、65歳以上)別人口

および年齢構造係数

結果表 C-1〜C-5：死亡率が中位仮定、外国人移動が本推計仮定で、2060年における人口動態ベースの出生率が2.00, 1.75, 1.50, 1.25, 1.00の場合の5つの推計について、総人口、年齢3区分(0〜14歳、15〜64歳、65歳以上)別人口および年齢構造係数の結果を示す。

結果表 C-6〜C-12：出生率と死亡率が中位仮定で、外国人移動について2030年における年間の純移入数が0万人、5万人、10万人、25万人、50万人、75万人、100万人の場合の7つの推計について、総人口、年齢3区分(0〜14歳、15〜64歳、65歳以上)別人口および年齢構造係数の結果を示す。

表C-1 総人口, 年齢3区分(0～14歳, 15～64歳, 65歳以上)別人口及び年齢構造係数
：出生率2.00(2060年)・外国人移動本推計仮定(死亡中位)推計

年次	人口 (1,000人) 総数	0～14歳	15～64歳	65歳以上	割合 (%) 0～14歳	15～64歳	65歳以上
平成22 (2010)	128,057	16,839	81,735	29,484	13.1	63.8	23.0
23 (2011)	127,837	16,769	81,303	29,764	13.1	63.6	23.3
24 (2012)	127,720	16,715	80,173	30,831	13.1	62.8	24.1
25 (2013)	127,652	16,686	78,996	31,971	13.1	61.9	25.0
26 (2014)	127,585	16,703	77,803	33,080	13.1	61.0	25.9
27 (2015)	127,516	16,745	76,818	33,952	13.1	60.2	26.6
28 (2016)	127,442	16,822	75,979	34,640	13.2	59.6	27.2
29 (2017)	127,358	16,931	75,245	35,182	13.3	59.1	27.6
30 (2018)	127,257	17,078	74,584	35,596	13.4	58.6	28.0
31 (2019)	127,132	17,243	74,011	35,877	13.6	58.2	28.2
32 (2020)	126,975	17,443	73,408	36,124	13.7	57.8	28.4
33 (2021)	126,783	17,627	72,866	36,290	13.9	57.5	28.6
34 (2022)	126,553	17,789	72,408	36,356	14.1	57.2	28.7
35 (2023)	126,287	17,930	71,920	36,436	14.2	56.9	28.9
36 (2024)	125,984	18,085	71,369	36,529	14.4	56.6	29.0
37 (2025)	125,646	18,228	70,845	36,573	14.5	56.4	29.1
38 (2026)	125,276	18,261	70,431	36,584	14.6	56.2	29.2
39 (2027)	124,875	18,262	70,017	36,597	14.6	56.1	29.3
40 (2028)	124,446	18,222	69,584	36,640	14.6	55.9	29.4
41 (2029)	123,989	18,142	69,146	36,701	14.6	55.8	29.6
42 (2030)	123,507	18,026	68,631	36,849	14.6	55.6	29.8
43 (2031)	123,002	17,878	68,451	36,673	14.5	55.7	29.8
44 (2032)	122,476	17,705	67,924	36,848	14.5	55.5	30.1
45 (2033)	121,934	17,515	67,405	37,013	14.4	55.3	30.4
46 (2034)	121,377	17,319	66,854	37,203	14.3	55.1	30.7
47 (2035)	120,809	17,126	66,276	37,407	14.2	54.9	31.0
48 (2036)	120,235	16,943	65,640	37,651	14.1	54.6	31.3
49 (2037)	119,656	16,776	64,949	37,931	14.0	54.3	31.7
50 (2038)	119,078	16,628	64,211	38,239	14.0	53.9	32.1
51 (2039)	118,504	16,502	63,495	38,508	13.9	53.6	32.5
52 (2040)	117,937	16,398	62,861	38,678	13.9	53.3	32.8
53 (2041)	117,381	16,318	62,293	38,769	13.9	53.1	33.0
54 (2042)	116,837	16,262	61,792	38,782	13.9	52.9	33.2
55 (2043)	116,308	16,231	61,319	38,759	14.0	52.7	33.3
56 (2044)	115,795	16,222	60,897	38,676	14.0	52.6	33.4
57 (2045)	115,299	16,235	60,500	38,564	14.1	52.5	33.4
58 (2046)	114,819	16,267	60,154	38,398	14.2	52.4	33.4
59 (2047)	114,354	16,315	59,814	38,225	14.3	52.3	33.4
60 (2048)	113,904	16,377	59,470	38,057	14.4	52.2	33.4
61 (2049)	113,465	16,448	59,136	37,881	14.5	52.1	33.4
62 (2050)	113,037	16,523	58,838	37,676	14.6	52.1	33.3
63 (2051)	112,616	16,600	58,586	37,430	14.7	52.0	33.2
64 (2052)	112,199	16,672	58,356	37,171	14.9	52.0	33.1
65 (2053)	111,783	16,735	58,157	36,891	15.0	52.0	33.0
66 (2054)	111,367	16,787	57,995	36,585	15.1	52.1	32.9
67 (2055)	110,947	16,824	57,867	36,257	15.2	52.2	32.7
68 (2056)	110,522	16,842	57,764	35,916	15.2	52.3	32.5
69 (2057)	110,090	16,842	57,657	35,591	15.3	52.4	32.3
70 (2058)	109,649	16,822	57,570	35,257	15.3	52.5	32.2
71 (2059)	109,201	16,783	57,468	34,951	15.4	52.6	32.0
72 (2060)	108,744	16,725	57,377	34,642	15.4	52.8	31.9

各年10月1日現在人口. 平成22(2010)年は, 総務省統計局『平成22年国勢調査による基準人口』(国籍・年齢「不詳人口」をあん分補正した人口)による.

表C-1 総人口,年齢3区分(0～14歳,15～64歳,65歳以上)別人口及び年齢構造係数
：出生率2.00(2060年)・外国人移動本推計仮定(死亡中位)推計(つづき)

年次	人口 (1,000人) 総数	0～14歳	15～64歳	65歳以上	割合 (%) 0～14歳	15～64歳	65歳以上
平成 73 (2061)	108,274	16,651	57,326	34,296	15.4	52.9	31.7
74 (2062)	107,789	16,564	57,274	33,951	15.4	53.1	31.5
75 (2063)	107,292	16,466	57,221	33,605	15.3	53.3	31.3
76 (2064)	106,788	16,361	57,189	33,238	15.3	53.6	31.1
77 (2065)	106,280	16,253	57,158	32,869	15.3	53.8	30.9
78 (2066)	105,771	16,144	57,138	32,490	15.3	54.0	30.7
79 (2067)	105,266	16,038	57,127	32,100	15.2	54.3	30.5
80 (2068)	104,769	15,939	57,139	31,690	15.2	54.5	30.2
81 (2069)	104,283	15,849	57,162	31,272	15.2	54.8	30.0
82 (2070)	103,812	15,770	57,213	30,829	15.2	55.1	29.7
83 (2071)	103,359	15,703	57,253	30,403	15.2	55.4	29.4
84 (2072)	102,927	15,650	57,276	30,001	15.2	55.6	29.1
85 (2073)	102,518	15,610	57,286	29,622	15.2	55.9	28.9
86 (2074)	102,133	15,584	57,314	29,234	15.3	56.1	28.6
87 (2075)	101,772	15,571	57,336	28,865	15.3	56.3	28.4
88 (2076)	101,436	15,570	57,260	28,606	15.3	56.4	28.2
89 (2077)	101,123	15,578	57,158	28,386	15.4	56.5	28.1
90 (2078)	100,833	15,595	57,026	28,213	15.5	56.6	28.0
91 (2079)	100,565	15,617	56,862	28,086	15.5	56.5	27.9
92 (2080)	100,316	15,642	56,672	28,001	15.6	56.5	27.9
93 (2081)	100,083	15,669	56,460	27,955	15.7	56.4	27.9
94 (2082)	99,866	15,695	56,232	27,940	15.7	56.3	28.0
95 (2083)	99,661	15,717	55,997	27,947	15.8	56.2	28.0
96 (2084)	99,466	15,733	55,765	27,968	15.8	56.1	28.1
97 (2085)	99,280	15,743	55,542	27,995	15.9	55.9	28.2
98 (2086)	99,099	15,744	55,335	28,020	15.9	55.8	28.3
99 (2087)	98,924	15,736	55,147	28,041	15.9	55.7	28.3
100 (2088)	98,752	15,718	54,979	28,055	15.9	55.7	28.4
101 (2089)	98,583	15,691	54,832	28,060	15.9	55.6	28.5
102 (2090)	98,416	15,654	54,704	28,057	15.9	55.6	28.5
103 (2091)	98,249	15,609	54,594	28,046	15.9	55.6	28.5
104 (2092)	98,083	15,556	54,502	28,026	15.9	55.6	28.6
105 (2093)	97,918	15,497	54,425	27,997	15.8	55.6	28.6
106 (2094)	97,753	15,433	54,362	27,959	15.8	55.6	28.6
107 (2095)	97,589	15,366	54,311	27,913	15.7	55.7	28.6
108 (2096)	97,426	15,297	54,270	27,858	15.7	55.7	28.6
109 (2097)	97,263	15,229	54,237	27,797	15.7	55.8	28.6
110 (2098)	97,102	15,164	54,209	27,729	15.6	55.8	28.6
111 (2099)	96,942	15,102	54,185	27,655	15.6	55.9	28.5
112 (2100)	96,782	15,044	54,160	27,578	15.5	56.0	28.5
113 (2101)	96,624	14,993	54,132	27,498	15.5	56.0	28.5
114 (2102)	96,465	14,948	54,099	27,418	15.5	56.1	28.4
115 (2103)	96,307	14,910	54,057	27,340	15.5	56.1	28.4
116 (2104)	96,149	14,879	54,006	27,264	15.5	56.2	28.4
117 (2105)	95,989	14,856	53,941	27,192	15.5	56.2	28.3
118 (2106)	95,828	14,838	53,864	27,126	15.5	56.2	28.3
119 (2107)	95,665	14,827	53,772	27,066	15.5	56.2	28.3
120 (2108)	95,500	14,820	53,667	27,013	15.5	56.2	28.3
121 (2109)	95,332	14,817	53,548	26,967	15.5	56.2	28.3
122 (2110)	95,160	14,816	53,418	26,926	15.6	56.1	28.3

各年10月1日現在人口.

表C-2 総人口, 年齢3区分(0～14歳, 15～64歳, 65歳以上)別人口及び年齢構造係数
: 出生率1.75(2060年)・外国人移動本推計仮定(死亡中位)推計

年次	人口 (1,000人) 総数	0～14歳	15～64歳	65歳以上	割合 (%) 0～14歳	15～64歳	65歳以上
平成 22 (2010)	128,057	16,839	81,735	29,484	13.1	63.8	23.0
23 (2011)	127,804	16,737	81,303	29,764	13.1	63.6	23.3
24 (2012)	127,634	16,630	80,173	30,831	13.0	62.8	24.2
25 (2013)	127,496	16,530	78,996	31,971	13.0	62.0	25.1
26 (2014)	127,340	16,457	77,803	33,080	12.9	61.1	26.0
27 (2015)	127,162	16,392	76,818	33,952	12.9	60.4	26.7
28 (2016)	126,961	16,341	75,979	34,640	12.9	59.8	27.3
29 (2017)	126,734	16,306	75,245	35,182	12.9	59.4	27.8
30 (2018)	126,478	16,298	74,584	35,596	12.9	59.0	28.1
31 (2019)	126,190	16,302	74,011	35,877	12.9	58.7	28.4
32 (2020)	125,867	16,335	73,408	36,124	13.0	58.3	28.7
33 (2021)	125,507	16,352	72,866	36,290	13.0	58.1	28.9
34 (2022)	125,112	16,348	72,408	36,356	13.1	57.9	29.1
35 (2023)	124,681	16,325	71,920	36,436	13.1	57.7	29.2
36 (2024)	124,218	16,320	71,369	36,529	13.1	57.5	29.4
37 (2025)	123,724	16,305	70,845	36,573	13.2	57.3	29.6
38 (2026)	123,201	16,217	70,399	36,584	13.2	57.1	29.7
39 (2027)	122,650	16,120	69,933	36,597	13.1	57.0	29.8
40 (2028)	122,074	16,003	69,431	36,640	13.1	56.9	30.0
41 (2029)	121,474	15,868	68,905	36,701	13.1	56.7	30.2
42 (2030)	120,851	15,718	68,284	36,849	13.0	56.5	30.5
43 (2031)	120,207	15,556	67,978	36,673	12.9	56.6	30.5
44 (2032)	119,543	15,386	67,310	36,848	12.9	56.3	30.8
45 (2033)	118,862	15,211	66,637	37,013	12.8	56.1	31.1
46 (2034)	118,165	15,037	65,924	37,203	12.7	55.8	31.5
47 (2035)	117,455	14,869	65,179	37,407	12.7	55.5	31.8
48 (2036)	116,734	14,708	64,375	37,651	12.6	55.1	32.3
49 (2037)	116,004	14,557	63,516	37,931	12.5	54.8	32.7
50 (2038)	115,269	14,418	62,611	38,239	12.5	54.3	33.2
51 (2039)	114,529	14,290	61,731	38,508	12.5	53.9	33.6
52 (2040)	113,789	14,174	60,937	38,678	12.5	53.6	34.0
53 (2041)	113,049	14,069	60,211	38,769	12.4	53.3	34.3
54 (2042)	112,312	13,975	59,555	38,782	12.4	53.0	34.5
55 (2043)	111,580	13,891	58,930	38,759	12.4	52.8	34.7
56 (2044)	110,853	13,818	58,359	38,676	12.5	52.6	34.9
57 (2045)	110,133	13,755	57,815	38,564	12.5	52.5	35.0
58 (2046)	109,421	13,699	57,324	38,398	12.5	52.4	35.1
59 (2047)	108,716	13,651	56,840	38,225	12.6	52.3	35.2
60 (2048)	108,018	13,609	56,353	38,057	12.6	52.2	35.2
61 (2049)	107,327	13,570	55,875	37,881	12.6	52.1	35.3
62 (2050)	106,640	13,533	55,431	37,676	12.7	52.0	35.3
63 (2051)	105,958	13,497	55,032	37,430	12.7	51.9	35.3
64 (2052)	105,278	13,458	54,649	37,171	12.8	51.9	35.3
65 (2053)	104,598	13,415	54,292	36,891	12.8	51.9	35.3
66 (2054)	103,918	13,367	53,966	36,585	12.9	51.9	35.2
67 (2055)	103,234	13,312	53,665	36,257	12.9	52.0	35.1
68 (2056)	102,546	13,250	53,381	35,916	12.9	52.1	35.0
69 (2057)	101,853	13,179	53,083	35,591	12.9	52.1	34.9
70 (2058)	101,154	13,101	52,796	35,257	13.0	52.2	34.9
71 (2059)	100,448	13,014	52,483	34,951	13.0	52.2	34.8
72 (2060)	99,736	12,921	52,173	34,642	13.0	52.3	34.7

各年10月1日現在人口. 平成22(2010)年は, 総務省統計局『平成22年国勢調査による基準人口』(国籍・年齢「不詳人口」をあん分補正した人口)による.

表C-2 総人口, 年齢3区分(0～14歳, 15～64歳, 65歳以上)別人口及び年齢構造係数
：出生率1.75(2060年)・外国人移動本推計仮定(死亡中位)推計(つづき)

年　次	人　口 (1,000人) 総　数	0～14歳	15～64歳	65歳以上	割　合 (%) 0～14歳	15～64歳	65歳以上
平成 73 (2061)	99,010	12,821	51,893	34,296	12.9	52.4	34.6
74 (2062)	98,271	12,716	51,603	33,951	12.9	52.5	34.5
75 (2063)	97,519	12,608	51,307	33,605	12.9	52.6	34.5
76 (2064)	96,759	12,498	51,024	33,238	12.9	52.7	34.4
77 (2065)	95,993	12,387	50,738	32,869	12.9	52.9	34.2
78 (2066)	95,224	12,277	50,458	32,490	12.9	53.0	34.1
79 (2067)	94,456	12,169	50,186	32,100	12.9	53.1	34.0
80 (2068)	93,691	12,066	49,936	31,690	12.9	53.3	33.8
81 (2069)	92,934	11,966	49,695	31,272	12.9	53.5	33.6
82 (2070)	92,186	11,872	49,485	30,829	12.9	53.7	33.4
83 (2071)	91,451	11,784	49,264	30,403	12.9	53.9	33.2
84 (2072)	90,730	11,701	49,028	30,001	12.9	54.0	33.1
85 (2073)	90,027	11,625	48,780	29,622	12.9	54.2	32.9
86 (2074)	89,342	11,554	48,553	29,234	12.9	54.3	32.7
87 (2075)	88,676	11,489	48,322	28,865	13.0	54.5	32.6
88 (2076)	88,030	11,429	48,024	28,576	13.0	54.6	32.5
89 (2077)	87,403	11,374	47,722	28,307	13.0	54.6	32.4
90 (2078)	86,794	11,321	47,404	28,069	13.0	54.6	32.3
91 (2079)	86,204	11,271	47,073	27,859	13.1	54.6	32.3
92 (2080)	85,630	11,223	46,733	27,674	13.1	54.6	32.3
93 (2081)	85,072	11,175	46,386	27,510	13.1	54.5	32.3
94 (2082)	84,527	11,127	46,036	27,364	13.2	54.5	32.4
95 (2083)	83,994	11,078	45,686	27,230	13.2	54.4	32.4
96 (2084)	83,471	11,027	45,341	27,103	13.2	54.3	32.5
97 (2085)	82,958	10,974	45,005	26,979	13.2	54.3	32.5
98 (2086)	82,452	10,918	44,680	26,855	13.2	54.2	32.6
99 (2087)	81,953	10,858	44,367	26,728	13.2	54.1	32.6
100 (2088)	81,460	10,796	44,066	26,598	13.3	54.1	32.7
101 (2089)	80,971	10,730	43,776	26,465	13.3	54.1	32.7
102 (2090)	80,486	10,661	43,497	26,328	13.2	54.0	32.7
103 (2091)	80,004	10,589	43,227	26,188	13.2	54.0	32.7
104 (2092)	79,525	10,514	42,965	26,046	13.2	54.0	32.8
105 (2093)	79,049	10,438	42,712	25,900	13.2	54.0	32.8
106 (2094)	78,576	10,360	42,465	25,751	13.2	54.0	32.8
107 (2095)	78,105	10,281	42,224	25,599	13.2	54.1	32.8
108 (2096)	77,636	10,203	41,989	25,444	13.1	54.1	32.8
109 (2097)	77,170	10,125	41,758	25,286	13.1	54.1	32.8
110 (2098)	76,706	10,048	41,531	25,126	13.1	54.1	32.8
111 (2099)	76,244	9,973	41,307	24,964	13.1	54.2	32.7
112 (2100)	75,785	9,900	41,084	24,801	13.1	54.2	32.7
113 (2101)	75,328	9,830	40,861	24,638	13.0	54.2	32.7
114 (2102)	74,874	9,762	40,637	24,475	13.0	54.3	32.7
115 (2103)	74,421	9,697	40,410	24,313	13.0	54.3	32.7
116 (2104)	73,970	9,635	40,181	24,153	13.0	54.3	32.7
117 (2105)	73,520	9,576	39,947	23,996	13.0	54.3	32.6
118 (2106)	73,071	9,520	39,709	23,842	13.0	54.3	32.6
119 (2107)	72,624	9,466	39,467	23,691	13.0	54.3	32.6
120 (2108)	72,177	9,414	39,219	23,544	13.0	54.3	32.6
121 (2109)	71,732	9,364	38,968	23,400	13.1	54.3	32.6
122 (2110)	71,287	9,315	38,713	23,259	13.1	54.3	32.6

各年10月1日現在人口.

表C-3 総人口, 年齢3区分(0～14歳, 15～64歳, 65歳以上)別人口及び年齢構造係数
 : 出生率1.50(2060年)・外国人移動本推計仮定(死亡中位)推計

年　次	人　口　(1,000人)				割　合　(%)		
	総　数	0～14歳	15～64歳	65歳以上	0～14歳	15～64歳	65歳以上
平成 22 (2010)	128,057	16,839	81,735	29,484	13.1	63.8	23.0
23 (2011)	127,772	16,704	81,303	29,764	13.1	63.6	23.3
24 (2012)	127,549	16,544	80,173	30,831	13.0	62.9	24.2
25 (2013)	127,340	16,374	78,996	31,971	12.9	62.0	25.1
26 (2014)	127,095	16,213	77,803	33,080	12.8	61.2	26.0
27 (2015)	126,808	16,038	76,818	33,952	12.6	60.6	26.8
28 (2016)	126,480	15,860	75,979	34,640	12.5	60.1	27.4
29 (2017)	126,111	15,683	75,245	35,182	12.4	59.7	27.9
30 (2018)	125,700	15,520	74,584	35,596	12.3	59.3	28.3
31 (2019)	125,250	15,361	74,011	35,877	12.3	59.1	28.6
32 (2020)	124,760	15,228	73,408	36,124	12.2	58.8	29.0
33 (2021)	124,234	15,078	72,866	36,290	12.1	58.7	29.2
34 (2022)	123,672	14,908	72,408	36,356	12.1	58.5	29.4
35 (2023)	123,078	14,722	71,920	36,436	12.0	58.4	29.6
36 (2024)	122,455	14,557	71,369	36,529	11.9	58.3	29.8
37 (2025)	121,804	14,386	70,845	36,573	11.8	58.2	30.0
38 (2026)	121,128	14,176	70,368	36,584	11.7	58.1	30.2
39 (2027)	120,428	13,982	69,849	36,597	11.6	58.0	30.4
40 (2028)	119,706	13,788	69,278	36,640	11.5	57.9	30.6
41 (2029)	118,963	13,597	68,665	36,701	11.4	57.7	30.9
42 (2030)	118,199	13,413	67,937	36,849	11.3	57.5	31.2
43 (2031)	117,416	13,238	67,506	36,673	11.3	57.5	31.2
44 (2032)	116,615	13,072	66,696	36,848	11.2	57.2	31.6
45 (2033)	115,797	12,913	65,870	37,013	11.2	56.9	32.0
46 (2034)	114,962	12,764	64,995	37,203	11.1	56.5	32.4
47 (2035)	114,113	12,622	64,083	37,407	11.1	56.2	32.8
48 (2036)	113,250	12,489	63,111	37,651	11.0	55.7	33.2
49 (2037)	112,376	12,361	62,084	37,931	11.0	55.2	33.8
50 (2038)	111,491	12,238	61,013	38,239	11.0	54.7	34.3
51 (2039)	110,596	12,120	59,969	38,508	11.0	54.2	34.8
52 (2040)	109,695	12,003	59,014	38,678	10.9	53.8	35.3
53 (2041)	108,787	11,888	58,130	38,769	10.9	53.4	35.6
54 (2042)	107,875	11,773	57,319	38,782	10.9	53.1	36.0
55 (2043)	106,960	11,659	56,542	38,759	10.9	52.9	36.2
56 (2044)	106,043	11,544	55,822	38,676	10.9	52.6	36.5
57 (2045)	105,126	11,430	55,132	38,564	10.9	52.4	36.7
58 (2046)	104,209	11,315	54,497	38,398	10.9	52.3	36.8
59 (2047)	103,294	11,199	53,870	38,225	10.8	52.2	37.0
60 (2048)	102,380	11,082	53,241	38,057	10.8	52.0	37.2
61 (2049)	101,468	10,965	52,622	37,881	10.8	51.9	37.3
62 (2050)	100,558	10,847	52,036	37,676	10.8	51.7	37.5
63 (2051)	99,649	10,727	51,492	37,430	10.8	51.7	37.6
64 (2052)	98,741	10,607	50,963	37,171	10.7	51.6	37.6
65 (2053)	97,833	10,485	50,456	36,891	10.7	51.6	37.7
66 (2054)	96,923	10,363	49,976	36,585	10.7	51.6	37.7
67 (2055)	96,012	10,240	49,516	36,257	10.7	51.6	37.8
68 (2056)	95,098	10,117	49,065	35,916	10.6	51.6	37.8
69 (2057)	94,180	9,994	48,595	35,591	10.6	51.6	37.8
70 (2058)	93,257	9,872	48,128	35,257	10.6	51.6	37.8
71 (2059)	92,330	9,751	47,628	34,951	10.6	51.6	37.9
72 (2060)	91,398	9,632	47,124	34,642	10.5	51.6	37.9

各年10月1日現在人口. 平成22(2010)年は, 総務省統計局『平成22年国勢調査による基準人口』(国籍・年齢「不詳人口」をあん分補正した人口)による.

表C-3 総人口,年齢3区分(0～14歳,15～64歳,65歳以上)別人口及び年齢構造係数
：出生率1.50(2060年)・外国人移動本推計仮定(死亡中位)推計(つづき)

年次	人口 (1,000人) 総数	0～14歳	15～64歳	65歳以上	割合 (%) 0～14歳	15～64歳	65歳以上
平成 73 (2061)	90,454	9,515	46,643	34,296	10.5	51.6	37.9
74 (2062)	89,497	9,400	46,146	33,951	10.5	51.6	37.9
75 (2063)	88,530	9,288	45,637	33,605	10.5	51.5	38.0
76 (2064)	87,554	9,179	45,137	33,238	10.5	51.6	38.0
77 (2065)	86,573	9,074	44,630	32,869	10.5	51.6	38.0
78 (2066)	85,587	8,971	44,126	32,490	10.5	51.6	38.0
79 (2067)	84,602	8,872	43,629	32,100	10.5	51.6	37.9
80 (2068)	83,618	8,776	43,153	31,690	10.5	51.6	37.9
81 (2069)	82,640	8,682	42,686	31,272	10.5	51.7	37.8
82 (2070)	81,669	8,591	42,250	30,829	10.5	51.7	37.7
83 (2071)	80,709	8,501	41,804	30,403	10.5	51.8	37.7
84 (2072)	79,761	8,414	41,346	30,001	10.5	51.8	37.6
85 (2073)	78,827	8,327	40,878	29,622	10.6	51.9	37.6
86 (2074)	77,909	8,242	40,433	29,234	10.6	51.9	37.5
87 (2075)	77,007	8,157	39,985	28,865	10.6	51.9	37.5
88 (2076)	76,123	8,073	39,504	28,546	10.6	51.9	37.5
89 (2077)	75,256	7,989	39,039	28,228	10.6	51.9	37.5
90 (2078)	74,406	7,905	38,575	27,925	10.6	51.8	37.5
91 (2079)	73,572	7,821	38,118	27,633	10.6	51.8	37.6
92 (2080)	72,754	7,737	37,670	27,347	10.6	51.8	37.6
93 (2081)	71,951	7,653	37,232	27,066	10.6	51.7	37.6
94 (2082)	71,162	7,568	36,805	26,789	10.6	51.7	37.6
95 (2083)	70,385	7,484	36,388	26,513	10.6	51.7	37.7
96 (2084)	69,620	7,399	35,983	26,238	10.6	51.7	37.7
97 (2085)	68,865	7,314	35,587	25,964	10.6	51.7	37.7
98 (2086)	68,120	7,230	35,201	25,689	10.6	51.7	37.7
99 (2087)	67,384	7,146	34,823	25,415	10.6	51.7	37.7
100 (2088)	66,656	7,063	34,452	25,142	10.6	51.7	37.7
101 (2089)	65,935	6,980	34,086	24,870	10.6	51.7	37.7
102 (2090)	65,221	6,898	33,724	24,600	10.6	51.7	37.7
103 (2091)	64,513	6,817	33,364	24,332	10.6	51.7	37.7
104 (2092)	63,812	6,737	33,008	24,067	10.6	51.7	37.7
105 (2093)	63,117	6,659	32,653	23,804	10.6	51.7	37.7
106 (2094)	62,428	6,582	32,301	23,544	10.5	51.7	37.7
107 (2095)	61,744	6,507	31,951	23,287	10.5	51.7	37.7
108 (2096)	61,067	6,433	31,602	23,031	10.5	51.8	37.7
109 (2097)	60,395	6,361	31,256	22,778	10.5	51.8	37.7
110 (2098)	59,730	6,290	30,912	22,528	10.5	51.8	37.7
111 (2099)	59,071	6,220	30,571	22,279	10.5	51.8	37.7
112 (2100)	58,418	6,152	30,232	22,034	10.5	51.8	37.7
113 (2101)	57,772	6,086	29,895	21,791	10.5	51.7	37.7
114 (2102)	57,132	6,020	29,561	21,550	10.5	51.7	37.7
115 (2103)	56,498	5,956	29,229	21,313	10.5	51.7	37.7
116 (2104)	55,871	5,892	28,899	21,079	10.5	51.7	37.7
117 (2105)	55,250	5,830	28,572	20,848	10.6	51.7	37.7
118 (2106)	54,636	5,768	28,248	20,620	10.6	51.7	37.7
119 (2107)	54,028	5,706	27,927	20,394	10.6	51.7	37.7
120 (2108)	53,426	5,645	27,609	20,172	10.6	51.7	37.8
121 (2109)	52,831	5,585	27,295	19,952	10.6	51.7	37.8
122 (2110)	52,243	5,524	26,985	19,734	10.6	51.7	37.8

各年10月1日現在人口.

表C-4 総人口, 年齢3区分(0～14歳, 15～64歳, 65歳以上)別人口及び年齢構造係数
：出生率1.25(2060年)・外国人移動本推計仮定(死亡中位)推計

年次	人口 (1,000人) 総数	0～14歳	15～64歳	65歳以上	割合 (%) 0～14歳	15～64歳	65歳以上
平成 22 (2010)	128,057	16,839	81,735	29,484	13.1	63.8	23.0
23 (2011)	127,734	16,666	81,303	29,764	13.0	63.7	23.3
24 (2012)	127,450	16,445	80,173	30,831	12.9	62.9	24.2
25 (2013)	127,162	16,196	78,996	31,971	12.7	62.1	25.1
26 (2014)	126,820	15,937	77,803	33,080	12.6	61.3	26.1
27 (2015)	126,417	15,647	76,818	33,952	12.4	60.8	26.9
28 (2016)	125,957	15,337	75,979	34,640	12.2	60.3	27.5
29 (2017)	125,442	15,015	75,245	35,182	12.0	60.0	28.0
30 (2018)	124,877	14,697	74,584	35,596	11.8	59.7	28.5
31 (2019)	124,266	14,378	74,011	35,877	11.6	59.6	28.9
32 (2020)	123,614	14,082	73,408	36,124	11.4	59.4	29.2
33 (2021)	122,924	13,769	72,866	36,290	11.2	59.3	29.5
34 (2022)	122,201	13,437	72,408	36,356	11.0	59.3	29.8
35 (2023)	121,448	13,092	71,920	36,436	10.8	59.2	30.0
36 (2024)	120,668	12,770	71,369	36,529	10.6	59.1	30.3
37 (2025)	119,864	12,446	70,845	36,573	10.4	59.1	30.5
38 (2026)	119,038	12,123	70,331	36,584	10.2	59.1	30.7
39 (2027)	118,191	11,842	69,752	36,597	10.0	59.0	31.0
40 (2028)	117,325	11,581	69,104	36,640	9.9	58.9	31.2
41 (2029)	116,440	11,344	68,395	36,701	9.7	58.7	31.5
42 (2030)	115,538	11,136	67,553	36,849	9.6	58.5	31.9
43 (2031)	114,618	10,953	66,992	36,673	9.6	58.4	32.0
44 (2032)	113,680	10,794	66,038	36,848	9.5	58.1	32.4
45 (2033)	112,726	10,654	65,058	37,013	9.5	57.7	32.8
46 (2034)	111,755	10,529	64,023	37,203	9.4	57.3	33.3
47 (2035)	110,769	10,414	62,948	37,407	9.4	56.8	33.8
48 (2036)	109,769	10,307	61,811	37,651	9.4	56.3	34.3
49 (2037)	108,754	10,203	60,619	37,931	9.4	55.7	34.9
50 (2038)	107,725	10,100	59,386	38,239	9.4	55.1	35.5
51 (2039)	106,685	9,995	58,182	38,508	9.4	54.5	36.1
52 (2040)	105,633	9,886	57,069	38,678	9.4	54.0	36.6
53 (2041)	104,570	9,771	56,030	38,769	9.3	53.6	37.1
54 (2042)	103,499	9,649	55,067	38,782	9.3	53.2	37.5
55 (2043)	102,419	9,520	54,140	38,759	9.3	52.9	37.8
56 (2044)	101,333	9,384	53,273	38,676	9.3	52.6	38.2
57 (2045)	100,242	9,241	52,438	38,564	9.2	52.3	38.5
58 (2046)	99,148	9,091	51,659	38,398	9.2	52.1	38.7
59 (2047)	98,050	8,934	50,891	38,225	9.1	51.9	39.0
60 (2048)	96,951	8,773	50,121	38,057	9.0	51.7	39.3
61 (2049)	95,851	8,607	49,363	37,881	9.0	51.5	39.5
62 (2050)	94,750	8,437	48,637	37,676	8.9	51.3	39.8
63 (2051)	93,649	8,266	47,954	37,430	8.8	51.2	40.0
64 (2052)	92,548	8,093	47,284	37,171	8.7	51.1	40.2
65 (2053)	91,447	7,922	46,634	36,891	8.7	51.0	40.3
66 (2054)	90,345	7,753	46,008	36,585	8.6	50.9	40.5
67 (2055)	89,242	7,587	45,398	36,257	8.5	50.9	40.6
68 (2056)	88,137	7,426	44,795	35,916	8.4	50.8	40.7
69 (2057)	87,030	7,271	44,168	35,591	8.4	50.8	40.9
70 (2058)	85,920	7,123	43,540	35,257	8.3	50.7	41.0
71 (2059)	84,807	6,983	42,874	34,951	8.2	50.6	41.2
72 (2060)	83,691	6,850	42,199	34,642	8.2	50.4	41.4

各年10月1日現在人口. 平成22(2010)年は, 総務省統計局『平成22年国勢調査による基準人口』(国籍・年齢「不詳人口」をあん分補正した人口)による.

表C-4 総人口, 年齢3区分(0～14歳, 15～64歳, 65歳以上)別人口及び年齢構造係数
：出生率1.25(2060年)・外国人移動本推計仮定(死亡中位)推計(つづき)

年　次	人口 (1,000人) 総数	0～14歳	15～64歳	65歳以上	割合 (%) 0～14歳	15～64歳	65歳以上
平成 73 (2061)	82,565	6,726	41,543	34,296	8.1	50.3	41.5
74 (2062)	81,428	6,610	40,868	33,951	8.1	50.2	41.7
75 (2063)	80,282	6,501	40,176	33,605	8.1	50.0	41.9
76 (2064)	79,128	6,399	39,491	33,238	8.1	49.9	42.0
77 (2065)	77,970	6,304	38,797	32,869	8.1	49.8	42.2
78 (2066)	76,808	6,214	38,105	32,490	8.1	49.6	42.3
79 (2067)	75,647	6,129	37,418	32,100	8.1	49.5	42.4
80 (2068)	74,488	6,047	36,751	31,690	8.1	49.3	42.5
81 (2069)	73,334	5,967	36,095	31,272	8.1	49.2	42.6
82 (2070)	72,188	5,889	35,470	30,829	8.2	49.1	42.7
83 (2071)	71,052	5,812	34,838	30,403	8.2	49.0	42.8
84 (2072)	69,929	5,734	34,194	30,001	8.2	48.9	42.9
85 (2073)	68,819	5,655	33,542	29,622	8.2	48.7	43.0
86 (2074)	67,724	5,574	32,915	29,234	8.2	48.6	43.2
87 (2075)	66,646	5,492	32,289	28,865	8.2	48.4	43.3
88 (2076)	65,584	5,408	31,665	28,511	8.2	48.3	43.5
89 (2077)	64,540	5,322	31,082	28,136	8.2	48.2	43.6
90 (2078)	63,514	5,234	30,519	27,760	8.2	48.1	43.7
91 (2079)	62,504	5,145	29,981	27,378	8.2	48.0	43.8
92 (2080)	61,510	5,054	29,471	26,986	8.2	47.9	43.9
93 (2081)	60,532	4,962	28,987	26,583	8.2	47.9	43.9
94 (2082)	59,569	4,869	28,527	26,172	8.2	47.9	43.9
95 (2083)	58,620	4,777	28,088	25,755	8.1	47.9	43.9
96 (2084)	57,684	4,685	27,664	25,335	8.1	48.0	43.9
97 (2085)	56,761	4,594	27,253	24,913	8.1	48.0	43.9
98 (2086)	55,849	4,505	26,851	24,493	8.1	48.1	43.9
99 (2087)	54,949	4,418	26,456	24,075	8.0	48.1	43.8
100 (2088)	54,060	4,333	26,064	23,663	8.0	48.2	43.8
101 (2089)	53,181	4,251	25,674	23,256	8.0	48.3	43.7
102 (2090)	52,312	4,171	25,285	22,856	8.0	48.3	43.7
103 (2091)	51,453	4,095	24,895	22,463	8.0	48.4	43.7
104 (2092)	50,604	4,022	24,503	22,079	7.9	48.4	43.6
105 (2093)	49,765	3,952	24,111	21,702	7.9	48.4	43.6
106 (2094)	48,935	3,885	23,717	21,333	7.9	48.5	43.6
107 (2095)	48,116	3,821	23,324	20,971	7.9	48.5	43.6
108 (2096)	47,307	3,760	22,930	20,618	7.9	48.5	43.6
109 (2097)	46,509	3,701	22,537	20,271	8.0	48.5	43.6
110 (2098)	45,722	3,644	22,146	19,932	8.0	48.4	43.6
111 (2099)	44,947	3,590	21,757	19,600	8.0	48.4	43.6
112 (2100)	44,183	3,536	21,372	19,275	8.0	48.4	43.6
113 (2101)	43,431	3,484	20,990	18,956	8.0	48.3	43.6
114 (2102)	42,691	3,433	20,613	18,645	8.0	48.3	43.7
115 (2103)	41,963	3,382	20,242	18,339	8.1	48.2	43.7
116 (2104)	41,249	3,332	19,877	18,040	8.1	48.2	43.7
117 (2105)	40,547	3,281	19,520	17,745	8.1	48.1	43.8
118 (2106)	39,858	3,231	19,171	17,456	8.1	48.1	43.8
119 (2107)	39,182	3,180	18,830	17,172	8.1	48.1	43.8
120 (2108)	38,519	3,129	18,498	16,892	8.1	48.0	43.9
121 (2109)	37,869	3,078	18,175	16,616	8.1	48.0	43.9
122 (2110)	37,232	3,027	17,862	16,343	8.1	48.0	43.9

各年10月1日現在人口.

表C-5 総人口, 年齢3区分(0～14歳, 15～64歳, 65歳以上)別人口及び年齢構造係数
：出生率1.00(2060年)・外国人移動本推計仮定(死亡中位)推計

年次	人口 (1,000人) 総数	0～14歳	15～64歳	65歳以上	割合 (%) 0～14歳	15～64歳	65歳以上
平成 22 (2010)	128,057	16,839	81,735	29,484	13.1	63.8	23.0
23 (2011)	127,688	16,620	81,303	29,764	13.0	63.7	23.3
24 (2012)	127,330	16,326	80,173	30,831	12.8	63.0	24.2
25 (2013)	126,952	15,986	78,996	31,971	12.6	62.2	25.2
26 (2014)	126,499	15,617	77,803	33,080	12.3	61.5	26.2
27 (2015)	125,971	15,200	76,818	33,952	12.1	61.0	27.0
28 (2016)	125,371	14,751	75,979	34,640	11.8	60.6	27.6
29 (2017)	124,707	14,280	75,245	35,182	11.5	60.3	28.2
30 (2018)	123,987	13,808	74,584	35,596	11.1	60.2	28.7
31 (2019)	123,219	13,331	74,011	35,877	10.8	60.1	29.1
32 (2020)	122,408	12,876	73,408	36,124	10.5	60.0	29.5
33 (2021)	121,561	12,406	72,866	36,290	10.2	59.9	29.9
34 (2022)	120,683	11,919	72,408	36,356	9.9	60.0	30.1
35 (2023)	119,777	11,421	71,920	36,436	9.5	60.0	30.4
36 (2024)	118,847	10,948	71,369	36,529	9.2	60.1	30.7
37 (2025)	117,894	10,476	70,845	36,573	8.9	60.1	31.0
38 (2026)	116,922	10,053	70,286	36,584	8.6	60.1	31.3
39 (2027)	115,932	9,700	69,635	36,597	8.4	60.1	31.6
40 (2028)	114,924	9,387	68,897	36,640	8.2	60.0	31.9
41 (2029)	113,900	9,119	68,081	36,701	8.0	59.8	32.2
42 (2030)	112,861	8,897	67,115	36,849	7.9	59.5	32.7
43 (2031)	111,805	8,716	66,416	36,673	7.8	59.4	32.8
44 (2032)	110,732	8,570	65,315	36,848	7.7	59.0	33.3
45 (2033)	109,643	8,449	64,180	37,013	7.7	58.5	33.8
46 (2034)	108,538	8,348	62,987	37,203	7.7	58.0	34.3
47 (2035)	107,418	8,258	61,752	37,407	7.7	57.5	34.8
48 (2036)	106,282	8,175	60,456	37,651	7.7	56.9	35.4
49 (2037)	105,131	8,094	59,106	37,931	7.7	56.2	36.1
50 (2038)	103,966	8,010	57,717	38,239	7.7	55.5	36.8
51 (2039)	102,786	7,921	56,358	38,508	7.7	54.8	37.5
52 (2040)	101,594	7,824	55,091	38,678	7.7	54.2	38.1
53 (2041)	100,389	7,718	53,902	38,769	7.7	53.7	38.6
54 (2042)	99,172	7,600	52,790	38,782	7.7	53.2	39.1
55 (2043)	97,946	7,471	51,716	38,759	7.6	52.8	39.6
56 (2044)	96,710	7,331	50,703	38,676	7.6	52.4	40.0
57 (2045)	95,468	7,179	49,725	38,564	7.5	52.1	40.4
58 (2046)	94,220	7,017	48,805	38,398	7.4	51.8	40.8
59 (2047)	92,967	6,845	47,897	38,225	7.4	51.5	41.1
60 (2048)	91,711	6,665	46,989	38,057	7.3	51.2	41.5
61 (2049)	90,453	6,479	46,093	37,881	7.2	51.0	41.9
62 (2050)	89,194	6,288	45,230	37,676	7.0	50.7	42.2
63 (2051)	87,935	6,094	44,411	37,430	6.9	50.5	42.6
64 (2052)	86,675	5,900	43,604	37,171	6.8	50.3	42.9
65 (2053)	85,416	5,707	42,817	36,891	6.7	50.1	43.2
66 (2054)	84,157	5,519	42,053	36,585	6.6	50.0	43.5
67 (2055)	82,897	5,336	41,305	36,257	6.4	49.8	43.7
68 (2056)	81,637	5,160	40,561	35,916	6.3	49.7	44.0
69 (2057)	80,377	4,995	39,792	35,591	6.2	49.5	44.3
70 (2058)	79,115	4,839	39,019	35,257	6.1	49.3	44.6
71 (2059)	77,852	4,695	38,206	34,951	6.0	49.1	44.9
72 (2060)	76,587	4,562	37,383	34,642	6.0	48.8	45.2

各年10月1日現在人口. 平成22(2010)年は, 総務省統計局『平成22年国勢調査による基準人口』(国籍・年齢「不詳人口」をあん分補正した人口)による.

表C-5 総人口, 年齢3区分(0～14歳, 15～64歳, 65歳以上)別人口及び年齢構造係数
：出生率1.00(2060年)・外国人移動本推計仮定(死亡中位)推計(つづき)

年次	総数	0～14歳	15～64歳	65歳以上	0～14歳	15～64歳	65歳以上
平成 73 (2061)	75,314	4,441	36,577	34,296	5.9	48.6	45.5
74 (2062)	74,032	4,331	35,750	33,951	5.9	48.3	45.9
75 (2063)	72,742	4,232	34,905	33,605	5.8	48.0	46.2
76 (2064)	71,446	4,142	34,066	33,238	5.8	47.7	46.5
77 (2065)	70,146	4,061	33,217	32,869	5.8	47.4	46.9
78 (2066)	68,846	3,987	32,369	32,490	5.8	47.0	47.2
79 (2067)	67,546	3,919	31,527	32,100	5.8	46.7	47.5
80 (2068)	66,251	3,855	30,706	31,690	5.8	46.3	47.8
81 (2069)	64,962	3,794	29,896	31,272	5.8	46.0	48.1
82 (2070)	63,682	3,734	29,119	30,829	5.9	45.7	48.4
83 (2071)	62,414	3,675	28,336	30,403	5.9	45.4	48.7
84 (2072)	61,159	3,615	27,543	30,001	5.9	45.0	49.1
85 (2073)	59,919	3,553	26,744	29,622	5.9	44.6	49.4
86 (2074)	58,696	3,489	25,973	29,234	5.9	44.2	49.8
87 (2075)	57,491	3,423	25,203	28,865	6.0	43.8	50.2
88 (2076)	56,304	3,354	24,481	28,469	6.0	43.5	50.6
89 (2077)	55,135	3,282	23,827	28,026	6.0	43.2	50.8
90 (2078)	53,986	3,208	23,212	27,566	5.9	43.0	51.1
91 (2079)	52,855	3,132	22,641	27,082	5.9	42.8	51.2
92 (2080)	51,742	3,053	22,115	26,573	5.9	42.7	51.4
93 (2081)	50,646	2,974	21,630	26,042	5.9	42.7	51.4
94 (2082)	49,568	2,894	21,179	25,495	5.8	42.7	51.4
95 (2083)	48,505	2,813	20,756	24,936	5.8	42.8	51.4
96 (2084)	47,458	2,733	20,352	24,373	5.8	42.9	51.4
97 (2085)	46,426	2,654	19,962	23,809	5.7	43.0	51.3
98 (2086)	45,408	2,577	19,582	23,249	5.7	43.1	51.2
99 (2087)	44,404	2,502	19,207	22,695	5.6	43.3	51.1
100 (2088)	43,414	2,430	18,835	22,149	5.6	43.4	51.0
101 (2089)	42,437	2,360	18,463	21,613	5.6	43.5	50.9
102 (2090)	41,473	2,294	18,090	21,089	5.5	43.6	50.8
103 (2091)	40,523	2,232	17,715	20,576	5.5	43.7	50.8
104 (2092)	39,587	2,173	17,338	20,076	5.5	43.8	50.7
105 (2093)	38,664	2,118	16,958	19,588	5.5	43.9	50.7
106 (2094)	37,755	2,066	16,576	19,113	5.5	43.9	50.6
107 (2095)	36,861	2,018	16,193	18,650	5.5	43.9	50.6
108 (2096)	35,982	1,973	15,809	18,200	5.5	43.9	50.6
109 (2097)	35,118	1,930	15,425	17,763	5.5	43.9	50.6
110 (2098)	34,271	1,890	15,043	17,338	5.5	43.9	50.6
111 (2099)	33,441	1,852	14,664	16,925	5.5	43.9	50.6
112 (2100)	32,628	1,816	14,288	16,524	5.6	43.8	50.6
113 (2101)	31,833	1,781	13,918	16,135	5.6	43.7	50.7
114 (2102)	31,057	1,747	13,553	15,758	5.6	43.6	50.7
115 (2103)	30,300	1,713	13,196	15,391	5.7	43.6	50.8
116 (2104)	29,563	1,680	12,848	15,035	5.7	43.5	50.9
117 (2105)	28,845	1,647	12,509	14,688	5.7	43.4	50.9
118 (2106)	28,147	1,614	12,182	14,351	5.7	43.3	51.0
119 (2107)	27,470	1,581	11,866	14,023	5.8	43.2	51.0
120 (2108)	26,812	1,547	11,563	13,702	5.8	43.1	51.1
121 (2109)	26,174	1,513	11,272	13,389	5.8	43.1	51.2
122 (2110)	25,556	1,479	10,994	13,082	5.8	43.0	51.2

各年10月1日現在人口.

表C-6 総人口, 年齢3区分(0〜14歳, 15〜64歳, 65歳以上)別人口及び年齢構造係数
：出生中位・外国人移動0万人(2030年)(死亡中位)推計

年次	人口 (1,000人) 総数	0〜14歳	15〜64歳	65歳以上	割合 (%) 0〜14歳	15〜64歳	65歳以上
平成 22 (2010)	128,057	16,839	81,735	29,484	13.1	63.8	23.0
23 (2011)	127,797	16,688	81,344	29,764	13.1	63.7	23.3
24 (2012)	127,512	16,495	80,186	30,831	12.9	62.9	24.2
25 (2013)	127,193	16,278	78,944	31,971	12.8	62.1	25.1
26 (2014)	126,825	16,058	77,686	33,080	12.7	61.3	26.1
27 (2015)	126,401	15,813	76,636	33,953	12.5	60.6	26.9
28 (2016)	125,924	15,551	75,731	34,642	12.3	60.1	27.5
29 (2017)	125,393	15,279	74,929	35,185	12.2	59.8	28.1
30 (2018)	124,813	15,013	74,200	35,599	12.0	59.4	28.5
31 (2019)	124,185	14,744	73,559	35,882	11.9	59.2	28.9
32 (2020)	123,514	14,497	72,887	36,130	11.7	59.0	29.3
33 (2021)	122,803	14,231	72,275	36,297	11.6	58.9	29.6
34 (2022)	122,055	13,943	71,747	36,365	11.4	58.8	29.8
35 (2023)	121,274	13,639	71,189	36,447	11.2	58.7	30.1
36 (2024)	120,463	13,355	70,567	36,541	11.1	58.6	30.3
37 (2025)	119,624	13,065	69,972	36,587	10.9	58.5	30.6
38 (2026)	118,761	12,756	69,405	36,599	10.7	58.4	30.8
39 (2027)	117,873	12,476	68,783	36,614	10.6	58.4	31.1
40 (2028)	116,964	12,206	68,099	36,659	10.4	58.2	31.3
41 (2029)	116,034	11,953	67,359	36,722	10.3	58.1	31.6
42 (2030)	115,085	11,721	66,491	36,872	10.2	57.8	32.0
43 (2031)	114,117	11,510	65,909	36,697	10.1	57.8	32.2
44 (2032)	113,131	11,319	64,938	36,874	10.0	57.4	32.6
45 (2033)	112,129	11,145	63,942	37,042	9.9	57.0	33.0
46 (2034)	111,111	10,986	62,892	37,233	9.9	56.6	33.5
47 (2035)	110,080	10,840	61,801	37,439	9.8	56.1	34.0
48 (2036)	109,034	10,703	60,648	37,684	9.8	55.6	34.6
49 (2037)	107,977	10,573	59,439	37,965	9.8	55.0	35.2
50 (2038)	106,909	10,448	58,187	38,274	9.8	54.4	35.8
51 (2039)	105,830	10,324	56,962	38,544	9.8	53.8	36.4
52 (2040)	104,742	10,201	55,827	38,715	9.7	53.3	37.0
53 (2041)	103,647	10,076	54,765	38,806	9.7	52.8	37.4
54 (2042)	102,546	9,948	53,778	38,819	9.7	52.4	37.9
55 (2043)	101,439	9,818	52,826	38,795	9.7	52.1	38.2
56 (2044)	100,328	9,683	51,933	38,712	9.7	51.8	38.6
57 (2045)	99,214	9,545	51,073	38,597	9.6	51.5	38.9
58 (2046)	98,099	9,402	50,269	38,428	9.6	51.2	39.2
59 (2047)	96,983	9,256	49,476	38,251	9.5	51.0	39.4
60 (2048)	95,867	9,106	48,683	38,077	9.5	50.8	39.7
61 (2049)	94,750	8,953	47,904	37,894	9.4	50.6	40.0
62 (2050)	93,635	8,797	47,159	37,678	9.4	50.4	40.2
63 (2051)	92,520	8,639	46,461	37,420	9.3	50.2	40.4
64 (2052)	91,405	8,480	45,780	37,145	9.3	50.1	40.6
65 (2053)	90,289	8,320	45,123	36,846	9.2	50.0	40.8
66 (2054)	89,173	8,161	44,498	36,515	9.2	49.9	40.9
67 (2055)	88,056	8,003	43,896	36,158	9.1	49.8	41.1
68 (2056)	86,937	7,848	43,308	35,781	9.0	49.8	41.2
69 (2057)	85,816	7,696	42,705	35,414	9.0	49.8	41.3
70 (2058)	84,691	7,549	42,110	35,032	8.9	49.7	41.4
71 (2059)	83,563	7,406	41,485	34,671	8.9	49.6	41.5
72 (2060)	82,432	7,270	40,858	34,305	8.8	49.6	41.6

各年10月1日現在人口. 平成22(2010)年は, 総務省統計局『平成22年国勢調査による基準人口』(国籍・年齢「不詳人口」をあん分補正した人口)による.

表C-6 総人口, 年齢3区分(0～14歳, 15～64歳, 65歳以上)別人口及び年齢構造係数
：出生中位・外国人移動0万人(2030年)(死亡中位)推計(つづき)

年次	人口 (1,000人) 総数	0～14歳	15～64歳	65歳以上	割合 (%) 0～14歳	15～64歳	65歳以上
平成 73 (2061)	81,292	7,139	40,252	33,901	8.8	49.5	41.7
74 (2062)	80,141	7,014	39,630	33,497	8.8	49.5	41.8
75 (2063)	78,981	6,896	38,994	33,092	8.7	49.4	41.9
76 (2064)	77,814	6,783	38,365	32,666	8.7	49.3	42.0
77 (2065)	76,644	6,676	37,729	32,239	8.7	49.2	42.1
78 (2066)	75,472	6,574	37,095	31,802	8.7	49.2	42.1
79 (2067)	74,302	6,477	36,468	31,356	8.7	49.1	42.2
80 (2068)	73,135	6,384	35,861	30,890	8.7	49.0	42.2
81 (2069)	71,976	6,294	35,264	30,418	8.7	49.0	42.3
82 (2070)	70,826	6,207	34,698	29,922	8.8	49.0	42.2
83 (2071)	69,689	6,121	34,124	29,444	8.8	49.0	42.3
84 (2072)	68,566	6,036	33,538	28,991	8.8	48.9	42.3
85 (2073)	67,459	5,952	32,945	28,562	8.8	48.8	42.3
86 (2074)	66,370	5,867	32,375	28,128	8.8	48.8	42.4
87 (2075)	65,300	5,782	31,804	27,714	8.9	48.7	42.4
88 (2076)	64,249	5,697	31,219	27,333	8.9	48.6	42.5
89 (2077)	63,218	5,611	30,662	26,946	8.9	48.5	42.6
90 (2078)	62,207	5,523	30,118	26,566	8.9	48.4	42.7
91 (2079)	61,216	5,435	29,592	26,189	8.9	48.3	42.8
92 (2080)	60,243	5,346	29,086	25,810	8.9	48.3	42.8
93 (2081)	59,288	5,256	28,603	25,429	8.9	48.2	42.9
94 (2082)	58,350	5,166	28,139	25,045	8.9	48.2	42.9
95 (2083)	57,429	5,077	27,694	24,658	8.8	48.2	42.9
96 (2084)	56,523	4,987	27,266	24,271	8.8	48.2	42.9
97 (2085)	55,632	4,898	26,850	23,884	8.8	48.3	42.9
98 (2086)	54,754	4,810	26,446	23,498	8.8	48.3	42.9
99 (2087)	53,889	4,723	26,051	23,115	8.8	48.3	42.9
100 (2088)	53,037	4,638	25,662	22,737	8.7	48.4	42.9
101 (2089)	52,196	4,555	25,279	22,363	8.7	48.4	42.8
102 (2090)	51,366	4,474	24,898	21,994	8.7	48.5	42.8
103 (2091)	50,548	4,395	24,520	21,632	8.7	48.5	42.8
104 (2092)	49,739	4,319	24,144	21,277	8.7	48.5	42.8
105 (2093)	48,941	4,245	23,769	20,927	8.7	48.6	42.8
106 (2094)	48,153	4,174	23,396	20,584	8.7	48.6	42.7
107 (2095)	47,376	4,105	23,023	20,247	8.7	48.6	42.7
108 (2096)	46,608	4,038	22,653	19,916	8.7	48.6	42.7
109 (2097)	45,850	3,974	22,284	19,592	8.7	48.6	42.7
110 (2098)	45,103	3,912	21,918	19,273	8.7	48.6	42.7
111 (2099)	44,366	3,852	21,554	18,959	8.7	48.6	42.7
112 (2100)	43,640	3,794	21,194	18,652	8.7	48.6	42.7
113 (2101)	42,924	3,737	20,837	18,351	8.7	48.5	42.8
114 (2102)	42,219	3,681	20,483	18,055	8.7	48.5	42.8
115 (2103)	41,525	3,626	20,134	17,765	8.7	48.5	42.8
116 (2104)	40,842	3,572	19,790	17,480	8.7	48.5	42.8
117 (2105)	40,170	3,518	19,452	17,200	8.8	48.4	42.8
118 (2106)	39,510	3,465	19,119	16,925	8.8	48.4	42.8
119 (2107)	38,860	3,412	18,793	16,655	8.8	48.4	42.9
120 (2108)	38,222	3,359	18,474	16,389	8.8	48.3	42.9
121 (2109)	37,595	3,306	18,162	16,127	8.8	48.3	42.9
122 (2110)	36,979	3,253	17,857	15,869	8.8	48.3	42.9

各年10月1日現在人口.

表C-7 総人口, 年齢3区分(0～14歳, 15～64歳, 65歳以上)別人口及び年齢構造係数
：出生中位・外国人移動5万人(2030年)(死亡中位)推計

年次	人口 (1,000人) 総数	0～14歳	15～64歳	65歳以上	割合 (%) 0～14歳	15～64歳	65歳以上
平成 22 (2010)	128,057	16,839	81,735	29,484	13.1	63.8	23.0
23 (2011)	127,766	16,686	81,316	29,764	13.1	63.6	23.3
24 (2012)	127,502	16,494	80,177	30,831	12.9	62.9	24.2
25 (2013)	127,231	16,280	78,980	31,971	12.8	62.1	25.1
26 (2014)	126,912	16,064	77,768	33,080	12.7	61.3	26.1
27 (2015)	126,539	15,823	76,764	33,952	12.5	60.7	26.8
28 (2016)	126,113	15,567	75,905	34,641	12.3	60.2	27.5
29 (2017)	125,635	15,301	75,151	35,183	12.2	59.8	28.0
30 (2018)	125,109	15,043	74,469	35,597	12.0	59.5	28.5
31 (2019)	124,538	14,784	73,876	35,878	11.9	59.3	28.8
32 (2020)	123,925	14,547	73,252	36,126	11.7	59.1	29.2
33 (2021)	123,273	14,292	72,689	36,292	11.6	59.0	29.4
34 (2022)	122,587	14,017	72,210	36,359	11.4	58.9	29.7
35 (2023)	121,869	13,728	71,701	36,439	11.3	58.8	29.9
36 (2024)	121,122	13,460	71,129	36,533	11.1	58.7	30.2
37 (2025)	120,349	13,188	70,584	36,578	11.0	58.6	30.4
38 (2026)	119,553	12,898	70,067	36,589	10.8	58.6	30.6
39 (2027)	118,735	12,637	69,495	36,602	10.6	58.5	30.8
40 (2028)	117,896	12,388	68,862	36,646	10.5	58.4	31.1
41 (2029)	117,037	12,156	68,174	36,707	10.4	58.3	31.4
42 (2030)	116,159	11,944	67,359	36,856	10.3	58.0	31.7
43 (2031)	115,263	11,752	66,831	36,680	10.2	58.0	31.8
44 (2032)	114,350	11,580	65,914	36,855	10.1	57.6	32.2
45 (2033)	113,419	11,425	64,973	37,022	10.1	57.3	32.6
46 (2034)	112,473	11,283	63,978	37,212	10.0	56.9	33.1
47 (2035)	111,512	11,153	62,942	37,417	10.0	56.4	33.6
48 (2036)	110,537	11,031	61,846	37,661	10.0	56.0	34.1
49 (2037)	109,549	10,914	60,693	37,942	10.0	55.4	34.6
50 (2038)	108,549	10,800	59,499	38,250	9.9	54.8	35.2
51 (2039)	107,538	10,687	58,332	38,519	9.9	54.2	35.8
52 (2040)	106,517	10,573	57,255	38,689	9.9	53.8	36.3
53 (2041)	105,488	10,456	56,252	38,780	9.9	53.3	36.8
54 (2042)	104,452	10,335	55,324	38,793	9.9	53.0	37.1
55 (2043)	103,409	10,209	54,431	38,770	9.9	52.6	37.5
56 (2044)	102,362	10,079	53,596	38,687	9.8	52.4	37.8
57 (2045)	101,312	9,945	52,794	38,574	9.8	52.1	38.1
58 (2046)	100,260	9,805	52,048	38,407	9.8	51.9	38.3
59 (2047)	99,206	9,662	51,311	38,233	9.7	51.7	38.5
60 (2048)	98,151	9,514	50,574	38,063	9.7	51.5	38.8
61 (2049)	97,097	9,363	49,848	37,885	9.6	51.3	39.0
62 (2050)	96,042	9,210	49,156	37,676	9.6	51.2	39.2
63 (2051)	94,988	9,054	48,507	37,427	9.5	51.1	39.4
64 (2052)	93,934	8,897	47,873	37,163	9.5	51.0	39.6
65 (2053)	92,879	8,740	47,261	36,878	9.4	50.9	39.7
66 (2054)	91,823	8,584	46,675	36,564	9.3	50.8	39.8
67 (2055)	90,766	8,430	46,109	36,227	9.3	50.8	39.9
68 (2056)	89,707	8,278	45,553	35,876	9.2	50.8	40.0
69 (2057)	88,645	8,131	44,976	35,538	9.2	50.7	40.1
70 (2058)	87,580	7,988	44,402	35,190	9.1	50.7	40.2
71 (2059)	86,511	7,850	43,794	34,867	9.1	50.6	40.3
72 (2060)	85,438	7,718	43,179	34,541	9.0	50.5	40.4

各年10月1日現在人口. 平成22(2010)年は, 総務省統計局『平成22年国勢調査による基準人口』(国籍・年齢「不詳人口」をあん分補正した人口)による.

表C-7 総人口，年齢3区分(0～14歳，15～64歳，65歳以上)別人口及び年齢構造係数
：出生中位・外国人移動5万人(2030年)(死亡中位)推計(つづき)

年次	人口 (1,000人) 総数	0～14歳	15～64歳	65歳以上	割合 (%) 0～14歳	15～64歳	65歳以上
平成 73 (2061)	84,355	7,592	42,586	34,178	9.0	50.5	40.5
74 (2062)	83,261	7,472	41,974	33,815	9.0	50.4	40.6
75 (2063)	82,158	7,358	41,348	33,452	9.0	50.3	40.7
76 (2064)	81,047	7,250	40,729	33,067	8.9	50.3	40.8
77 (2065)	79,930	7,148	40,102	32,681	8.9	50.2	40.9
78 (2066)	78,812	7,051	39,477	32,284	8.9	50.1	41.0
79 (2067)	77,693	6,957	38,858	31,878	9.0	50.0	41.0
80 (2068)	76,578	6,868	38,259	31,451	9.0	50.0	41.1
81 (2069)	75,468	6,781	37,670	31,017	9.0	49.9	41.1
82 (2070)	74,366	6,696	37,112	30,558	9.0	49.9	41.1
83 (2071)	73,275	6,612	36,546	30,116	9.0	49.9	41.1
84 (2072)	72,196	6,529	35,967	29,699	9.0	49.8	41.1
85 (2073)	71,132	6,446	35,381	29,305	9.1	49.7	41.2
86 (2074)	70,084	6,362	34,818	28,903	9.1	49.7	41.2
87 (2075)	69,053	6,278	34,255	28,521	9.1	49.6	41.3
88 (2076)	68,039	6,192	33,677	28,171	9.1	49.5	41.4
89 (2077)	67,044	6,105	33,128	27,811	9.1	49.4	41.5
90 (2078)	66,066	6,016	32,591	27,458	9.1	49.3	41.6
91 (2079)	65,105	5,927	32,072	27,106	9.1	49.3	41.6
92 (2080)	64,162	5,837	31,574	26,751	9.1	49.2	41.7
93 (2081)	63,234	5,745	31,098	26,391	9.1	49.2	41.7
94 (2082)	62,321	5,654	30,641	26,026	9.1	49.2	41.8
95 (2083)	61,422	5,562	30,202	25,658	9.1	49.2	41.8
96 (2084)	60,537	5,471	29,779	25,287	9.0	49.2	41.8
97 (2085)	59,665	5,380	29,368	24,916	9.0	49.2	41.8
98 (2086)	58,804	5,291	28,968	24,546	9.0	49.3	41.7
99 (2087)	57,954	5,202	28,574	24,177	9.0	49.3	41.7
100 (2088)	57,114	5,116	28,186	23,812	9.0	49.4	41.7
101 (2089)	56,284	5,031	27,802	23,451	8.9	49.4	41.7
102 (2090)	55,464	4,949	27,420	23,095	8.9	49.4	41.6
103 (2091)	54,653	4,869	27,038	22,745	8.9	49.5	41.6
104 (2092)	53,851	4,792	26,657	22,402	8.9	49.5	41.6
105 (2093)	53,058	4,718	26,276	22,064	8.9	49.5	41.6
106 (2094)	52,273	4,646	25,895	21,732	8.9	49.5	41.6
107 (2095)	51,498	4,576	25,515	21,406	8.9	49.5	41.6
108 (2096)	50,732	4,509	25,136	21,086	8.9	49.5	41.6
109 (2097)	49,974	4,445	24,758	20,772	8.9	49.5	41.6
110 (2098)	49,227	4,382	24,382	20,463	8.9	49.5	41.6
111 (2099)	48,488	4,321	24,008	20,159	8.9	49.5	41.6
112 (2100)	47,760	4,261	23,637	19,861	8.9	49.5	41.6
113 (2101)	47,041	4,203	23,270	19,568	8.9	49.5	41.6
114 (2102)	46,333	4,146	22,906	19,280	8.9	49.4	41.6
115 (2103)	45,634	4,090	22,547	18,998	9.0	49.4	41.6
116 (2104)	44,946	4,034	22,192	18,720	9.0	49.4	41.6
117 (2105)	44,269	3,978	21,843	18,447	9.0	49.3	41.7
118 (2106)	43,602	3,923	21,500	18,178	9.0	49.3	41.7
119 (2107)	42,945	3,868	21,164	17,913	9.0	49.3	41.7
120 (2108)	42,299	3,813	20,834	17,652	9.0	49.3	41.7
121 (2109)	41,664	3,757	20,512	17,394	9.0	49.2	41.7
122 (2110)	41,039	3,702	20,198	17,140	9.0	49.2	41.8

各年10月1日現在人口．

表C-8 総人口, 年齢3区分(0～14歳, 15～64歳, 65歳以上)別人口及び年齢構造係数
：出生中位・外国人移動10万人(2030年)(死亡中位)推計

年次	人口 (1,000人) 総数	0～14歳	15～64歳	65歳以上	割合 (%) 0～14歳	15～64歳	65歳以上
平成 22 (2010)	128,057	16,839	81,735	29,484	13.1	63.8	23.0
23 (2011)	127,735	16,684	81,287	29,765	13.1	63.6	23.3
24 (2012)	127,492	16,492	80,169	30,831	12.9	62.9	24.2
25 (2013)	127,269	16,282	79,016	31,971	12.8	62.1	25.1
26 (2014)	126,999	16,070	77,849	33,079	12.7	61.3	26.0
27 (2015)	126,676	15,833	76,892	33,951	12.5	60.7	26.8
28 (2016)	126,302	15,583	76,079	34,639	12.3	60.2	27.4
29 (2017)	125,877	15,324	75,372	35,181	12.2	59.9	27.9
30 (2018)	125,406	15,073	74,738	35,594	12.0	59.6	28.4
31 (2019)	124,891	14,823	74,193	35,875	11.9	59.4	28.7
32 (2020)	124,335	14,596	73,618	36,121	11.7	59.2	29.1
33 (2021)	123,743	14,354	73,103	36,287	11.6	59.1	29.3
34 (2022)	123,118	14,092	72,673	36,353	11.4	59.0	29.5
35 (2023)	122,463	13,817	72,213	36,432	11.3	59.0	29.7
36 (2024)	121,781	13,565	71,691	36,525	11.1	58.9	30.0
37 (2025)	121,075	13,311	71,196	36,568	11.0	58.8	30.2
38 (2026)	120,346	13,040	70,728	36,578	10.8	58.8	30.4
39 (2027)	119,596	12,799	70,207	36,590	10.7	58.7	30.6
40 (2028)	118,827	12,570	69,625	36,632	10.6	58.6	30.8
41 (2029)	118,039	12,358	68,989	36,692	10.5	58.4	31.1
42 (2030)	117,234	12,166	68,227	36,840	10.4	58.2	31.4
43 (2031)	116,410	11,995	67,752	36,663	10.3	58.2	31.5
44 (2032)	115,568	11,842	66,890	36,837	10.2	57.9	31.9
45 (2033)	114,710	11,705	66,003	37,002	10.2	57.5	32.3
46 (2034)	113,836	11,581	65,064	37,191	10.2	57.2	32.7
47 (2035)	112,946	11,466	64,085	37,395	10.2	56.7	33.1
48 (2036)	112,041	11,359	63,045	37,638	10.1	56.3	33.6
49 (2037)	111,123	11,256	61,950	37,918	10.1	55.7	34.1
50 (2038)	110,192	11,154	60,813	38,225	10.1	55.2	34.7
51 (2039)	109,249	11,051	59,705	38,493	10.1	54.7	35.2
52 (2040)	108,297	10,946	58,687	38,663	10.1	54.2	35.7
53 (2041)	107,334	10,836	57,744	38,754	10.1	53.8	36.1
54 (2042)	106,364	10,722	56,875	38,767	10.1	53.5	36.4
55 (2043)	105,388	10,602	56,042	38,744	10.1	53.2	36.8
56 (2044)	104,406	10,477	55,268	38,662	10.0	52.9	37.0
57 (2045)	103,421	10,346	54,525	38,550	10.0	52.7	37.3
58 (2046)	102,433	10,210	53,837	38,385	10.0	52.6	37.5
59 (2047)	101,443	10,070	53,159	38,214	9.9	52.4	37.7
60 (2048)	100,453	9,925	52,479	38,049	9.9	52.2	37.9
61 (2049)	99,462	9,777	51,809	37,876	9.8	52.1	38.1
62 (2050)	98,471	9,626	51,171	37,675	9.8	52.0	38.3
63 (2051)	97,481	9,473	50,573	37,434	9.7	51.9	38.4
64 (2052)	96,490	9,320	49,989	37,181	9.7	51.8	38.5
65 (2053)	95,499	9,166	49,423	36,909	9.6	51.8	38.6
66 (2054)	94,506	9,014	48,880	36,612	9.5	51.7	38.7
67 (2055)	93,512	8,864	48,353	36,296	9.5	51.7	38.8
68 (2056)	92,516	8,717	47,830	35,970	9.4	51.7	38.9
69 (2057)	91,517	8,574	47,282	35,662	9.4	51.7	39.0
70 (2058)	90,514	8,436	46,731	35,347	9.3	51.6	39.1
71 (2059)	89,508	8,303	46,142	35,063	9.3	51.6	39.2
72 (2060)	88,497	8,177	45,544	34,777	9.2	51.5	39.3

各年10月1日現在人口. 平成22(2010)年は, 総務省統計局『平成22年国勢調査による基準人口』(国籍・年齢「不詳人口」をあん分補正した人口)による.

表C-8 総人口, 年齢3区分(0～14歳, 15～64歳, 65歳以上)別人口及び年齢構造係数
：出生中位・外国人移動10万人(2030年)(死亡中位)推計(つづき)

年　次	人口 (1,000人) 総数	0～14歳	15～64歳	65歳以上	割合 (%) 0～14歳	15～64歳	65歳以上
平成 73 (2061)	87,476	8,056	44,965	34,455	9.2	51.4	39.4
74 (2062)	86,443	7,942	44,367	34,133	9.2	51.3	39.5
75 (2063)	85,399	7,834	43,754	33,811	9.2	51.2	39.6
76 (2064)	84,347	7,732	43,148	33,468	9.2	51.2	39.7
77 (2065)	83,290	7,635	42,533	33,122	9.2	51.1	39.8
78 (2066)	82,228	7,543	41,920	32,766	9.2	51.0	39.8
79 (2067)	81,166	7,455	41,312	32,399	9.2	50.9	39.9
80 (2068)	80,105	7,369	40,725	32,011	9.2	50.8	40.0
81 (2069)	79,048	7,286	40,147	31,615	9.2	50.8	40.0
82 (2070)	77,998	7,205	39,600	31,193	9.2	50.8	40.0
83 (2071)	76,958	7,124	39,045	30,788	9.3	50.7	40.0
84 (2072)	75,928	7,043	38,478	30,407	9.3	50.7	40.0
85 (2073)	74,911	6,961	37,902	30,047	9.3	50.6	40.1
86 (2074)	73,908	6,879	37,351	29,679	9.3	50.5	40.2
87 (2075)	72,921	6,795	36,799	29,328	9.3	50.5	40.2
88 (2076)	71,949	6,709	36,231	29,009	9.3	50.4	40.3
89 (2077)	70,993	6,622	35,694	28,677	9.3	50.3	40.4
90 (2078)	70,053	6,533	35,169	28,351	9.3	50.2	40.5
91 (2079)	69,128	6,443	34,661	28,024	9.3	50.1	40.5
92 (2080)	68,218	6,352	34,174	27,692	9.3	50.1	40.6
93 (2081)	67,322	6,259	33,709	27,354	9.3	50.1	40.6
94 (2082)	66,439	6,167	33,263	27,010	9.3	50.1	40.7
95 (2083)	65,568	6,074	32,834	26,660	9.3	50.1	40.7
96 (2084)	64,709	5,981	32,420	26,308	9.2	50.1	40.7
97 (2085)	63,860	5,890	32,017	25,953	9.2	50.1	40.6
98 (2086)	63,021	5,799	31,624	25,598	9.2	50.2	40.6
99 (2087)	62,191	5,710	31,236	25,245	9.2	50.2	40.6
100 (2088)	61,369	5,623	30,852	24,895	9.2	50.3	40.6
101 (2089)	60,556	5,538	30,470	24,548	9.1	50.3	40.5
102 (2090)	59,750	5,455	30,089	24,207	9.1	50.4	40.5
103 (2091)	58,952	5,375	29,706	23,871	9.1	50.4	40.5
104 (2092)	58,162	5,298	29,323	23,541	9.1	50.4	40.5
105 (2093)	57,379	5,223	28,939	23,217	9.1	50.4	40.5
106 (2094)	56,604	5,151	28,554	22,898	9.1	50.4	40.5
107 (2095)	55,836	5,082	28,169	22,585	9.1	50.4	40.4
108 (2096)	55,077	5,015	27,784	22,278	9.1	50.4	40.4
109 (2097)	54,325	4,950	27,399	21,976	9.1	50.4	40.5
110 (2098)	53,582	4,887	27,016	21,679	9.1	50.4	40.5
111 (2099)	52,848	4,826	26,635	21,387	9.1	50.4	40.5
112 (2100)	52,122	4,766	26,256	21,099	9.1	50.4	40.5
113 (2101)	51,406	4,708	25,881	20,817	9.2	50.3	40.5
114 (2102)	50,699	4,650	25,509	20,540	9.2	50.3	40.5
115 (2103)	50,001	4,592	25,142	20,267	9.2	50.3	40.5
116 (2104)	49,313	4,535	24,780	19,998	9.2	50.3	40.6
117 (2105)	48,635	4,478	24,423	19,733	9.2	50.2	40.6
118 (2106)	47,967	4,422	24,073	19,472	9.2	50.2	40.6
119 (2107)	47,308	4,365	23,729	19,215	9.2	50.2	40.6
120 (2108)	46,660	4,307	23,392	18,960	9.2	50.1	40.6
121 (2109)	46,021	4,250	23,063	18,708	9.2	50.1	40.7
122 (2110)	45,392	4,192	22,741	18,459	9.2	50.1	40.7

各年10月1日現在人口.

表C-9 総人口,年齢3区分(0〜14歳,15〜64歳,65歳以上)別人口及び年齢構造係数
：出生中位・外国人移動25万人(2030年)(死亡中位)推計

年次	人口 (1,000人) 総数	0〜14歳	15〜64歳	65歳以上	割合 (%) 0〜14歳	15〜64歳	65歳以上
平成 22 (2010)	128,057	16,839	81,735	29,484	13.1	63.8	23.0
23 (2011)	127,642	16,677	81,200	29,765	13.1	63.6	23.3
24 (2012)	127,462	16,488	80,143	30,831	12.9	62.9	24.2
25 (2013)	127,383	16,288	79,125	31,970	12.8	62.1	25.1
26 (2014)	127,260	16,087	78,095	33,078	12.6	61.4	26.0
27 (2015)	127,088	15,864	77,275	33,949	12.5	60.8	26.7
28 (2016)	126,868	15,630	76,603	34,635	12.3	60.4	27.3
29 (2017)	126,603	15,391	76,037	35,176	12.2	60.1	27.8
30 (2018)	126,296	15,164	75,545	35,587	12.0	59.8	28.2
31 (2019)	125,949	14,940	75,144	35,865	11.9	59.7	28.5
32 (2020)	125,567	14,745	74,714	36,109	11.7	59.5	28.8
33 (2021)	125,154	14,537	74,345	36,271	11.6	59.4	29.0
34 (2022)	124,713	14,315	74,062	36,335	11.5	59.4	29.1
35 (2023)	124,246	14,085	73,750	36,411	11.3	59.4	29.3
36 (2024)	123,758	13,882	73,376	36,500	11.2	59.3	29.5
37 (2025)	123,250	13,680	73,030	36,540	11.1	59.3	29.6
38 (2026)	122,724	13,465	72,713	36,545	11.0	59.2	29.8
39 (2027)	122,181	13,284	72,343	36,554	10.9	59.2	29.9
40 (2028)	121,622	13,116	71,914	36,592	10.8	59.1	30.1
41 (2029)	121,047	12,965	71,434	36,648	10.7	59.0	30.3
42 (2030)	120,457	12,834	70,832	36,792	10.7	58.8	30.5
43 (2031)	119,850	12,722	70,518	36,610	10.6	58.8	30.5
44 (2032)	119,226	12,627	69,818	36,781	10.6	58.6	30.8
45 (2033)	118,585	12,545	69,097	36,942	10.6	58.3	31.2
46 (2034)	117,926	12,473	68,325	37,128	10.6	57.9	31.5
47 (2035)	117,252	12,408	67,516	37,328	10.6	57.6	31.8
48 (2036)	116,562	12,345	66,649	37,568	10.6	57.2	32.2
49 (2037)	115,856	12,282	65,729	37,846	10.6	56.7	32.7
50 (2038)	115,137	12,216	64,769	38,151	10.6	56.3	33.1
51 (2039)	114,404	12,145	63,841	38,418	10.6	55.8	33.6
52 (2040)	113,659	12,067	63,005	38,587	10.6	55.4	33.9
53 (2041)	112,905	11,982	62,245	38,677	10.6	55.1	34.3
54 (2042)	112,141	11,888	61,562	38,690	10.6	54.9	34.5
55 (2043)	111,370	11,786	60,916	38,667	10.6	54.7	34.7
56 (2044)	110,593	11,676	60,329	38,588	10.6	54.6	34.9
57 (2045)	109,812	11,559	59,772	38,480	10.5	54.4	35.0
58 (2046)	109,028	11,435	59,271	38,322	10.5	54.4	35.1
59 (2047)	108,243	11,306	58,778	38,159	10.4	54.3	35.3
60 (2048)	107,457	11,172	58,279	38,006	10.4	54.2	35.4
61 (2049)	106,671	11,035	57,787	37,849	10.3	54.2	35.5
62 (2050)	105,886	10,895	57,323	37,669	10.3	54.1	35.6
63 (2051)	105,102	10,754	56,893	37,454	10.2	54.1	35.6
64 (2052)	104,318	10,613	56,470	37,234	10.2	54.1	35.7
65 (2053)	103,534	10,474	56,056	37,004	10.1	54.1	35.7
66 (2054)	102,750	10,337	55,655	36,757	10.1	54.2	35.8
67 (2055)	101,964	10,203	55,258	36,503	10.0	54.2	35.8
68 (2056)	101,177	10,074	54,852	36,251	10.0	54.2	35.8
69 (2057)	100,386	9,951	54,405	36,031	9.9	54.2	35.9
70 (2058)	99,592	9,833	53,940	35,819	9.9	54.2	36.0
71 (2059)	98,794	9,722	53,425	35,647	9.8	54.1	36.1
72 (2060)	97,991	9,618	52,892	35,482	9.8	54.0	36.2

各年10月1日現在人口．平成22(2010)年は,総務省統計局『平成22年国勢調査による基準人口』(国籍・年齢「不詳人口」をあん分補正した人口)による．

表C-9 総人口, 年齢3区分(0～14歳, 15～64歳, 65歳以上)別人口及び年齢構造係数
：出生中位・外国人移動25万人(2030年)(死亡中位)推計(つづき)

年　次	人　口　(1,000人)				割　合　(%)		
	総　数	0～14歳	15～64歳	65歳以上	0～14歳	15～64歳	65歳以上
平成 73 (2061)	97,176	9,520	52,373	35,283	9.8	53.9	36.3
74 (2062)	96,348	9,428	51,834	35,085	9.8	53.8	36.4
75 (2063)	95,508	9,343	51,278	34,886	9.8	53.7	36.5
76 (2064)	94,657	9,263	50,728	34,666	9.8	53.6	36.6
77 (2065)	93,798	9,187	50,169	34,442	9.8	53.5	36.7
78 (2066)	92,933	9,116	49,611	34,206	9.8	53.4	36.8
79 (2067)	92,063	9,046	49,058	33,959	9.8	53.3	36.9
80 (2068)	91,192	8,979	48,525	33,688	9.8	53.2	36.9
81 (2069)	90,320	8,912	48,002	33,407	9.9	53.1	37.0
82 (2070)	89,452	8,844	47,511	33,097	9.9	53.1	37.0
83 (2071)	88,589	8,775	47,011	32,802	9.9	53.1	37.0
84 (2072)	87,732	8,705	46,499	32,527	9.9	53.0	37.1
85 (2073)	86,883	8,632	45,979	32,272	9.9	52.9	37.1
86 (2074)	86,044	8,556	45,485	32,002	9.9	52.9	37.2
87 (2075)	85,214	8,477	44,990	31,747	9.9	52.8	37.3
88 (2076)	84,396	8,396	44,480	31,520	9.9	52.7	37.3
89 (2077)	83,588	8,311	44,002	31,275	9.9	52.6	37.4
90 (2078)	82,790	8,224	43,536	31,030	9.9	52.6	37.5
91 (2079)	82,003	8,135	43,087	30,780	9.9	52.5	37.5
92 (2080)	81,224	8,044	42,659	30,521	9.9	52.5	37.6
93 (2081)	80,455	7,952	42,252	30,251	9.9	52.5	37.6
94 (2082)	79,692	7,860	41,862	29,971	9.9	52.5	37.6
95 (2083)	78,937	7,767	41,488	29,682	9.8	52.6	37.6
96 (2084)	78,187	7,675	41,124	29,387	9.8	52.6	37.6
97 (2085)	77,442	7,584	40,769	29,089	9.8	52.6	37.6
98 (2086)	76,701	7,495	40,419	28,788	9.8	52.7	37.5
99 (2087)	75,965	7,408	40,070	28,487	9.8	52.7	37.5
100 (2088)	75,232	7,323	39,719	28,189	9.7	52.8	37.5
101 (2089)	74,502	7,241	39,366	27,894	9.7	52.8	37.4
102 (2090)	73,775	7,162	39,008	27,605	9.7	52.9	37.4
103 (2091)	73,051	7,087	38,644	27,320	9.7	52.9	37.4
104 (2092)	72,331	7,014	38,275	27,042	9.7	52.9	37.4
105 (2093)	71,614	6,944	37,901	26,769	9.7	52.9	37.4
106 (2094)	70,901	6,877	37,522	26,502	9.7	52.9	37.4
107 (2095)	70,192	6,813	37,140	26,239	9.7	52.9	37.4
108 (2096)	69,488	6,751	36,756	25,982	9.7	52.9	37.4
109 (2097)	68,789	6,691	36,370	25,728	9.7	52.9	37.4
110 (2098)	68,096	6,632	35,985	25,479	9.7	52.8	37.4
111 (2099)	67,408	6,575	35,600	25,234	9.8	52.8	37.4
112 (2100)	66,727	6,518	35,218	24,992	9.8	52.8	37.5
113 (2101)	66,053	6,462	34,839	24,753	9.8	52.7	37.5
114 (2102)	65,386	6,405	34,463	24,518	9.8	52.7	37.5
115 (2103)	64,726	6,349	34,092	24,285	9.8	52.7	37.5
116 (2104)	64,073	6,292	33,727	24,055	9.8	52.6	37.5
117 (2105)	63,427	6,234	33,367	23,826	9.8	52.6	37.6
118 (2106)	62,790	6,175	33,014	23,600	9.8	52.6	37.6
119 (2107)	62,159	6,116	32,668	23,375	9.8	52.6	37.6
120 (2108)	61,536	6,056	32,330	23,151	9.8	52.5	37.6
121 (2109)	60,921	5,994	31,999	22,928	9.8	52.5	37.6
122 (2110)	60,313	5,932	31,676	22,705	9.8	52.5	37.6

各年10月1日現在人口.

表C-10 総人口, 年齢3区分(0～14歳, 15～64歳, 65歳以上)別人口及び年齢構造係数
：出生中位・外国人移動50万人(2030年)(死亡中位)推計

年次	人口 (1,000人) 総数	0～14歳	15～64歳	65歳以上	割合 (%) 0～14歳	15～64歳	65歳以上
平成 22 (2010)	128,057	16,839	81,735	29,484	13.1	63.8	23.0
23 (2011)	127,487	16,665	81,056	29,766	13.1	63.6	23.3
24 (2012)	127,413	16,482	80,099	30,832	12.9	62.9	24.2
25 (2013)	127,573	16,297	79,307	31,969	12.8	62.2	25.1
26 (2014)	127,694	16,115	78,504	33,075	12.6	61.5	25.9
27 (2015)	127,774	15,915	77,915	33,944	12.5	61.0	26.6
28 (2016)	127,813	15,709	77,475	34,629	12.3	60.6	27.1
29 (2017)	127,813	15,503	77,144	35,166	12.1	60.4	27.5
30 (2018)	127,779	15,315	76,890	35,574	12.0	60.2	27.8
31 (2019)	127,713	15,136	76,729	35,848	11.9	60.1	28.1
32 (2020)	127,621	14,992	76,540	36,088	11.7	60.0	28.3
33 (2021)	127,505	14,844	76,415	36,246	11.6	59.9	28.4
34 (2022)	127,370	14,688	76,378	36,304	11.5	60.0	28.5
35 (2023)	127,218	14,531	76,311	36,375	11.4	60.0	28.6
36 (2024)	127,053	14,409	76,185	36,459	11.3	60.0	28.7
37 (2025)	126,875	14,294	76,089	36,492	11.3	60.0	28.8
38 (2026)	126,687	14,175	76,021	36,491	11.2	60.0	28.8
39 (2027)	126,488	14,093	75,902	36,493	11.1	60.0	28.9
40 (2028)	126,279	14,026	75,729	36,524	11.1	60.0	28.9
41 (2029)	126,060	13,977	75,509	36,574	11.1	59.9	29.0
42 (2030)	125,830	13,947	75,172	36,711	11.1	59.7	29.2
43 (2031)	125,585	13,935	75,127	36,523	11.1	59.8	29.1
44 (2032)	125,325	13,937	74,701	36,687	11.1	59.6	29.3
45 (2033)	125,048	13,947	74,258	36,843	11.2	59.4	29.5
46 (2034)	124,756	13,963	73,770	37,023	11.2	59.1	29.7
47 (2035)	124,446	13,979	73,250	37,218	11.2	58.9	29.9
48 (2036)	124,121	13,991	72,676	37,453	11.3	58.6	30.2
49 (2037)	123,780	13,997	72,056	37,727	11.3	58.2	30.5
50 (2038)	123,424	13,993	71,403	38,028	11.3	57.9	30.8
51 (2039)	123,055	13,977	70,786	38,292	11.4	57.5	31.1
52 (2040)	122,674	13,948	70,268	38,459	11.4	57.3	31.4
53 (2041)	122,284	13,905	69,831	38,548	11.4	57.1	31.5
54 (2042)	121,886	13,848	69,477	38,560	11.4	57.0	31.6
55 (2043)	121,482	13,779	69,163	38,540	11.3	56.9	31.7
56 (2044)	121,074	13,699	68,912	38,464	11.3	56.9	31.8
57 (2045)	120,665	13,608	68,694	38,363	11.3	56.9	31.8
58 (2046)	120,256	13,509	68,532	38,215	11.2	57.0	31.8
59 (2047)	119,849	13,404	68,377	38,067	11.2	57.1	31.8
60 (2048)	119,445	13,295	68,216	37,934	11.1	57.1	31.8
61 (2049)	119,046	13,184	68,058	37,804	11.1	57.2	31.8
62 (2050)	118,650	13,072	67,921	37,658	11.0	57.2	31.7
63 (2051)	118,260	12,961	67,812	37,487	11.0	57.3	31.7
64 (2052)	117,874	12,853	67,700	37,322	10.9	57.4	31.7
65 (2053)	117,493	12,749	67,585	37,159	10.9	57.5	31.6
66 (2054)	117,114	12,651	67,467	36,997	10.8	57.6	31.6
67 (2055)	116,738	12,560	67,334	36,844	10.8	57.7	31.6
68 (2056)	116,362	12,476	67,171	36,715	10.7	57.7	31.6
69 (2057)	115,986	12,401	66,943	36,642	10.7	57.7	31.6
70 (2058)	115,608	12,334	66,675	36,599	10.7	57.7	31.7
71 (2059)	115,228	12,276	66,336	36,616	10.7	57.6	31.8
72 (2060)	114,843	12,227	65,966	36,650	10.6	57.4	31.9

各年10月1日現在人口. 平成22(2010)年は, 総務省統計局『平成22年国勢調査による基準人口』(国籍・年齢「不詳人口」をあん分補正した人口)による.

表C-10 総人口, 年齢3区分(0～14歳, 15～64歳, 65歳以上)別人口及び年齢構造係数
：出生中位・外国人移動50万人(2030年)(死亡中位)推計(つづき)

年次	人口 (1,000人)				割合 (%)		
	総数	0～14歳	15～64歳	65歳以上	0～14歳	15～64歳	65歳以上
平成 73 (2061)	114,446	12,185	65,605	36,656	10.6	57.3	32.0
74 (2062)	114,035	12,150	65,223	36,663	10.7	57.2	32.2
75 (2063)	113,611	12,120	64,822	36,669	10.7	57.1	32.3
76 (2064)	113,175	12,095	64,427	36,653	10.7	56.9	32.4
77 (2065)	112,727	12,072	64,024	36,631	10.7	56.8	32.5
78 (2066)	112,270	12,051	63,623	36,596	10.7	56.7	32.6
79 (2067)	111,805	12,030	63,228	36,546	10.8	56.6	32.7
80 (2068)	111,334	12,008	62,856	36,470	10.8	56.5	32.8
81 (2069)	110,859	11,982	62,496	36,381	10.8	56.4	32.8
82 (2070)	110,381	11,953	62,171	36,258	10.8	56.3	32.8
83 (2071)	109,903	11,918	61,840	36,145	10.8	56.3	32.9
84 (2072)	109,426	11,878	61,498	36,050	10.9	56.2	32.9
85 (2073)	108,951	11,832	61,151	35,969	10.9	56.1	33.0
86 (2074)	108,480	11,780	60,836	35,865	10.9	56.1	33.1
87 (2075)	108,013	11,722	60,521	35,770	10.9	56.0	33.1
88 (2076)	107,550	11,658	60,193	35,699	10.8	56.0	33.2
89 (2077)	107,092	11,590	59,903	35,598	10.8	55.9	33.2
90 (2078)	106,637	11,518	59,627	35,492	10.8	55.9	33.3
91 (2079)	106,186	11,443	59,367	35,377	10.8	55.9	33.3
92 (2080)	105,737	11,365	59,127	35,245	10.7	55.9	33.3
93 (2081)	105,290	11,287	58,907	35,097	10.7	55.9	33.3
94 (2082)	104,844	11,209	58,702	34,934	10.7	56.0	33.3
95 (2083)	104,398	11,131	58,508	34,759	10.7	56.0	33.3
96 (2084)	103,951	11,055	58,319	34,576	10.6	56.1	33.3
97 (2085)	103,501	10,983	58,132	34,387	10.6	56.2	33.2
98 (2086)	103,050	10,913	57,940	34,196	10.6	56.2	33.2
99 (2087)	102,595	10,847	57,741	34,007	10.6	56.3	33.1
100 (2088)	102,138	10,786	57,531	33,821	10.6	56.3	33.1
101 (2089)	101,677	10,728	57,308	33,640	10.6	56.4	33.1
102 (2090)	101,212	10,676	57,071	33,466	10.5	56.4	33.1
103 (2091)	100,745	10,627	56,818	33,300	10.5	56.4	33.1
104 (2092)	100,276	10,583	56,552	33,141	10.6	56.4	33.1
105 (2093)	99,805	10,542	56,273	32,990	10.6	56.4	33.1
106 (2094)	99,332	10,504	55,983	32,844	10.6	56.4	33.1
107 (2095)	98,858	10,469	55,685	32,704	10.6	56.3	33.1
108 (2096)	98,385	10,435	55,381	32,569	10.6	56.3	33.1
109 (2097)	97,913	10,403	55,073	32,436	10.6	56.2	33.1
110 (2098)	97,442	10,371	54,764	32,307	10.6	56.2	33.2
111 (2099)	96,973	10,339	54,455	32,179	10.7	56.2	33.2
112 (2100)	96,506	10,306	54,149	32,052	10.7	56.1	33.2
113 (2101)	96,043	10,271	53,847	31,925	10.7	56.1	33.2
114 (2102)	95,583	10,234	53,550	31,799	10.7	56.0	33.3
115 (2103)	95,127	10,195	53,259	31,672	10.7	56.0	33.3
116 (2104)	94,674	10,154	52,976	31,544	10.7	56.0	33.3
117 (2105)	94,225	10,109	52,701	31,415	10.7	55.9	33.3
118 (2106)	93,780	10,062	52,434	31,283	10.7	55.9	33.4
119 (2107)	93,339	10,013	52,177	31,149	10.7	55.9	33.4
120 (2108)	92,902	9,960	51,928	31,013	10.7	55.9	33.4
121 (2109)	92,468	9,906	51,689	30,873	10.7	55.9	33.4
122 (2110)	92,038	9,850	51,457	30,731	10.7	55.9	33.4

各年10月1日現在人口.

表C-11 総人口, 年齢3区分(0～14歳, 15～64歳, 65歳以上)別人口及び年齢構造係数
 :出生中位・外国人移動75万人(2030年)(死亡中位)推計

年次	人口 (1,000人) 総数	0～14歳	15～64歳	65歳以上	割合 (%) 0～14歳	15～64歳	65歳以上
平成 22 (2010)	128,057	16,839	81,735	29,484	13.1	63.8	23.0
23 (2011)	127,332	16,653	80,912	29,767	13.1	63.5	23.4
24 (2012)	127,364	16,476	80,056	30,832	12.9	62.9	24.2
25 (2013)	127,763	16,306	79,488	31,968	12.8	62.2	25.0
26 (2014)	128,129	16,143	78,913	33,073	12.6	61.6	25.8
27 (2015)	128,460	15,966	78,554	33,940	12.4	61.2	26.4
28 (2016)	128,757	15,788	78,347	34,622	12.3	60.8	26.9
29 (2017)	129,023	15,615	78,251	35,156	12.1	60.6	27.2
30 (2018)	129,262	15,466	78,235	35,561	12.0	60.5	27.5
31 (2019)	129,478	15,332	78,314	35,832	11.8	60.5	27.7
32 (2020)	129,674	15,240	78,367	36,067	11.8	60.4	27.8
33 (2021)	129,856	15,150	78,486	36,221	11.7	60.4	27.9
34 (2022)	130,027	15,061	78,693	36,274	11.6	60.5	27.9
35 (2023)	130,190	14,978	78,873	36,340	11.5	60.6	27.9
36 (2024)	130,347	14,937	78,993	36,417	11.5	60.6	27.9
37 (2025)	130,500	14,909	79,147	36,444	11.4	60.6	27.9
38 (2026)	130,650	14,884	79,329	36,437	11.4	60.7	27.9
39 (2027)	130,795	14,901	79,462	36,432	11.4	60.8	27.9
40 (2028)	130,937	14,936	79,544	36,457	11.4	60.7	27.8
41 (2029)	131,073	14,989	79,584	36,500	11.4	60.7	27.8
42 (2030)	131,203	15,061	79,512	36,630	11.5	60.6	27.9
43 (2031)	131,321	15,148	79,737	36,436	11.5	60.7	27.7
44 (2032)	131,427	15,247	79,586	36,594	11.6	60.6	27.8
45 (2033)	131,519	15,350	79,425	36,743	11.7	60.4	27.9
46 (2034)	131,596	15,454	79,224	36,918	11.7	60.2	28.1
47 (2035)	131,659	15,553	78,998	37,108	11.8	60.0	28.2
48 (2036)	131,706	15,642	78,727	37,338	11.9	59.8	28.3
49 (2037)	131,740	15,717	78,416	37,607	11.9	59.5	28.5
50 (2038)	131,762	15,776	78,080	37,905	12.0	59.3	28.8
51 (2039)	131,773	15,817	77,789	38,166	12.0	59.0	29.0
52 (2040)	131,775	15,838	77,606	38,331	12.0	58.9	29.1
53 (2041)	131,771	15,840	77,512	38,419	12.0	58.8	29.2
54 (2042)	131,764	15,824	77,509	38,431	12.0	58.8	29.2
55 (2043)	131,757	15,792	77,554	38,412	12.0	58.9	29.2
56 (2044)	131,751	15,745	77,667	38,340	12.0	58.9	29.1
57 (2045)	131,751	15,686	77,819	38,246	11.9	59.1	29.0
58 (2046)	131,758	15,618	78,032	38,108	11.9	59.2	28.9
59 (2047)	131,775	15,545	78,255	37,975	11.8	59.4	28.8
60 (2048)	131,802	15,469	78,472	37,861	11.7	59.5	28.7
61 (2049)	131,842	15,392	78,692	37,758	11.7	59.7	28.6
62 (2050)	131,894	15,319	78,929	37,646	11.6	59.8	28.5
63 (2051)	131,959	15,250	79,191	37,519	11.6	60.0	28.4
64 (2052)	132,037	15,188	79,441	37,407	11.5	60.2	28.3
65 (2053)	132,126	15,135	79,679	37,312	11.5	60.3	28.2
66 (2054)	132,225	15,093	79,900	37,233	11.4	60.4	28.2
67 (2055)	132,333	15,062	80,090	37,182	11.4	60.5	28.1
68 (2056)	132,448	15,043	80,231	37,175	11.4	60.6	28.1
69 (2057)	132,568	15,036	80,285	37,247	11.3	60.6	28.1
70 (2058)	132,691	15,041	80,277	37,373	11.3	60.5	28.2
71 (2059)	132,814	15,059	80,180	37,576	11.3	60.4	28.3
72 (2060)	132,937	15,086	80,043	37,809	11.3	60.2	28.4

各年10月1日現在人口. 平成22(2010)年は, 総務省統計局『平成22年国勢調査による基準人口』(国籍・年齢「不詳人口」をあん分補正した人口)による.

表C-11 総人口，年齢3区分(0～14歳，15～64歳，65歳以上)別人口及び年齢構造係数
：出生中位・外国人移動75万人(2030年)(死亡中位)推計(つづき)

年　次	人　口　(1,000人)				割　合　(%)		
	総　数	0～14歳	15～64歳	65歳以上	0～14歳	15～64歳	65歳以上
平成 73 (2061)	133,051	15,123	79,910	38,018	11.4	60.1	28.6
74 (2062)	133,152	15,166	79,756	38,229	11.4	59.9	28.7
75 (2063)	133,241	15,215	79,586	38,439	11.4	59.7	28.8
76 (2064)	133,318	15,268	79,425	38,625	11.5	59.6	29.0
77 (2065)	133,383	15,320	79,258	38,805	11.5	59.4	29.1
78 (2066)	133,438	15,372	79,097	38,969	11.5	59.3	29.2
79 (2067)	133,484	15,420	78,947	39,117	11.6	59.1	29.3
80 (2068)	133,522	15,462	78,825	39,235	11.6	59.0	29.4
81 (2069)	133,554	15,498	78,720	39,336	11.6	58.9	29.5
82 (2070)	133,582	15,524	78,657	39,400	11.6	58.9	29.5
83 (2071)	133,607	15,542	78,594	39,471	11.6	58.8	29.5
84 (2072)	133,631	15,549	78,527	39,554	11.6	58.8	29.6
85 (2073)	133,655	15,547	78,461	39,647	11.6	58.7	29.7
86 (2074)	133,680	15,535	78,435	39,710	11.6	58.7	29.7
87 (2075)	133,706	15,514	78,415	39,778	11.6	58.6	29.7
88 (2076)	133,735	15,485	78,387	39,863	11.6	58.6	29.8
89 (2077)	133,766	15,450	78,408	39,908	11.6	58.6	29.8
90 (2078)	133,799	15,410	78,444	39,945	11.5	58.6	29.9
91 (2079)	133,833	15,367	78,499	39,968	11.5	58.7	29.9
92 (2080)	133,868	15,322	78,575	39,970	11.4	58.7	29.9
93 (2081)	133,901	15,277	78,670	39,954	11.4	58.8	29.8
94 (2082)	133,933	15,235	78,778	39,921	11.4	58.8	29.8
95 (2083)	133,963	15,195	78,893	39,875	11.3	58.9	29.8
96 (2084)	133,988	15,160	79,008	39,820	11.3	59.0	29.7
97 (2085)	134,009	15,130	79,116	39,763	11.3	59.0	29.7
98 (2086)	134,025	15,107	79,211	39,707	11.3	59.1	29.6
99 (2087)	134,035	15,091	79,289	39,655	11.3	59.2	29.6
100 (2088)	134,038	15,082	79,345	39,612	11.3	59.2	29.6
101 (2089)	134,036	15,080	79,377	39,579	11.3	59.2	29.5
102 (2090)	134,027	15,085	79,384	39,557	11.3	59.2	29.5
103 (2091)	134,012	15,096	79,367	39,549	11.3	59.2	29.5
104 (2092)	133,992	15,113	79,327	39,551	11.3	59.2	29.5
105 (2093)	133,967	15,134	79,268	39,565	11.3	59.2	29.5
106 (2094)	133,938	15,159	79,192	39,587	11.3	59.1	29.6
107 (2095)	133,905	15,186	79,104	39,615	11.3	59.1	29.6
108 (2096)	133,871	15,214	79,007	39,650	11.4	59.0	29.6
109 (2097)	133,835	15,242	78,906	39,687	11.4	59.0	29.7
110 (2098)	133,799	15,269	78,805	39,725	11.4	58.9	29.7
111 (2099)	133,763	15,292	78,706	39,764	11.4	58.8	29.7
112 (2100)	133,728	15,313	78,614	39,801	11.5	58.8	29.8
113 (2101)	133,694	15,329	78,529	39,836	11.5	58.7	29.8
114 (2102)	133,662	15,340	78,454	39,867	11.5	58.7	29.8
115 (2103)	133,632	15,346	78,391	39,894	11.5	58.7	29.9
116 (2104)	133,604	15,346	78,341	39,916	11.5	58.6	29.9
117 (2105)	133,579	15,342	78,304	39,933	11.5	58.6	29.9
118 (2106)	133,556	15,332	78,281	39,944	11.5	58.6	29.9
119 (2107)	133,536	15,317	78,271	39,948	11.5	58.6	29.9
120 (2108)	133,518	15,298	78,274	39,946	11.5	58.6	29.9
121 (2109)	133,502	15,276	78,290	39,937	11.4	58.6	29.9
122 (2110)	133,489	15,252	78,315	39,922	11.4	58.7	29.9

各年10月1日現在人口．

表C-12 総人口, 年齢3区分(0～14歳, 15～64歳, 65歳以上)別人口及び年齢構造係数
：出生中位・外国人移動100万人(2030年)(死亡中位)推計

年次	人口 (1,000人) 総数	0～14歳	15～64歳	65歳以上	割合 (%) 0～14歳	15～64歳	65歳以上
平成 22 (2010)	128,057	16,839	81,735	29,484	13.1	63.8	23.0
23 (2011)	127,178	16,642	80,768	29,768	13.1	63.5	23.4
24 (2012)	127,315	16,469	80,013	30,833	12.9	62.8	24.2
25 (2013)	127,952	16,316	79,670	31,967	12.8	62.3	25.0
26 (2014)	128,564	16,171	79,322	33,070	12.6	61.7	25.7
27 (2015)	129,147	16,018	79,194	33,935	12.4	61.3	26.3
28 (2016)	129,702	15,868	79,220	34,615	12.2	61.1	26.7
29 (2017)	130,233	15,728	79,359	35,147	12.1	60.9	27.0
30 (2018)	130,745	15,617	79,580	35,548	11.9	60.9	27.2
31 (2019)	131,242	15,528	79,899	35,815	11.8	60.9	27.3
32 (2020)	131,728	15,487	80,194	36,046	11.8	60.9	27.4
33 (2021)	132,207	15,456	80,556	36,195	11.7	60.9	27.4
34 (2022)	132,685	15,433	81,008	36,244	11.6	61.1	27.3
35 (2023)	133,162	15,424	81,434	36,304	11.6	61.2	27.3
36 (2024)	133,642	15,464	81,802	36,376	11.6	61.2	27.2
37 (2025)	134,126	15,524	82,205	36,397	11.6	61.3	27.1
38 (2026)	134,613	15,593	82,637	36,383	11.6	61.4	27.0
39 (2027)	135,103	15,710	83,022	36,371	11.6	61.5	26.9
40 (2028)	135,594	15,846	83,359	36,389	11.7	61.5	26.8
41 (2029)	136,086	16,001	83,660	36,425	11.8	61.5	26.8
42 (2030)	136,575	16,174	83,852	36,549	11.8	61.4	26.8
43 (2031)	137,058	16,361	84,348	36,349	11.9	61.5	26.5
44 (2032)	137,531	16,557	84,474	36,501	12.0	61.4	26.5
45 (2033)	137,994	16,754	84,596	36,644	12.1	61.3	26.6
46 (2034)	138,446	16,947	84,686	36,813	12.2	61.2	26.6
47 (2035)	138,886	17,129	84,760	36,997	12.3	61.0	26.6
48 (2036)	139,315	17,295	84,797	37,223	12.4	60.9	26.7
49 (2037)	139,734	17,441	84,805	37,488	12.5	60.7	26.8
50 (2038)	140,145	17,565	84,798	37,782	12.5	60.5	27.0
51 (2039)	140,550	17,664	84,846	38,041	12.6	60.4	27.1
52 (2040)	140,953	17,738	85,012	38,203	12.6	60.3	27.1
53 (2041)	141,356	17,787	85,280	38,289	12.6	60.3	27.1
54 (2042)	141,765	17,814	85,649	38,302	12.6	60.4	27.0
55 (2043)	142,181	17,821	86,077	38,283	12.5	60.5	26.9
56 (2044)	142,609	17,811	86,583	38,216	12.5	60.7	26.8
57 (2045)	143,053	17,789	87,136	38,129	12.4	60.9	26.7
58 (2046)	143,515	17,758	87,756	38,001	12.4	61.1	26.5
59 (2047)	143,999	17,723	88,394	37,882	12.3	61.4	26.3
60 (2048)	144,505	17,687	89,029	37,788	12.2	61.6	26.1
61 (2049)	145,035	17,655	89,669	37,711	12.2	61.8	26.0
62 (2050)	145,590	17,630	90,327	37,633	12.1	62.0	25.8
63 (2051)	146,170	17,615	91,006	37,549	12.1	62.3	25.7
64 (2052)	146,773	17,613	91,670	37,491	12.0	62.5	25.5
65 (2053)	147,400	17,625	92,312	37,462	12.0	62.6	25.4
66 (2054)	148,047	17,654	92,927	37,465	11.9	62.8	25.3
67 (2055)	148,713	17,701	93,498	37,515	11.9	62.9	25.2
68 (2056)	149,395	17,765	94,001	37,630	11.9	62.9	25.2
69 (2057)	150,091	17,847	94,398	37,846	11.9	62.9	25.2
70 (2058)	150,797	17,945	94,714	38,139	11.9	62.8	25.3
71 (2059)	151,511	18,059	94,925	38,527	11.9	62.7	25.4
72 (2060)	152,230	18,185	95,087	38,958	11.9	62.5	25.6

各年10月1日現在人口．平成22(2010)年は，総務省統計局『平成22年国勢調査による基準人口』(国籍・年齢「不詳人口」をあん分補正した人口)による．

表C-12 総人口，年齢3区分(0～14歳，15～64歳，65歳以上)別人口及び年齢構造係数
：出生中位・外国人移動100万人(2030年)(死亡中位)推計(つづき)

年次	人口 (1,000人) 総数	0～14歳	15～64歳	65歳以上	割合 (%) 0～14歳	15～64歳	65歳以上
平成 73 (2061)	152,945	18,323	95,253	39,369	12.0	62.3	25.7
74 (2062)	153,651	18,468	95,400	39,784	12.0	62.1	25.9
75 (2063)	154,349	18,619	95,535	40,196	12.1	61.9	26.0
76 (2064)	155,038	18,770	95,684	40,584	12.1	61.7	26.2
77 (2065)	155,718	18,921	95,834	40,963	12.2	61.5	26.3
78 (2066)	156,390	19,066	95,998	41,326	12.2	61.4	26.4
79 (2067)	157,054	19,204	96,181	41,669	12.2	61.2	26.5
80 (2068)	157,713	19,332	96,400	41,981	12.3	61.1	26.6
81 (2069)	158,367	19,447	96,647	42,272	12.3	61.0	26.7
82 (2070)	159,018	19,550	96,946	42,523	12.3	61.0	26.7
83 (2071)	159,669	19,637	97,256	42,776	12.3	60.9	26.8
84 (2072)	160,320	19,710	97,572	43,038	12.3	60.9	26.8
85 (2073)	160,974	19,769	97,900	43,305	12.3	60.8	26.9
86 (2074)	161,632	19,815	98,282	43,535	12.3	60.8	26.9
87 (2075)	162,294	19,849	98,681	43,764	12.2	60.8	27.0
88 (2076)	162,961	19,873	99,082	44,006	12.2	60.8	27.0
89 (2077)	163,634	19,890	99,545	44,199	12.2	60.8	27.0
90 (2078)	164,312	19,902	100,029	44,381	12.1	60.9	27.0
91 (2079)	164,995	19,912	100,536	44,547	12.1	60.9	27.0
92 (2080)	165,682	19,922	101,069	44,690	12.0	61.0	27.0
93 (2081)	166,371	19,935	101,622	44,814	12.0	61.1	26.9
94 (2082)	167,062	19,953	102,188	44,922	11.9	61.2	26.9
95 (2083)	167,754	19,978	102,758	45,018	11.9	61.3	26.8
96 (2084)	168,445	20,013	103,322	45,110	11.9	61.3	26.8
97 (2085)	169,134	20,057	103,873	45,204	11.9	61.4	26.7
98 (2086)	169,820	20,113	104,402	45,304	11.8	61.5	26.7
99 (2087)	170,503	20,181	104,904	45,417	11.8	61.5	26.6
100 (2088)	171,181	20,261	105,374	45,546	11.8	61.6	26.6
101 (2089)	171,855	20,352	105,810	45,693	11.8	61.6	26.6
102 (2090)	172,524	20,453	106,210	45,860	11.9	61.6	26.6
103 (2091)	173,188	20,564	106,578	46,046	11.9	61.5	26.6
104 (2092)	173,848	20,683	106,915	46,251	11.9	61.5	26.6
105 (2093)	174,506	20,807	107,227	46,471	11.9	61.4	26.6
106 (2094)	175,160	20,936	107,519	46,705	12.0	61.4	26.7
107 (2095)	175,813	21,067	107,798	46,948	12.0	61.3	26.7
108 (2096)	176,465	21,197	108,069	47,198	12.0	61.2	26.7
109 (2097)	177,117	21,326	108,339	47,453	12.0	61.2	26.8
110 (2098)	177,771	21,451	108,613	47,707	12.1	61.1	26.8
111 (2099)	178,427	21,570	108,897	47,961	12.1	61.0	26.9
112 (2100)	179,087	21,682	109,194	48,210	12.1	61.0	26.9
113 (2101)	179,750	21,787	109,509	48,454	12.1	60.9	27.0
114 (2102)	180,418	21,883	109,845	48,690	12.1	60.9	27.0
115 (2103)	181,091	21,969	110,203	48,919	12.1	60.9	27.0
116 (2104)	181,769	22,047	110,584	49,138	12.1	60.8	27.0
117 (2105)	182,454	22,117	110,989	49,348	12.1	60.8	27.0
118 (2106)	183,144	22,179	111,418	49,547	12.1	60.8	27.1
119 (2107)	183,841	22,234	111,870	49,737	12.1	60.9	27.1
120 (2108)	184,543	22,283	112,343	49,916	12.1	60.9	27.0
121 (2109)	185,252	22,329	112,836	50,086	12.1	60.9	27.0
122 (2110)	185,967	22,373	113,346	50,248	12.0	60.9	27.0

各年10月1日現在人口．

(D) 出生中位〜人口置換水準到達（死亡中位）推計
平成 22(2010)年〜平成 122(2110)年

結 果 表

結果表 D-1〜D-8：死亡率が中位仮定で、出生率が平成 72(2060)年に中位仮定から平成 172(2160)年に人口置換水準に到達するシナリオの推計について、8種の結果表を示す。

表D-1 総人口, 年齢3区分(0〜14歳, 15〜64歳, 65歳以上)別人口及び年齢構造係数
：出生中位〜人口置換水準到達（死亡中位）推計

年次	人口 (1,000人) 総数	0〜14歳	15〜64歳	65歳以上	割合 (%) 0〜14歳	15〜64歳	65歳以上
平成 22 (2010)	128,057	16,839	81,735	29,484	13.1	63.8	23.0
23 (2011)	127,753	16,685	81,303	29,764	13.1	63.6	23.3
24 (2012)	127,498	16,493	80,173	30,831	12.9	62.9	24.2
25 (2013)	127,247	16,281	78,996	31,971	12.8	62.1	25.1
26 (2014)	126,949	16,067	77,803	33,080	12.7	61.3	26.1
27 (2015)	126,597	15,827	76,818	33,952	12.5	60.7	26.8
28 (2016)	126,193	15,574	75,979	34,640	12.3	60.2	27.5
29 (2017)	125,739	15,311	75,245	35,182	12.2	59.8	28.0
30 (2018)	125,236	15,056	74,584	35,596	12.0	59.6	28.4
31 (2019)	124,689	14,800	74,011	35,877	11.9	59.4	28.8
32 (2020)	124,100	14,568	73,408	36,124	11.7	59.2	29.1
33 (2021)	123,474	14,318	72,866	36,290	11.6	59.0	29.4
34 (2022)	122,813	14,049	72,408	36,356	11.4	59.0	29.6
35 (2023)	122,122	13,766	71,920	36,436	11.3	58.9	29.8
36 (2024)	121,403	13,505	71,369	36,529	11.1	58.8	30.1
37 (2025)	120,659	13,240	70,845	36,573	11.0	58.7	30.3
38 (2026)	119,891	12,959	70,349	36,584	10.8	58.7	30.5
39 (2027)	119,102	12,706	69,799	36,597	10.7	58.6	30.7
40 (2028)	118,293	12,466	69,187	36,640	10.5	58.5	31.0
41 (2029)	117,465	12,242	68,522	36,701	10.4	58.3	31.2
42 (2030)	116,618	12,039	67,730	36,849	10.3	58.1	31.6
43 (2031)	115,752	11,856	67,224	36,673	10.2	58.1	31.7
44 (2032)	114,870	11,692	66,330	36,848	10.2	57.7	32.1
45 (2033)	113,970	11,544	65,412	37,013	10.1	57.4	32.5
46 (2034)	113,054	11,410	64,441	37,203	10.1	57.0	32.9
47 (2035)	112,124	11,287	63,430	37,407	10.1	56.6	33.4
48 (2036)	111,179	11,171	62,357	37,651	10.0	56.1	33.9
49 (2037)	110,220	11,060	61,229	37,931	10.0	55.6	34.4
50 (2038)	109,250	10,951	60,059	38,239	10.0	55.0	35.0
51 (2039)	108,268	10,842	58,917	38,508	10.0	54.4	35.6
52 (2040)	107,276	10,732	57,866	38,678	10.0	53.9	36.1
53 (2041)	106,275	10,618	56,888	38,769	10.0	53.5	36.5
54 (2042)	105,267	10,500	55,985	38,782	10.0	53.2	36.8
55 (2043)	104,253	10,377	55,117	38,759	10.0	52.9	37.2
56 (2044)	103,233	10,249	54,308	38,676	9.9	52.6	37.5
57 (2045)	102,210	10,116	53,531	38,564	9.9	52.4	37.7
58 (2046)	101,185	9,978	52,810	38,398	9.9	52.2	37.9
59 (2047)	100,158	9,835	52,098	38,225	9.8	52.0	38.2
60 (2048)	99,131	9,689	51,385	38,057	9.8	51.8	38.4
61 (2049)	98,103	9,539	50,683	37,881	9.7	51.7	38.6
62 (2050)	97,076	9,387	50,013	37,676	9.7	51.5	38.8
63 (2051)	96,048	9,233	49,386	37,430	9.6	51.4	39.0
64 (2052)	95,021	9,077	48,773	37,171	9.6	51.3	39.1
65 (2053)	93,993	8,922	48,180	36,891	9.5	51.3	39.2
66 (2054)	92,964	8,767	47,613	36,585	9.4	51.2	39.4
67 (2055)	91,933	8,614	47,063	36,257	9.4	51.2	39.4
68 (2056)	90,901	8,464	46,520	35,916	9.3	51.2	39.5
69 (2057)	89,865	8,319	45,956	35,591	9.3	51.1	39.6
70 (2058)	88,826	8,178	45,391	35,257	9.2	51.1	39.7
71 (2059)	87,783	8,042	44,791	34,951	9.2	51.0	39.8
72 (2060)	86,737	7,912	44,183	34,642	9.1	50.9	39.9

各年10月1日現在人口．平成22(2010)年は，総務省統計局『平成22年国勢調査による基準人口』（国籍・年齢「不詳人口」をあん分補正した人口）による．

表D-1 総人口, 年齢3区分(0～14歳, 15～64歳, 65歳以上)別人口及び年齢構造係数
: 出生中位～人口置換水準到達（死亡中位）推計（つづき）

年次	人口 (1,000人) 総数	0～14歳	15～64歳	65歳以上	割合 (%) 0～14歳	15～64歳	65歳以上
平成 73 (2061)	85,681	7,790	43,595	34,296	9.1	50.9	40.0
74 (2062)	84,616	7,675	42,989	33,951	9.1	50.8	40.1
75 (2063)	83,542	7,569	42,368	33,605	9.1	50.7	40.2
76 (2064)	82,462	7,470	41,754	33,238	9.1	50.6	40.3
77 (2065)	81,379	7,378	41,132	32,869	9.1	50.5	40.4
78 (2066)	80,294	7,292	40,512	32,490	9.1	50.5	40.5
79 (2067)	79,210	7,213	39,897	32,100	9.1	50.4	40.5
80 (2068)	78,130	7,138	39,302	31,690	9.1	50.3	40.6
81 (2069)	77,057	7,067	38,718	31,272	9.2	50.2	40.6
82 (2070)	75,993	6,999	38,165	30,829	9.2	50.2	40.6
83 (2071)	74,940	6,934	37,603	30,403	9.3	50.2	40.6
84 (2072)	73,901	6,871	37,029	30,001	9.3	50.1	40.6
85 (2073)	72,876	6,808	36,446	29,622	9.3	50.0	40.6
86 (2074)	71,869	6,746	35,888	29,234	9.4	49.9	40.7
87 (2075)	70,878	6,685	35,329	28,865	9.4	49.8	40.7
88 (2076)	69,906	6,622	34,756	28,528	9.5	49.7	40.8
89 (2077)	68,952	6,557	34,214	28,181	9.5	49.6	40.9
90 (2078)	68,016	6,490	33,687	27,839	9.5	49.5	40.9
91 (2079)	67,098	6,421	33,179	27,498	9.6	49.4	41.0
92 (2080)	66,196	6,351	32,693	27,152	9.6	49.4	41.0
93 (2081)	65,311	6,279	32,231	26,801	9.6	49.3	41.0
94 (2082)	64,441	6,206	31,790	26,445	9.6	49.3	41.0
95 (2083)	63,586	6,133	31,368	26,085	9.6	49.3	41.0
96 (2084)	62,744	6,060	30,962	25,722	9.7	49.3	41.0
97 (2085)	61,915	5,987	30,571	25,358	9.7	49.4	41.0
98 (2086)	61,098	5,914	30,190	24,994	9.7	49.4	40.9
99 (2087)	60,293	5,844	29,818	24,632	9.7	49.5	40.9
100 (2088)	59,499	5,774	29,452	24,273	9.7	49.5	40.8
101 (2089)	58,715	5,707	29,090	23,918	9.7	49.5	40.7
102 (2090)	57,941	5,643	28,730	23,568	9.7	49.6	40.7
103 (2091)	57,178	5,581	28,373	23,224	9.8	49.6	40.6
104 (2092)	56,424	5,522	28,016	22,886	9.8	49.7	40.6
105 (2093)	55,681	5,467	27,660	22,554	9.8	49.7	40.5
106 (2094)	54,948	5,414	27,306	22,227	9.9	49.7	40.5
107 (2095)	54,224	5,365	26,952	21,907	9.9	49.7	40.4
108 (2096)	53,512	5,319	26,601	21,592	9.9	49.7	40.3
109 (2097)	52,810	5,276	26,251	21,282	10.0	49.7	40.3
110 (2098)	52,119	5,236	25,904	20,978	10.0	49.7	40.3
111 (2099)	51,439	5,199	25,561	20,679	10.1	49.7	40.2
112 (2100)	50,770	5,163	25,221	20,386	10.2	49.7	40.2
113 (2101)	50,113	5,129	24,886	20,097	10.2	49.7	40.1
114 (2102)	49,467	5,097	24,556	19,814	10.3	49.6	40.1
115 (2103)	48,833	5,066	24,232	19,535	10.4	49.6	40.0
116 (2104)	48,211	5,036	23,914	19,261	10.4	49.6	40.0
117 (2105)	47,600	5,007	23,603	18,991	10.5	49.6	39.9
118 (2106)	47,002	4,977	23,300	18,725	10.6	49.6	39.8
119 (2107)	46,415	4,948	23,004	18,463	10.7	49.6	39.8
120 (2108)	45,841	4,918	22,718	18,205	10.7	49.6	39.7
121 (2109)	45,278	4,888	22,441	17,949	10.8	49.6	39.6
122 (2110)	44,727	4,858	22,172	17,697	10.9	49.6	39.6

各年10月1日現在人口.

表D-2 総人口,年齢4区分(0～19歳,20～64歳,65～74歳,75歳以上)別人口及び年齢構造係数
：出生中位～人口置換水準到達（死亡中位）推計

年　次	人　口　(1,000人)					割　合　(%)			
	総　数	0～19歳	20～64歳	65～74歳	75歳以上	0～19歳	20～64歳	65～74歳	75歳以上
平成 22 (2010)	128,057	22,932	75,642	15,290	14,194	17.9	59.1	11.9	11.1
23 (2011)	127,753	22,734	75,254	15,044	14,720	17.8	58.9	11.8	11.5
24 (2012)	127,498	22,515	74,151	15,604	15,227	17.7	58.2	12.2	11.9
25 (2013)	127,247	22,305	72,972	16,302	15,669	17.5	57.3	12.8	12.3
26 (2014)	126,949	22,044	71,825	17,089	15,990	17.4	56.6	13.5	12.6
27 (2015)	126,597	21,760	70,885	17,494	16,458	17.2	56.0	13.8	13.0
28 (2016)	126,193	21,484	70,069	17,612	17,029	17.0	55.5	14.0	13.5
29 (2017)	125,739	21,175	69,381	17,580	17,602	16.8	55.2	14.0	14.0
30 (2018)	125,236	20,838	68,802	17,501	18,094	16.6	54.9	14.0	14.4
31 (2019)	124,689	20,500	68,312	17,279	18,598	16.4	54.8	13.9	14.9
32 (2020)	124,100	20,146	67,830	17,334	18,790	16.2	54.7	14.0	15.1
33 (2021)	123,474	19,789	67,395	17,422	18,868	16.0	54.6	14.1	15.3
34 (2022)	122,813	19,435	67,022	16,736	19,620	15.8	54.6	13.6	16.0
35 (2023)	122,122	19,102	66,584	16,007	20,429	15.6	54.5	13.1	16.7
36 (2024)	121,403	18,780	66,094	15,318	21,212	15.5	54.4	12.6	17.5
37 (2025)	120,659	18,492	65,593	14,788	21,786	15.3	54.4	12.3	18.1
38 (2026)	119,891	18,196	65,112	14,385	22,199	15.2	54.3	12.0	18.5
39 (2027)	119,102	17,887	64,618	14,109	22,488	15.0	54.3	11.8	18.9
40 (2028)	118,293	17,570	64,083	13,972	22,668	14.9	54.2	11.8	19.2
41 (2029)	117,465	17,278	63,486	13,964	22,737	14.7	54.0	11.9	19.4
42 (2030)	116,618	16,984	62,784	14,065	22,784	14.6	53.8	12.1	19.5
43 (2031)	115,752	16,673	62,407	13,906	22,767	14.4	53.9	12.0	19.7
44 (2032)	114,870	16,390	61,633	14,178	22,670	14.3	53.7	12.3	19.7
45 (2033)	113,970	16,117	60,840	14,418	22,595	14.1	53.4	12.7	19.8
46 (2034)	113,054	15,859	59,992	14,661	22,542	14.0	53.1	13.0	19.9
47 (2035)	112,124	15,620	59,096	14,953	22,454	13.9	52.7	13.3	20.0
48 (2036)	111,179	15,400	58,128	15,304	22,347	13.9	52.3	13.8	20.1
49 (2037)	110,220	15,197	57,092	15,678	22,253	13.8	51.8	14.2	20.2
50 (2038)	109,250	15,009	56,001	16,042	22,197	13.7	51.3	14.7	20.3
51 (2039)	108,268	14,833	54,927	16,340	22,168	13.7	50.7	15.1	20.5
52 (2040)	107,276	14,665	53,933	16,448	22,230	13.7	50.3	15.3	20.7
53 (2041)	106,275	14,503	53,003	16,758	22,011	13.6	49.9	15.8	20.7
54 (2042)	105,267	14,344	52,140	16,660	22,123	13.6	49.5	15.8	21.0
55 (2043)	104,253	14,186	51,308	16,520	22,239	13.6	49.2	15.8	21.3
56 (2044)	103,233	14,026	50,531	16,286	22,390	13.6	48.9	15.8	21.7
57 (2045)	102,210	13,862	49,785	15,997	22,567	13.6	48.7	15.7	22.1
58 (2046)	101,185	13,693	49,094	15,606	22,792	13.5	48.5	15.4	22.5
59 (2047)	100,158	13,520	48,414	15,162	23,062	13.5	48.3	15.1	23.0
60 (2048)	99,131	13,341	47,733	14,688	23,369	13.5	48.2	14.8	23.6
61 (2049)	98,103	13,158	47,064	14,233	23,648	13.4	48.0	14.5	24.1
62 (2050)	97,076	12,970	46,430	13,830	23,846	13.4	47.8	14.2	24.6
63 (2051)	96,048	12,778	45,840	13,451	23,979	13.3	47.7	14.0	25.0
64 (2052)	95,021	12,584	45,266	13,126	24,044	13.2	47.6	13.8	25.3
65 (2053)	93,993	12,388	44,714	12,812	24,079	13.2	47.6	13.6	25.6
66 (2054)	92,964	12,191	44,188	12,525	24,060	13.1	47.5	13.5	25.9
67 (2055)	91,933	11,995	43,682	12,246	24,010	13.0	47.5	13.3	26.1
68 (2056)	90,901	11,799	43,186	12,009	23,907	13.0	47.5	13.2	26.3
69 (2057)	89,865	11,606	42,669	11,800	23,791	12.9	47.5	13.1	26.5
70 (2058)	88,826	11,415	42,154	11,586	23,671	12.9	47.5	13.0	26.6
71 (2059)	87,783	11,228	41,605	11,415	23,535	12.8	47.4	13.0	26.8
72 (2060)	86,737	11,045	41,050	11,279	23,362	12.7	47.3	13.0	26.9

各年10月1日現在人口．平成22(2010)年は，総務省統計局『平成22年国勢調査による基準人口』（国籍・年齢「不詳人口」をあん分補正した人口）による．

表D-2 総人口, 年齢4区分(0～19歳, 20～64歳, 65～74歳, 75歳以上)別人口及び年齢構造係数
：出生中位～人口置換水準到達（死亡中位）推計（つづき）

年次	人口 (1,000人) 総数	0～19歳	20～64歳	65～74歳	75歳以上	割合(%) 0～19歳	20～64歳	65～74歳	75歳以上
平成 73 (2061)	85,681	10,868	40,517	11,159	23,138	12.7	47.3	13.0	27.0
74 (2062)	84,616	10,698	39,966	11,065	22,886	12.6	47.2	13.1	27.0
75 (2063)	83,542	10,536	39,401	11,003	22,602	12.6	47.2	13.2	27.1
76 (2064)	82,462	10,381	38,842	10,954	22,285	12.6	47.1	13.3	27.0
77 (2065)	81,379	10,234	38,275	10,927	21,942	12.6	47.0	13.4	27.0
78 (2066)	80,294	10,095	37,709	10,905	21,585	12.6	47.0	13.6	26.9
79 (2067)	79,210	9,963	37,146	10,857	21,244	12.6	46.9	13.7	26.8
80 (2068)	78,130	9,839	36,602	10,790	20,900	12.6	46.8	13.8	26.8
81 (2069)	77,057	9,721	36,064	10,682	20,590	12.6	46.8	13.9	26.7
82 (2070)	75,993	9,609	35,555	10,539	20,290	12.6	46.8	13.9	26.7
83 (2071)	74,940	9,502	35,034	10,427	19,976	12.7	46.7	13.9	26.7
84 (2072)	73,901	9,401	34,499	10,316	19,685	12.7	46.7	14.0	26.6
85 (2073)	72,876	9,303	33,952	10,204	19,418	12.8	46.6	14.0	26.6
86 (2074)	71,869	9,208	33,426	10,080	19,154	12.8	46.5	14.0	26.7
87 (2075)	70,878	9,116	32,897	9,955	18,909	12.9	46.4	14.0	26.7
88 (2076)	69,906	9,026	32,352	9,852	18,676	12.9	46.3	14.1	26.7
89 (2077)	68,952	8,937	31,834	9,730	18,451	13.0	46.2	14.1	26.8
90 (2078)	68,016	8,849	31,328	9,618	18,221	13.0	46.1	14.1	26.8
91 (2079)	67,098	8,761	30,839	9,502	17,996	13.1	46.0	14.2	26.8
92 (2080)	66,196	8,673	30,371	9,396	17,756	13.1	45.9	14.2	26.8
93 (2081)	65,311	8,585	29,925	9,263	17,538	13.1	45.8	14.2	26.9
94 (2082)	64,441	8,494	29,501	9,102	17,344	13.2	45.8	14.1	26.9
95 (2083)	63,586	8,403	29,098	8,916	17,169	13.2	45.8	14.0	27.0
96 (2084)	62,744	8,311	28,711	8,738	16,984	13.2	45.8	13.9	27.1
97 (2085)	61,915	8,218	28,339	8,548	16,810	13.3	45.8	13.8	27.2
98 (2086)	61,098	8,125	27,979	8,334	16,660	13.3	45.8	13.6	27.3
99 (2087)	60,293	8,032	27,629	8,141	16,491	13.3	45.8	13.5	27.4
100 (2088)	59,499	7,940	27,286	7,954	16,319	13.3	45.9	13.4	27.4
101 (2089)	58,715	7,850	26,947	7,779	16,139	13.4	45.9	13.2	27.5
102 (2090)	57,941	7,761	26,613	7,622	15,946	13.4	45.9	13.2	27.5
103 (2091)	57,178	7,674	26,280	7,484	15,740	13.4	46.0	13.1	27.5
104 (2092)	56,424	7,589	25,949	7,363	15,523	13.5	46.0	13.0	27.5
105 (2093)	55,681	7,508	25,619	7,258	15,295	13.5	46.0	13.0	27.5
106 (2094)	54,948	7,430	25,290	7,168	15,060	13.5	46.0	13.0	27.4
107 (2095)	54,224	7,355	24,963	7,088	14,819	13.6	46.0	13.1	27.3
108 (2096)	53,512	7,283	24,637	7,016	14,576	13.6	46.0	13.1	27.2
109 (2097)	52,810	7,215	24,312	6,950	14,332	13.7	46.0	13.2	27.1
110 (2098)	52,119	7,150	23,990	6,888	14,090	13.7	46.0	13.2	27.0
111 (2099)	51,439	7,089	23,670	6,827	13,852	13.8	46.0	13.3	26.9
112 (2100)	50,770	7,031	23,353	6,766	13,620	13.8	46.0	13.3	26.8
113 (2101)	50,113	6,976	23,039	6,703	13,394	13.9	46.0	13.4	26.7
114 (2102)	49,467	6,924	22,730	6,639	13,175	14.0	45.9	13.4	26.6
115 (2103)	48,833	6,874	22,424	6,571	12,963	14.1	45.9	13.5	26.5
116 (2104)	48,211	6,827	22,123	6,501	12,760	14.2	45.9	13.5	26.5
117 (2105)	47,600	6,781	21,828	6,428	12,563	14.2	45.9	13.5	26.4
118 (2106)	47,002	6,737	21,540	6,351	12,374	14.3	45.8	13.5	26.3
119 (2107)	46,415	6,694	21,258	6,271	12,192	14.4	45.8	13.5	26.3
120 (2108)	45,841	6,652	20,984	6,187	12,017	14.5	45.8	13.5	26.2
121 (2109)	45,278	6,611	20,718	6,101	11,849	14.6	45.8	13.5	26.2
122 (2110)	44,727	6,570	20,460	6,011	11,686	14.7	45.7	13.4	26.1

各年10月1日現在人口．

表D-3 総人口, 年齢4区分(0～17歳, 18～34歳, 35～59歳, 60歳以上)別人口及び年齢構造係数
：出生中位～人口置換水準到達（死亡中位）推計

年次	人口 (1,000人) 総数	0～17歳	18～34歳	35～59歳	60歳以上	割合 (%) 0～17歳	18～34歳	35～59歳	60歳以上
平成 22 (2010)	128,057	20,495	24,773	43,193	39,596	16.0	19.3	33.7	30.9
23 (2011)	127,753	20,316	24,092	42,949	40,396	15.9	18.9	33.6	31.6
24 (2012)	127,498	20,088	23,587	42,747	41,075	15.8	18.5	33.5	32.2
25 (2013)	127,247	19,854	23,154	42,609	41,630	15.6	18.2	33.5	32.7
26 (2014)	126,949	19,632	22,757	42,512	42,048	15.5	17.9	33.5	33.1
27 (2015)	126,597	19,375	22,408	42,386	42,428	15.3	17.7	33.5	33.5
28 (2016)	126,193	19,087	22,132	42,253	42,721	15.1	17.5	33.5	33.9
29 (2017)	125,739	18,793	21,855	42,182	42,908	14.9	17.4	33.5	34.1
30 (2018)	125,236	18,478	21,581	42,072	43,105	14.8	17.2	33.6	34.4
31 (2019)	124,689	18,154	21,313	41,910	43,311	14.6	17.1	33.6	34.7
32 (2020)	124,100	17,829	21,074	41,737	43,461	14.4	17.0	33.6	35.0
33 (2021)	123,474	17,519	20,857	41,526	43,571	14.2	16.9	33.6	35.3
34 (2022)	122,813	17,217	20,645	41,272	43,680	14.0	16.8	33.6	35.6
35 (2023)	122,122	16,945	20,423	40,941	43,813	13.9	16.7	33.5	35.9
36 (2024)	121,403	16,663	20,240	40,541	43,960	13.7	16.7	33.4	36.2
37 (2025)	120,659	16,366	20,093	40,008	44,191	13.6	16.7	33.2	36.6
38 (2026)	119,891	16,061	19,968	39,780	44,083	13.4	16.7	33.2	36.8
39 (2027)	119,102	15,780	19,798	39,193	44,331	13.2	16.6	32.9	37.2
40 (2028)	118,293	15,498	19,637	38,594	44,565	13.1	16.6	32.6	37.7
41 (2029)	117,465	15,198	19,459	37,989	44,818	12.9	16.6	32.3	38.2
42 (2030)	116,618	14,929	19,249	37,359	45,081	12.8	16.5	32.0	38.7
43 (2031)	115,752	14,670	19,056	36,648	45,379	12.7	16.5	31.7	39.2
44 (2032)	114,870	14,427	18,833	35,901	45,709	12.6	16.4	31.3	39.8
45 (2033)	113,970	14,204	18,577	35,127	46,062	12.5	16.3	30.8	40.4
46 (2034)	113,054	14,000	18,313	34,373	46,369	12.4	16.2	30.4	41.0
47 (2035)	112,124	13,813	18,025	33,717	46,569	12.3	16.1	30.1	41.5
48 (2036)	111,179	13,643	17,725	33,131	46,680	12.3	15.9	29.8	42.0
49 (2037)	110,220	13,484	17,419	32,613	46,704	12.2	15.8	29.6	42.4
50 (2038)	109,250	13,336	17,125	32,107	46,682	12.2	15.7	29.4	42.7
51 (2039)	108,268	13,193	16,834	31,648	46,593	12.2	15.5	29.2	43.0
52 (2040)	107,276	13,055	16,570	31,186	46,465	12.2	15.4	29.1	43.3
53 (2041)	106,275	12,918	16,293	30,791	46,274	12.2	15.3	29.0	43.5
54 (2042)	105,267	12,779	15,999	30,419	46,070	12.1	15.2	28.9	43.8
55 (2043)	104,253	12,637	15,693	30,056	45,866	12.1	15.1	28.8	44.0
56 (2044)	103,233	12,491	15,412	29,680	45,650	12.1	14.9	28.8	44.2
57 (2045)	102,210	12,340	15,128	29,342	45,400	12.1	14.8	28.7	44.4
58 (2046)	101,185	12,184	14,827	29,066	45,108	12.0	14.7	28.7	44.6
59 (2047)	100,158	12,022	14,555	28,778	44,803	12.0	14.5	28.7	44.7
60 (2048)	99,131	11,856	14,296	28,501	44,479	12.0	14.4	28.8	44.9
61 (2049)	98,103	11,685	14,052	28,236	44,130	11.9	14.3	28.8	45.0
62 (2050)	97,076	11,510	13,830	27,971	43,765	11.9	14.2	28.8	45.1
63 (2051)	96,048	11,333	13,628	27,696	43,392	11.8	14.2	28.8	45.2
64 (2052)	95,021	11,153	13,444	27,382	43,041	11.7	14.1	28.8	45.3
65 (2053)	93,993	10,972	13,278	27,056	42,687	11.7	14.1	28.8	45.4
66 (2054)	92,964	10,791	13,124	26,682	42,367	11.6	14.1	28.7	45.6
67 (2055)	91,933	10,611	12,981	26,293	42,048	11.5	14.1	28.6	45.7
68 (2056)	90,901	10,433	12,845	25,920	41,702	11.5	14.1	28.5	45.9
69 (2057)	89,865	10,257	12,714	25,528	41,366	11.4	14.1	28.4	46.0
70 (2058)	88,826	10,085	12,584	25,119	41,038	11.4	14.2	28.3	46.2
71 (2059)	87,783	9,918	12,453	24,720	40,692	11.3	14.2	28.2	46.4
72 (2060)	86,737	9,755	12,320	24,316	40,346	11.2	14.2	28.0	46.5

各年10月1日現在人口. 平成22(2010)年は, 総務省統計局『平成22年国勢調査による基準人口』（国籍・年齢「不詳人口」をあん分補正した人口）による.

表D-3 総人口, 年齢4区分(0～17歳, 18～34歳, 35～59歳, 60歳以上)別人口及び年齢構造係数
: 出生中位～人口置換水準到達（死亡中位）推計（つづき）

年次	総数	0～17歳	18～34歳	35～59歳	60歳以上	0～17歳	18～34歳	35～59歳	60歳以上
	人口 (1,000人)					割合 (%)			
平成 73 (2061)	85,681	9,600	12,182	23,917	39,982	11.2	14.2	27.9	46.7
74 (2062)	84,616	9,452	12,039	23,528	39,597	11.2	14.2	27.8	46.8
75 (2063)	83,542	9,312	11,891	23,162	39,177	11.1	14.2	27.7	46.9
76 (2064)	82,462	9,179	11,738	22,809	38,736	11.1	14.2	27.7	47.0
77 (2065)	81,379	9,055	11,579	22,489	38,256	11.1	14.2	27.6	47.0
78 (2066)	80,294	8,938	11,416	22,161	37,779	11.1	14.2	27.6	47.1
79 (2067)	79,210	8,828	11,248	21,820	37,313	11.1	14.2	27.5	47.1
80 (2068)	78,130	8,725	11,077	21,470	36,859	11.2	14.2	27.5	47.2
81 (2069)	77,057	8,628	10,902	21,142	36,384	11.2	14.1	27.4	47.2
82 (2070)	75,993	8,536	10,726	20,811	35,920	11.2	14.1	27.4	47.3
83 (2071)	74,940	8,448	10,550	20,462	35,481	11.3	14.1	27.3	47.3
84 (2072)	73,901	8,363	10,373	20,139	35,026	11.3	14.0	27.3	47.4
85 (2073)	72,876	8,281	10,197	19,825	34,573	11.4	14.0	27.2	47.4
86 (2074)	71,869	8,201	10,023	19,524	34,120	11.4	13.9	27.2	47.5
87 (2075)	70,878	8,123	9,853	19,240	33,663	11.5	13.9	27.1	47.5
88 (2076)	69,906	8,045	9,686	18,973	33,202	11.5	13.9	27.1	47.5
89 (2077)	68,952	7,968	9,525	18,721	32,739	11.6	13.8	27.2	47.5
90 (2078)	68,016	7,890	9,368	18,481	32,276	11.6	13.8	27.2	47.5
91 (2079)	67,098	7,812	9,219	18,251	31,815	11.6	13.7	27.2	47.4
92 (2080)	66,196	7,731	9,078	18,028	31,358	11.7	13.7	27.2	47.4
93 (2081)	65,311	7,649	8,946	17,810	30,907	11.7	13.7	27.3	47.3
94 (2082)	64,441	7,566	8,821	17,593	30,462	11.7	13.7	27.3	47.3
95 (2083)	63,586	7,481	8,704	17,375	30,025	11.8	13.7	27.3	47.2
96 (2084)	62,744	7,396	8,595	17,156	29,597	11.8	13.7	27.3	47.2
97 (2085)	61,915	7,310	8,493	16,934	29,178	11.8	13.7	27.4	47.1
98 (2086)	61,098	7,225	8,397	16,709	28,768	11.8	13.7	27.3	47.1
99 (2087)	60,293	7,141	8,306	16,480	28,366	11.8	13.8	27.3	47.0
100 (2088)	59,499	7,057	8,221	16,248	27,973	11.9	13.8	27.3	47.0
101 (2089)	58,715	6,975	8,139	16,014	27,587	11.9	13.9	27.3	47.0
102 (2090)	57,941	6,896	8,060	15,778	27,207	11.9	13.9	27.2	47.0
103 (2091)	57,178	6,819	7,983	15,542	26,833	11.9	14.0	27.2	46.9
104 (2092)	56,424	6,744	7,908	15,307	26,465	12.0	14.0	27.1	46.9
105 (2093)	55,681	6,673	7,834	15,072	26,102	12.0	14.1	27.1	46.9
106 (2094)	54,948	6,605	7,760	14,840	25,742	12.0	14.1	27.0	46.8
107 (2095)	54,224	6,541	7,686	14,610	25,387	12.1	14.2	26.9	46.8
108 (2096)	53,512	6,480	7,611	14,384	25,037	12.1	14.2	26.9	46.8
109 (2097)	52,810	6,422	7,534	14,164	24,689	12.2	14.3	26.8	46.8
110 (2098)	52,119	6,368	7,455	13,950	24,346	12.2	14.3	26.8	46.7
111 (2099)	51,439	6,316	7,375	13,741	24,006	12.3	14.3	26.7	46.7
112 (2100)	50,770	6,268	7,293	13,539	23,670	12.3	14.4	26.7	46.6
113 (2101)	50,113	6,222	7,210	13,344	23,337	12.4	14.4	26.6	46.6
114 (2102)	49,467	6,179	7,126	13,155	23,007	12.5	14.4	26.6	46.5
115 (2103)	48,833	6,138	7,043	12,973	22,680	12.6	14.4	26.6	46.4
116 (2104)	48,211	6,098	6,959	12,798	22,356	12.6	14.4	26.5	46.4
117 (2105)	47,600	6,060	6,877	12,629	22,034	12.7	14.4	26.5	46.3
118 (2106)	47,002	6,022	6,796	12,468	21,716	12.8	14.5	26.5	46.2
119 (2107)	46,415	5,985	6,717	12,313	21,400	12.9	14.5	26.5	46.1
120 (2108)	45,841	5,949	6,640	12,164	21,087	13.0	14.5	26.5	46.0
121 (2109)	45,278	5,913	6,566	12,021	20,778	13.1	14.5	26.5	45.9
122 (2110)	44,727	5,877	6,495	11,883	20,472	13.1	14.5	26.6	45.8

各年10月1日現在人口.

表D-4 総人口, 高年齢区分(70歳, 80歳, 90歳, 100歳以上)別人口及び年齢構造係数
：出生中位〜人口置換水準到達（死亡中位）推計

年次	人口総数	人口 (1,000人) 70歳以上	80歳以上	90歳以上	100歳以上	総人口に占める割合 (%) 70歳以上	80歳以上	90歳以上	100歳以上
平成22 (2010)	128,057	21,212	8,201	1,371	44	16.6	6.4	1.1	0.0
23 (2011)	127,753	21,903	8,580	1,457	49	17.1	6.7	1.1	0.0
24 (2012)	127,498	22,623	8,979	1,554	54	17.7	7.0	1.2	0.0
25 (2013)	127,247	23,266	9,377	1,657	60	18.3	7.4	1.3	0.0
26 (2014)	126,949	23,920	9,737	1,772	67	18.8	7.7	1.4	0.1
27 (2015)	126,597	24,237	10,125	1,912	72	19.1	8.0	1.5	0.1
28 (2016)	126,193	24,427	10,530	2,066	80	19.4	8.3	1.6	0.1
29 (2017)	125,739	25,339	10,897	2,211	86	20.2	8.7	1.8	0.1
30 (2018)	125,236	26,310	11,200	2,354	92	21.0	8.9	1.9	0.1
31 (2019)	124,689	27,252	11,397	2,492	97	21.9	9.1	2.0	0.1
32 (2020)	124,100	27,969	11,726	2,625	110	22.5	9.4	2.1	0.1
33 (2021)	123,474	28,512	12,147	2,767	121	23.1	9.8	2.2	0.1
34 (2022)	122,813	28,918	12,572	2,911	133	23.5	10.2	2.4	0.1
35 (2023)	122,122	29,204	12,927	3,049	145	23.9	10.6	2.5	0.1
36 (2024)	121,403	29,367	13,294	3,168	157	24.2	11.0	2.6	0.1
37 (2025)	120,659	29,501	13,389	3,305	174	24.5	11.1	2.7	0.1
38 (2026)	119,891	29,563	13,388	3,451	192	24.7	11.2	2.9	0.2
39 (2027)	119,102	29,534	13,990	3,579	208	24.8	11.7	3.0	0.2
40 (2028)	118,293	29,523	14,642	3,674	223	25.0	12.4	3.1	0.2
41 (2029)	117,465	29,530	15,270	3,717	239	25.1	13.0	3.2	0.2
42 (2030)	116,618	29,495	15,711	3,839	253	25.3	13.5	3.3	0.2
43 (2031)	115,752	29,432	16,010	4,016	270	25.4	13.8	3.5	0.2
44 (2032)	114,870	29,377	16,199	4,196	288	25.6	14.1	3.7	0.3
45 (2033)	113,970	29,357	16,293	4,337	305	25.8	14.3	3.8	0.3
46 (2034)	113,054	29,358	16,291	4,487	319	26.0	14.4	4.0	0.3
47 (2035)	112,124	29,449	16,273	4,482	338	26.3	14.5	4.0	0.3
48 (2036)	111,179	29,233	16,202	4,430	358	26.3	14.6	4.0	0.3
49 (2037)	110,220	29,361	16,066	4,737	375	26.6	14.6	4.3	0.3
50 (2038)	109,250	29,486	15,956	5,065	386	27.0	14.6	4.6	0.4
51 (2039)	108,268	29,640	15,871	5,370	389	27.4	14.7	5.0	0.4
52 (2040)	107,276	29,814	15,762	5,557	409	27.8	14.7	5.2	0.4
53 (2041)	106,275	30,032	15,643	5,658	440	28.3	14.7	5.3	0.4
54 (2042)	105,267	30,292	15,544	5,695	470	28.8	14.8	5.4	0.4
55 (2043)	104,253	30,586	15,488	5,681	491	29.3	14.9	5.4	0.5
56 (2044)	103,233	30,848	15,464	5,618	513	29.9	15.0	5.4	0.5
57 (2045)	102,210	31,023	15,531	5,557	505	30.4	15.2	5.4	0.5
58 (2046)	101,185	31,128	15,351	5,478	490	30.8	15.2	5.4	0.5
59 (2047)	100,158	31,164	15,480	5,372	555	31.1	15.5	5.4	0.6
60 (2048)	99,131	31,169	15,617	5,298	618	31.4	15.8	5.3	0.6
61 (2049)	98,103	31,122	15,790	5,254	672	31.7	16.1	5.4	0.7
62 (2050)	97,076	31,048	15,989	5,208	696	32.0	16.5	5.4	0.7
63 (2051)	96,048	30,924	16,232	5,167	703	32.2	16.9	5.4	0.7
64 (2052)	95,021	30,792	16,514	5,150	698	32.4	17.4	5.4	0.7
65 (2053)	93,993	30,663	16,824	5,167	686	32.6	17.9	5.5	0.7
66 (2054)	92,964	30,523	17,105	5,209	669	32.8	18.4	5.6	0.7
67 (2055)	91,933	30,349	17,305	5,308	657	33.0	18.8	5.8	0.7
68 (2056)	90,901	30,131	17,438	5,251	646	33.1	19.2	5.8	0.7
69 (2057)	89,865	29,894	17,503	5,389	632	33.3	19.5	6.0	0.7
70 (2058)	88,826	29,632	17,533	5,525	629	33.4	19.7	6.2	0.7
71 (2059)	87,783	29,338	17,506	5,674	633	33.4	19.9	6.5	0.7
72 (2060)	86,737	29,019	17,447	5,827	637	33.5	20.1	6.7	0.7

各年10月1日現在人口. 平成22(2010)年は, 総務省統計局『平成22年国勢調査による基準人口』(国籍・年齢「不詳人口」をあん分補正した人口) による.

表D-4 総人口, 高年齢区分(70歳, 80歳, 90歳, 100歳以上)別人口及び年齢構造係数
：出生中位～人口置換水準到達（死亡中位）推計

年次	人口総数	人口 (1,000人) 70歳以上	80歳以上	90歳以上	100歳以上	総人口に占める割合 (%) 70歳以上	80歳以上	90歳以上	100歳以上
平成 73 (2061)	85,681	28,678	17,329	5,993	641	33.5	20.2	7.0	0.7
74 (2062)	84,616	28,342	17,189	6,165	649	33.5	20.3	7.3	0.8
75 (2063)	83,542	27,991	17,038	6,338	662	33.5	20.4	7.6	0.8
76 (2064)	82,462	27,662	16,867	6,473	678	33.5	20.5	7.9	0.8
77 (2065)	81,379	27,329	16,661	6,542	704	33.6	20.5	8.0	0.9
78 (2066)	80,294	26,967	16,413	6,558	687	33.6	20.4	8.2	0.9
79 (2067)	79,210	26,617	16,150	6,525	719	33.6	20.4	8.2	0.9
80 (2068)	78,130	26,278	15,869	6,467	746	33.6	20.3	8.3	1.0
81 (2069)	77,057	25,932	15,569	6,376	772	33.7	20.2	8.3	1.0
82 (2070)	75,993	25,597	15,260	6,269	795	33.7	20.1	8.2	1.0
83 (2071)	74,940	25,266	14,950	6,137	819	33.7	19.9	8.2	1.1
84 (2072)	73,901	24,938	14,668	6,008	843	33.7	19.8	8.1	1.1
85 (2073)	72,876	24,602	14,396	5,888	866	33.8	19.8	8.1	1.2
86 (2074)	71,869	24,269	14,166	5,773	879	33.8	19.7	8.0	1.2
87 (2075)	70,878	23,920	13,953	5,651	876	33.7	19.7	8.0	1.2
88 (2076)	69,906	23,596	13,736	5,517	863	33.8	19.6	7.9	1.2
89 (2077)	68,952	23,301	13,546	5,390	843	33.8	19.6	7.8	1.2
90 (2078)	68,016	23,030	13,381	5,265	822	33.9	19.7	7.7	1.2
91 (2079)	67,098	22,753	13,221	5,140	797	33.9	19.7	7.7	1.2
92 (2080)	66,196	22,493	13,078	5,019	774	34.0	19.8	7.6	1.2
93 (2081)	65,311	22,263	12,944	4,905	749	34.1	19.8	7.5	1.1
94 (2082)	64,441	22,019	12,815	4,814	728	34.2	19.9	7.5	1.1
95 (2083)	63,586	21,776	12,679	4,732	712	34.2	19.9	7.4	1.1
96 (2084)	62,744	21,529	12,542	4,677	699	34.3	20.0	7.5	1.1
97 (2085)	61,915	21,273	12,388	4,632	684	34.4	20.0	7.5	1.1
98 (2086)	61,098	21,007	12,248	4,581	667	34.4	20.0	7.5	1.1
99 (2087)	60,293	20,731	12,126	4,542	651	34.4	20.1	7.5	1.1
100 (2088)	59,499	20,446	12,018	4,514	636	34.4	20.2	7.6	1.1
101 (2089)	58,715	20,155	11,896	4,483	621	34.3	20.3	7.6	1.1
102 (2090)	57,941	19,858	11,780	4,457	606	34.3	20.3	7.7	1.0
103 (2091)	57,178	19,559	11,682	4,430	593	34.2	20.4	7.7	1.0
104 (2092)	56,424	19,259	11,565	4,400	584	34.1	20.5	7.8	1.0
105 (2093)	55,681	18,960	11,443	4,360	577	34.1	20.6	7.8	1.0
106 (2094)	54,948	18,664	11,311	4,315	576	34.0	20.6	7.9	1.0
107 (2095)	54,224	18,373	11,167	4,256	575	33.9	20.6	7.8	1.1
108 (2096)	53,512	18,086	11,011	4,204	570	33.8	20.6	7.9	1.1
109 (2097)	52,810	17,806	10,844	4,161	568	33.7	20.5	7.9	1.1
110 (2098)	52,119	17,533	10,669	4,126	568	33.6	20.5	7.9	1.1
111 (2099)	51,439	17,266	10,487	4,081	565	33.6	20.4	7.9	1.1
112 (2100)	50,770	17,005	10,302	4,039	563	33.5	20.3	8.0	1.1
113 (2101)	50,113	16,752	10,116	4,008	559	33.4	20.2	8.0	1.1
114 (2102)	49,467	16,505	9,931	3,965	555	33.4	20.1	8.0	1.1
115 (2103)	48,833	16,264	9,750	3,918	548	33.3	20.0	8.0	1.1
116 (2104)	48,211	16,030	9,573	3,867	541	33.2	19.9	8.0	1.1
117 (2105)	47,600	15,801	9,402	3,808	530	33.2	19.8	8.0	1.1
118 (2106)	47,002	15,579	9,239	3,743	522	33.1	19.7	8.0	1.1
119 (2107)	46,415	15,362	9,084	3,672	517	33.1	19.6	7.9	1.1
120 (2108)	45,841	15,150	8,936	3,598	514	33.0	19.5	7.8	1.1
121 (2109)	45,278	14,943	8,796	3,523	508	33.0	19.4	7.8	1.1
122 (2110)	44,727	14,741	8,663	3,447	503	33.0	19.4	7.7	1.1

各年10月1日現在人口.

表D-5 人口の平均年齢,中位数年齢および年齢構造指数:出生中位～人口置換水準到達(死亡中位)推計

年次	平均年齢(歳)	中位数年齢(歳)	生産年齢人口を15～64歳とした場合 従属人口指数 総数	年少人口	老年人口	老年化指数	生産年齢人口を20～64歳とした場合 従属人口指数 総数	年少人口	老年人口	老年化指数
平成 22 (2010)	45.0	45.1	56.7	20.6	36.1	175.1	69.3	30.3	39.0	128.6
23 (2011)	45.3	45.3	57.1	20.5	36.6	178.4	69.8	30.2	39.6	130.9
24 (2012)	45.6	45.6	59.0	20.6	38.5	186.9	71.9	30.4	41.6	136.9
25 (2013)	45.9	46.0	61.1	20.6	40.5	196.4	74.4	30.6	43.8	143.3
26 (2014)	46.2	46.4	63.2	20.7	42.5	205.9	76.7	30.7	46.1	150.1
27 (2015)	46.5	46.8	64.8	20.6	44.2	214.5	78.6	30.7	47.9	156.0
28 (2016)	46.8	47.2	66.1	20.5	45.6	222.4	80.1	30.7	49.4	161.2
29 (2017)	47.1	47.6	67.1	20.3	46.8	229.8	81.2	30.5	50.7	166.1
30 (2018)	47.4	48.0	67.9	20.2	47.7	236.4	82.0	30.3	51.7	170.8
31 (2019)	47.7	48.4	68.5	20.0	48.5	242.4	82.5	30.0	52.5	175.0
32 (2020)	48.0	48.9	69.1	19.8	49.2	248.0	83.0	29.7	53.3	179.3
33 (2021)	48.3	49.3	69.5	19.7	49.8	253.4	83.2	29.4	53.8	183.4
34 (2022)	48.5	49.7	69.6	19.4	50.2	258.8	83.2	29.0	54.2	187.1
35 (2023)	48.8	50.2	69.8	19.1	50.7	264.7	83.4	28.7	54.7	190.7
36 (2024)	49.1	50.6	70.1	18.9	51.2	270.5	83.7	28.4	55.3	194.5
37 (2025)	49.3	51.0	70.3	18.7	51.6	276.2	83.9	28.2	55.8	197.8
38 (2026)	49.5	51.4	70.4	18.4	52.0	282.3	84.1	27.9	56.2	201.1
39 (2027)	49.8	51.8	70.6	18.2	52.4	288.0	84.3	27.7	56.6	204.6
40 (2028)	50.0	52.1	71.0	18.0	53.0	293.6	84.6	27.4	57.2	208.5
41 (2029)	50.2	52.4	71.4	17.9	53.6	299.8	85.0	27.2	57.8	212.4
42 (2030)	50.4	52.7	72.2	17.8	54.4	306.1	85.7	27.1	58.7	217.0
43 (2031)	50.6	53.0	72.2	17.6	54.6	309.3	85.5	26.7	58.8	220.0
44 (2032)	50.8	53.3	73.2	17.6	55.6	315.2	86.4	26.6	59.8	224.8
45 (2033)	51.0	53.5	74.2	17.6	56.6	320.6	87.3	26.5	60.8	229.7
46 (2034)	51.2	53.7	75.4	17.7	57.7	326.1	88.4	26.4	62.0	234.6
47 (2035)	51.3	54.0	76.8	17.8	59.0	331.4	89.7	26.4	63.3	239.5
48 (2036)	51.5	54.1	78.3	17.9	60.4	337.0	91.3	26.5	64.8	244.5
49 (2037)	51.7	54.3	80.0	18.1	61.9	343.0	93.1	26.6	66.4	249.6
50 (2038)	51.8	54.5	81.9	18.2	63.7	349.6	95.1	26.8	68.3	254.8
51 (2039)	51.9	54.7	83.8	18.4	65.4	355.2	97.1	27.0	70.1	259.6
52 (2040)	52.1	54.9	85.4	18.5	66.8	360.4	98.9	27.2	71.7	263.7
53 (2041)	52.2	55.0	86.8	18.7	68.1	365.1	100.5	27.4	73.1	267.3
54 (2042)	52.4	55.1	88.0	18.8	69.3	369.4	101.9	27.5	74.4	270.4
55 (2043)	52.5	55.2	89.1	18.8	70.3	373.5	103.2	27.6	75.5	273.2
56 (2044)	52.6	55.3	90.1	18.9	71.2	377.4	104.3	27.8	76.5	275.8
57 (2045)	52.8	55.4	90.9	18.9	72.0	381.2	105.3	27.8	77.5	278.2
58 (2046)	52.9	55.5	91.6	18.9	72.7	384.8	106.1	27.9	78.2	280.4
59 (2047)	53.0	55.6	92.3	18.9	73.4	388.6	106.9	27.9	79.0	282.7
60 (2048)	53.1	55.7	92.9	18.9	74.1	392.8	107.7	27.9	79.7	285.3
61 (2049)	53.3	55.8	93.6	18.8	74.7	397.1	108.4	28.0	80.5	287.9
62 (2050)	53.4	56.0	94.1	18.8	75.3	401.4	109.1	27.9	81.1	290.5
63 (2051)	53.5	56.1	94.5	18.7	75.8	405.4	109.5	27.9	81.7	292.9
64 (2052)	53.7	56.2	94.8	18.6	76.2	409.5	109.9	27.8	82.1	295.4
65 (2053)	53.8	56.4	95.1	18.5	76.6	413.5	110.2	27.7	82.5	297.8
66 (2054)	53.9	56.5	95.3	18.4	76.8	417.3	110.4	27.6	82.8	300.1
67 (2055)	54.1	56.6	95.3	18.3	77.0	420.9	110.5	27.5	83.0	302.3
68 (2056)	54.2	56.8	95.4	18.2	77.2	424.3	110.5	27.3	83.2	304.4
69 (2057)	54.3	56.9	95.5	18.1	77.4	427.8	110.6	27.2	83.4	306.7
70 (2058)	54.4	57.1	95.7	18.0	77.7	431.1	110.7	27.1	83.6	308.9
71 (2059)	54.5	57.2	96.0	18.0	78.0	434.6	111.0	27.0	84.0	311.3
72 (2060)	54.6	57.3	96.3	17.9	78.4	437.8	111.3	26.9	84.4	313.7

各年10月1日現在人口. 平成22(2010)年は, 総務省統計局『平成22年国勢調査による基準人口』(国籍・年齢「不詳人口」をあん分補正した人口)による. 中位数年齢とは人口を年齢順に並べてちょうど真ん中にあたる人の年齢. 従属人口指数とは, 従属人口を生産年齢人口(15～64歳人口)で除した比であり, 本表では生産年齢人口100に対する従属人口を表している. 従属人口のうち年少人口(0～14歳または0～19歳人口)のみを除した比を年少従属人口指数, 老年人口(65歳以上人口)のみを除した比を老年従属人口指数と呼び, 表では単に年少人口, 老年人口と標記している. 従属人口指数は年少従属人口指数と老年従属人口指数の和となる. 老年化指数は老年人口の年少人口に対する比であり, 年少人口100に対する老年人口を表している.

表D-5 人口の平均年齢，中位数年齢および年齢構造指数：出生中位～人口置換水準到達（死亡中位）推計（つづき）

年次	平均年齢(歳)	中位数年齢(歳)	生産年齢人口を15～64歳とした場合 従属人口指数 総数	年少人口	老年人口	老年化指数	生産年齢人口を20～64歳とした場合 従属人口指数 総数	年少人口	老年人口	老年化指数
平成73 (2061)	54.7	57.4	96.5	17.9	78.7	440.3	111.5	26.8	84.6	315.6
74 (2062)	54.8	57.5	96.8	17.9	79.0	442.3	111.7	26.8	84.9	317.4
75 (2063)	54.9	57.5	97.2	17.9	79.3	444.0	112.0	26.7	85.3	319.0
76 (2064)	54.9	57.6	97.5	17.9	79.6	445.0	112.3	26.7	85.6	320.2
77 (2065)	55.0	57.7	97.8	17.9	79.9	445.5	112.6	26.7	85.9	321.2
78 (2066)	55.0	57.7	98.2	18.0	80.2	445.5	112.9	26.8	86.2	321.8
79 (2067)	55.0	57.8	98.5	18.1	80.5	445.1	113.2	26.8	86.4	322.2
80 (2068)	55.0	57.8	98.8	18.2	80.6	444.0	113.5	26.9	86.6	322.1
81 (2069)	55.0	57.9	99.0	18.3	80.8	442.5	113.7	27.0	86.7	321.7
82 (2070)	55.0	57.9	99.1	18.3	80.8	440.5	113.7	27.0	86.7	320.8
83 (2071)	55.0	58.0	99.3	18.4	80.9	438.5	113.9	27.1	86.8	320.0
84 (2072)	54.9	58.0	99.6	18.6	81.0	436.7	114.2	27.2	87.0	319.1
85 (2073)	54.9	58.0	100.0	18.7	81.3	435.1	114.6	27.4	87.2	318.4
86 (2074)	54.9	58.0	100.3	18.8	81.5	433.3	115.0	27.5	87.5	317.5
87 (2075)	54.9	58.0	100.6	18.9	81.7	431.8	115.5	27.7	87.7	316.6
88 (2076)	54.8	58.0	101.1	19.1	82.1	430.8	116.1	27.9	88.2	316.1
89 (2077)	54.8	57.9	101.5	19.2	82.4	429.8	116.6	28.1	88.5	315.3
90 (2078)	54.8	57.9	101.9	19.3	82.6	429.0	117.1	28.2	88.9	314.6
91 (2079)	54.8	57.8	102.2	19.4	82.9	428.2	117.6	28.4	89.2	313.9
92 (2080)	54.8	57.8	102.5	19.4	83.1	427.5	118.0	28.6	89.4	313.1
93 (2081)	54.8	57.8	102.6	19.5	83.2	426.8	118.2	28.7	89.6	312.2
94 (2082)	54.8	57.7	102.7	19.5	83.2	426.1	118.4	28.8	89.6	311.3
95 (2083)	54.8	57.7	102.7	19.6	83.2	425.3	118.5	28.9	89.6	310.4
96 (2084)	54.8	57.6	102.6	19.6	83.1	424.5	118.5	28.9	89.6	309.5
97 (2085)	54.8	57.6	102.5	19.6	82.9	423.6	118.5	29.0	89.5	308.6
98 (2086)	54.8	57.6	102.4	19.6	82.8	422.6	118.4	29.0	89.3	307.6
99 (2087)	54.7	57.6	102.2	19.6	82.6	421.5	118.2	29.1	89.2	306.7
100 (2088)	54.7	57.6	102.0	19.6	82.4	420.4	118.1	29.1	89.0	305.7
101 (2089)	54.7	57.6	101.8	19.6	82.2	419.1	117.9	29.1	88.8	304.7
102 (2090)	54.7	57.5	101.7	19.6	82.0	417.7	117.7	29.2	88.6	303.7
103 (2091)	54.7	57.5	101.5	19.7	81.9	416.1	117.6	29.2	88.4	302.6
104 (2092)	54.7	57.5	101.4	19.7	81.7	414.4	117.4	29.2	88.2	301.5
105 (2093)	54.7	57.5	101.3	19.8	81.5	412.6	117.3	29.3	88.0	300.4
106 (2094)	54.6	57.5	101.2	19.8	81.4	410.5	117.3	29.4	87.9	299.2
107 (2095)	54.6	57.5	101.2	19.9	81.3	408.3	117.2	29.5	87.8	297.9
108 (2096)	54.5	57.4	101.2	20.0	81.2	405.9	117.2	29.6	87.6	296.5
109 (2097)	54.5	57.4	101.2	20.1	81.1	403.4	117.2	29.7	87.5	295.0
110 (2098)	54.4	57.4	101.2	20.2	81.0	400.6	117.3	29.8	87.4	293.4
111 (2099)	54.4	57.3	101.2	20.3	80.9	397.8	117.3	29.9	87.4	291.7
112 (2100)	54.3	57.3	101.3	20.5	80.8	394.8	117.4	30.1	87.3	289.9
113 (2101)	54.3	57.2	101.4	20.6	80.8	391.8	117.5	30.3	87.2	288.1
114 (2102)	54.2	57.2	101.4	20.8	80.7	388.7	117.6	30.5	87.2	286.2
115 (2103)	54.1	57.1	101.5	20.9	80.6	385.6	117.8	30.7	87.1	284.2
116 (2104)	54.1	57.0	101.6	21.1	80.5	382.4	117.9	30.9	87.1	282.1
117 (2105)	54.0	56.9	101.7	21.2	80.5	379.3	118.1	31.1	87.0	280.1
118 (2106)	53.9	56.8	101.7	21.4	80.4	376.2	118.2	31.3	86.9	277.9
119 (2107)	53.8	56.7	101.8	21.5	80.3	373.2	118.3	31.5	86.9	275.8
120 (2108)	53.8	56.6	101.8	21.6	80.1	370.2	118.5	31.7	86.8	273.7
121 (2109)	53.7	56.5	101.8	21.8	80.0	367.2	118.5	31.9	86.6	271.5
122 (2110)	53.6	56.4	101.7	21.9	79.8	364.3	118.6	32.1	86.5	269.4

各年10月1日現在人口．中位数年齢とは人口を年齢順に並べてちょうど真ん中にあたる人の年齢．従属人口指数とは，従属人口を生産年齢人口（15～64歳人口）で除した比であり，本表では生産年齢人口100に対する従属人口を表している．従属人口のうち年少人口（0～14歳または0～19歳人口）のみを除した比を年少従属人口指数，老年人口（65歳以上人口）のみを除した比を老年従属人口指数と呼び，表では単に年少人口、老年人口と標記している．従属人口指数は年少従属人口指数と老年従属人口指数の和となる．老年化指数は老年人口の年少人口に対する比であり，年少人口100に対する老年人口を表している．

表D-6 総人口，年齢3区分(0～14歳，15～64歳，65歳以上)別人口の増加数及び増加率
：出生中位～人口置換水準到達（死亡中位）推計

期　間	人口増加数 (1,000人)				年平均増加率 (％)			
	総　数	0～14歳	15～64歳	65歳以上	総　数	0～14歳	15～64歳	65歳以上
平成22～23 (2010～2011)	-305	-154	-431	281	-0.24	-0.92	-0.53	0.95
23～24 (2011～2012)	-255	-192	-1,130	1,067	-0.20	-1.15	-1.39	3.58
24～25 (2012～2013)	-250	-212	-1,178	1,140	-0.20	-1.29	-1.47	3.70
25～26 (2013～2014)	-299	-215	-1,193	1,109	-0.23	-1.32	-1.51	3.47
26～27 (2014～2015)	-351	-239	-984	872	-0.28	-1.49	-1.27	2.64
27～28 (2015～2016)	-404	-253	-839	688	-0.32	-1.60	-1.09	2.03
28～29 (2016～2017)	-455	-263	-734	542	-0.36	-1.69	-0.97	1.57
29～30 (2017～2018)	-503	-255	-661	413	-0.40	-1.66	-0.88	1.17
30～31 (2018～2019)	-547	-256	-573	281	-0.44	-1.70	-0.77	0.79
31～32 (2019～2020)	-589	-232	-603	247	-0.47	-1.57	-0.82	0.69
32～33 (2020～2021)	-626	-250	-542	166	-0.50	-1.71	-0.74	0.46
33～34 (2021～2022)	-660	-269	-458	67	-0.53	-1.88	-0.63	0.18
34～35 (2022～2023)	-691	-283	-488	80	-0.56	-2.02	-0.67	0.22
35～36 (2023～2024)	-719	-261	-551	93	-0.59	-1.90	-0.77	0.26
36～37 (2024～2025)	-744	-265	-524	44	-0.61	-1.96	-0.73	0.12
37～38 (2025～2026)	-767	-282	-496	10	-0.64	-2.13	-0.70	0.03
38～39 (2026～2027)	-789	-252	-550	13	-0.66	-1.95	-0.78	0.04
39～40 (2027～2028)	-809	-240	-612	43	-0.68	-1.89	-0.88	0.12
40～41 (2028～2029)	-829	-224	-665	61	-0.70	-1.80	-0.96	0.17
41～42 (2029～2030)	-847	-203	-792	148	-0.72	-1.66	-1.16	0.40
42～43 (2030～2031)	-865	-183	-506	-177	-0.74	-1.52	-0.75	-0.48
43～44 (2031～2032)	-883	-164	-894	175	-0.76	-1.38	-1.33	0.48
44～45 (2032～2033)	-900	-148	-918	166	-0.78	-1.26	-1.38	0.45
45～46 (2033～2034)	-916	-134	-971	190	-0.80	-1.16	-1.49	0.51
46～47 (2034～2035)	-931	-123	-1,011	204	-0.82	-1.08	-1.57	0.55
47～48 (2035～2036)	-945	-116	-1,073	244	-0.84	-1.03	-1.69	0.65
48～49 (2036～2037)	-958	-111	-1,128	281	-0.86	-0.99	-1.81	0.75
49～50 (2037～2038)	-971	-109	-1,170	308	-0.88	-0.98	-1.91	0.81
50～51 (2038～2039)	-982	-109	-1,142	269	-0.90	-0.99	-1.90	0.70
51～52 (2039～2040)	-992	-111	-1,052	170	-0.92	-1.02	-1.78	0.44
52～53 (2040～2041)	-1,001	-114	-978	91	-0.93	-1.06	-1.69	0.24
53～54 (2041～2042)	-1,008	-118	-903	13	-0.95	-1.11	-1.59	0.03
54～55 (2042～2043)	-1,014	-123	-868	-24	-0.96	-1.17	-1.55	-0.06
55～56 (2043～2044)	-1,019	-128	-809	-82	-0.98	-1.23	-1.47	-0.21
56～57 (2044～2045)	-1,023	-133	-777	-112	-0.99	-1.30	-1.43	-0.29
57～58 (2045～2046)	-1,025	-138	-721	-166	-1.00	-1.36	-1.35	-0.43
58～59 (2046～2047)	-1,027	-142	-712	-173	-1.01	-1.43	-1.35	-0.45
59～60 (2047～2048)	-1,027	-146	-713	-168	-1.03	-1.49	-1.37	-0.44
60～61 (2048～2049)	-1,028	-150	-702	-176	-1.04	-1.55	-1.37	-0.46
61～62 (2049～2050)	-1,028	-152	-669	-206	-1.05	-1.60	-1.32	-0.54
62～63 (2050～2051)	-1,027	-154	-627	-246	-1.06	-1.64	-1.25	-0.65
63～64 (2051～2052)	-1,028	-155	-613	-259	-1.07	-1.68	-1.24	-0.69
64～65 (2052～2053)	-1,028	-156	-593	-280	-1.08	-1.71	-1.22	-0.75
65～66 (2053～2054)	-1,029	-155	-568	-307	-1.09	-1.73	-1.18	-0.83
66～67 (2054～2055)	-1,030	-153	-550	-328	-1.11	-1.74	-1.15	-0.90
67～68 (2055～2056)	-1,033	-150	-542	-341	-1.12	-1.74	-1.15	-0.94
68～69 (2056～2057)	-1,036	-146	-565	-325	-1.14	-1.72	-1.21	-0.90
69～70 (2057～2058)	-1,039	-141	-564	-334	-1.16	-1.70	-1.23	-0.94
70～71 (2058～2059)	-1,043	-136	-601	-306	-1.17	-1.66	-1.32	-0.87
71～72 (2059～2060)	-1,047	-130	-608	-309	-1.19	-1.61	-1.36	-0.88

10月1日～9月30日の期間について．平成22(2010)年は，総務省統計局『平成22年国勢調査による基準人口』（国籍・年齢「不詳人口」をあん分補正した人口）による．

表D-6 総人口, 年齢3区分(0～14歳, 15～64歳, 65歳以上)別人口の増加数及び増加率
　　　：出生中位～人口置換水準到達（死亡中位）推計（つづき）

期　間	人口増加数（1,000人） 総　数	0～14歳	15～64歳	65歳以上	年平均増加率（％） 総　数	0～14歳	15～64歳	65歳以上
平成72～73 (2060～2061)	-1,056	-122	-588	-346	-1.22	-1.55	-1.33	-1.00
73～74 (2061～2062)	-1,066	-114	-606	-345	-1.24	-1.47	-1.39	-1.01
74～75 (2062～2063)	-1,074	-107	-621	-346	-1.27	-1.39	-1.44	-1.02
75～76 (2063～2064)	-1,080	-99	-614	-367	-1.29	-1.31	-1.45	-1.09
76～77 (2064～2065)	-1,084	-92	-622	-369	-1.31	-1.23	-1.49	-1.11
77～78 (2065～2066)	-1,085	-86	-620	-379	-1.33	-1.16	-1.51	-1.15
78～79 (2066～2067)	-1,084	-80	-615	-389	-1.35	-1.09	-1.52	-1.20
79～80 (2067～2068)	-1,080	-75	-595	-410	-1.36	-1.04	-1.49	-1.28
80～81 (2068～2069)	-1,073	-71	-584	-418	-1.37	-0.99	-1.49	-1.32
81～82 (2069～2070)	-1,064	-68	-554	-443	-1.38	-0.96	-1.43	-1.42
82～83 (2070～2071)	-1,053	-65	-562	-426	-1.39	-0.93	-1.47	-1.38
83～84 (2071～2072)	-1,039	-63	-574	-402	-1.39	-0.92	-1.53	-1.32
84～85 (2072～2073)	-1,024	-62	-582	-380	-1.39	-0.91	-1.57	-1.27
85～86 (2073～2074)	-1,008	-62	-558	-388	-1.38	-0.91	-1.53	-1.31
86～87 (2074～2075)	-990	-62	-559	-369	-1.38	-0.91	-1.56	-1.26
87～88 (2075～2076)	-972	-63	-573	-337	-1.37	-0.94	-1.62	-1.17
88～89 (2076～2077)	-954	-65	-542	-348	-1.36	-0.98	-1.56	-1.22
89～90 (2077～2078)	-936	-67	-527	-342	-1.36	-1.02	-1.54	-1.21
90～91 (2078～2079)	-918	-69	-508	-341	-1.35	-1.06	-1.51	-1.23
91～92 (2079～2080)	-901	-70	-485	-346	-1.34	-1.10	-1.46	-1.26
92～93 (2080～2081)	-885	-72	-463	-351	-1.34	-1.13	-1.41	-1.29
93～94 (2081～2082)	-870	-73	-441	-356	-1.33	-1.16	-1.37	-1.33
94～95 (2082～2083)	-855	-73	-422	-360	-1.33	-1.18	-1.33	-1.36
95～96 (2083～2084)	-842	-73	-405	-363	-1.32	-1.20	-1.29	-1.39
96～97 (2084～2085)	-829	-73	-392	-364	-1.32	-1.20	-1.27	-1.42
97～98 (2085～2086)	-817	-72	-381	-364	-1.32	-1.21	-1.25	-1.44
98～99 (2086～2087)	-805	-71	-372	-362	-1.32	-1.20	-1.23	-1.45
99～100 (2087～2088)	-794	-69	-366	-359	-1.32	-1.18	-1.23	-1.46
100～101 (2088～2089)	-784	-67	-362	-355	-1.32	-1.16	-1.23	-1.46
101～102 (2089～2090)	-774	-65	-359	-350	-1.32	-1.13	-1.23	-1.46
102～103 (2090～2091)	-763	-62	-358	-344	-1.32	-1.09	-1.24	-1.46
103～104 (2091～2092)	-753	-59	-357	-338	-1.32	-1.05	-1.26	-1.46
104～105 (2092～2093)	-743	-56	-356	-332	-1.32	-1.01	-1.27	-1.45
105～106 (2093～2094)	-733	-52	-355	-326	-1.32	-0.96	-1.28	-1.45
106～107 (2094～2095)	-723	-49	-353	-321	-1.32	-0.91	-1.29	-1.44
107～108 (2095～2096)	-713	-46	-352	-315	-1.31	-0.86	-1.30	-1.44
108～109 (2096～2097)	-702	-43	-350	-310	-1.31	-0.81	-1.31	-1.43
109～110 (2097～2098)	-691	-40	-347	-304	-1.31	-0.76	-1.32	-1.43
110～111 (2098～2099)	-680	-38	-343	-299	-1.30	-0.72	-1.33	-1.42
111～112 (2099～2100)	-669	-35	-340	-294	-1.30	-0.68	-1.33	-1.42
112～113 (2100～2101)	-657	-34	-335	-289	-1.29	-0.65	-1.33	-1.42
113～114 (2101～2102)	-646	-32	-330	-284	-1.29	-0.63	-1.33	-1.41
114～115 (2102～2103)	-634	-31	-324	-279	-1.28	-0.61	-1.32	-1.41
115～116 (2103～2104)	-622	-30	-318	-274	-1.27	-0.59	-1.31	-1.40
116～117 (2104～2105)	-610	-30	-311	-270	-1.27	-0.59	-1.30	-1.40
117～118 (2105～2106)	-598	-29	-303	-266	-1.26	-0.59	-1.29	-1.40
118～119 (2106～2107)	-587	-29	-295	-262	-1.25	-0.59	-1.27	-1.40
119～120 (2107～2108)	-575	-30	-286	-259	-1.24	-0.60	-1.25	-1.40
120～121 (2108～2109)	-563	-30	-277	-255	-1.23	-0.61	-1.22	-1.40
121～122 (2109～2110)	-551	-30	-268	-253	-1.22	-0.62	-1.19	-1.41

10月1日～9月30日の期間について．

表D-7 総人口，年齢3区分(0～14歳，15～64歳，65歳以上)別人口の増加数及び増加率(5年)
　　　：出生中位～人口置換水準到達（死亡中位）推計

期　間	人口増加数（1,000人）				年平均増加率（％）			
	総　数	0～14歳	15～64歳	65歳以上	総　数	0～14歳	15～64歳	65歳以上
平成22～27（2010～2015）	-1,460	-1,012	-4,916	4,468	-0.23	-1.23	-1.23	2.86
27～32（2015～2020）	-2,497	-1,259	-3,410	2,172	-0.40	-1.64	-0.90	1.25
32～37（2020～2025）	-3,441	-1,328	-2,563	450	-0.56	-1.89	-0.71	0.25
37～42（2025～2030）	-4,041	-1,202	-3,115	276	-0.68	-1.89	-0.90	0.15
42～47（2030～2035）	-4,494	-752	-4,300	558	-0.78	-1.28	-1.30	0.30
47～52（2035～2040）	-4,848	-555	-5,564	1,271	-0.88	-1.00	-1.82	0.67
52～57（2040～2045）	-5,065	-616	-4,335	-114	-0.96	-1.18	-1.55	-0.06
57～62（2045～2050）	-5,135	-729	-3,518	-888	-1.03	-1.48	-1.35	-0.46
62～67（2050～2055）	-5,142	-773	-2,950	-1,419	-1.08	-1.70	-1.21	-0.76
67～72（2055～2060）	-5,197	-702	-2,880	-1,615	-1.16	-1.69	-1.26	-0.91

10月1日～9月30日の期間について．平成22(2010)年は，総務省統計局『平成22年国勢調査による基準人口』(国籍・年齢「不詳人口」をあん分補正した人口)による．

表D-7 総人口, 年齢3区分(0〜14歳, 15〜64歳, 65歳以上)別人口の増加数及び増加率(5年)
：出生中位〜人口置換水準到達（死亡中位）推計（つづき）

期　間	人口増加数 (1,000人)				年平均増加率 （%）			
	総　数	0〜14歳	15〜64歳	65歳以上	総　数	0〜14歳	15〜64歳	65歳以上
平成72〜77 (2060〜2065)	-5,358	-534	-3,051	-1,773	-1.27	-1.39	-1.42	-1.05
77〜82 (2065〜2070)	-5,386	-379	-2,967	-2,040	-1.36	-1.05	-1.49	-1.27
82〜87 (2070〜2075)	-5,114	-314	-2,836	-1,964	-1.38	-0.92	-1.53	-1.31
87〜92 (2075〜2080)	-4,682	-334	-2,635	-1,713	-1.36	-1.02	-1.54	-1.22
92〜97 (2080〜2085)	-4,281	-364	-2,123	-1,794	-1.33	-1.17	-1.33	-1.36
97〜102 (2085〜2090)	-3,974	-344	-1,840	-1,790	-1.32	-1.18	-1.23	-1.45
102〜107 (2090〜2095)	-3,717	-277	-1,778	-1,661	-1.32	-1.00	-1.27	-1.45
107〜112 (2095〜2100)	-3,454	-202	-1,731	-1,521	-1.31	-0.77	-1.32	-1.43
112〜117 (2100〜2105)	-3,170	-156	-1,618	-1,395	-1.28	-0.61	-1.32	-1.41
117〜122 (2105〜2110)	-2,873	-149	-1,430	-1,294	-1.24	-0.60	-1.24	-1.40

10月1日〜9月30日の期間について．

表D-8 出生，死亡及び自然増加の実数ならびに率：出生中位～人口置換水準到達（死亡中位）推計

年次	実数（1,000人）			率（人口1,000対）		
	出生	死亡	自然増加	出生	死亡	自然増加
平成 23 (2011)	1,059	1,264	-204	8.3	9.9	-1.6
24 (2012)	1,018	1,232	-214	8.0	9.7	-1.7
25 (2013)	1,007	1,258	-251	7.9	9.9	-2.0
26 (2014)	980	1,285	-305	7.7	10.1	-2.4
27 (2015)	952	1,311	-359	7.5	10.4	-2.8
28 (2016)	925	1,337	-413	7.3	10.6	-3.3
29 (2017)	899	1,363	-464	7.1	10.8	-3.7
30 (2018)	875	1,388	-513	7.0	11.1	-4.1
31 (2019)	854	1,412	-558	6.9	11.3	-4.5
32 (2020)	836	1,435	-599	6.7	11.6	-4.8
33 (2021)	821	1,458	-637	6.6	11.8	-5.2
34 (2022)	808	1,479	-671	6.6	12.0	-5.5
35 (2023)	797	1,499	-703	6.5	12.3	-5.8
36 (2024)	788	1,519	-731	6.5	12.5	-6.0
37 (2025)	780	1,537	-756	6.5	12.7	-6.3
38 (2026)	774	1,554	-780	6.5	13.0	-6.5
39 (2027)	768	1,569	-802	6.4	13.2	-6.7
40 (2028)	761	1,584	-823	6.4	13.4	-7.0
41 (2029)	755	1,598	-843	6.4	13.6	-7.2
42 (2030)	749	1,610	-862	6.4	13.8	-7.4
43 (2031)	742	1,622	-880	6.4	14.0	-7.6
44 (2032)	735	1,632	-897	6.4	14.2	-7.8
45 (2033)	728	1,641	-914	6.4	14.4	-8.0
46 (2034)	720	1,649	-929	6.4	14.6	-8.2
47 (2035)	712	1,656	-944	6.4	14.8	-8.4
48 (2036)	704	1,661	-958	6.3	14.9	-8.6
49 (2037)	695	1,665	-970	6.3	15.1	-8.8
50 (2038)	686	1,668	-982	6.3	15.3	-9.0
51 (2039)	677	1,669	-993	6.2	15.4	-9.2
52 (2040)	667	1,669	-1,002	6.2	15.6	-9.3
53 (2041)	657	1,667	-1,010	6.2	15.7	-9.5
54 (2042)	646	1,663	-1,017	6.1	15.8	-9.7
55 (2043)	635	1,657	-1,022	6.1	15.9	-9.8
56 (2044)	624	1,650	-1,027	6.0	16.0	-9.9
57 (2045)	612	1,642	-1,030	6.0	16.1	-10.1
58 (2046)	601	1,633	-1,032	5.9	16.1	-10.2
59 (2047)	589	1,622	-1,033	5.9	16.2	-10.3
60 (2048)	578	1,612	-1,034	5.8	16.3	-10.4
61 (2049)	567	1,601	-1,034	5.8	16.3	-10.5
62 (2050)	557	1,590	-1,034	5.7	16.4	-10.6
63 (2051)	546	1,580	-1,034	5.7	16.5	-10.8
64 (2052)	537	1,571	-1,034	5.7	16.5	-10.9
65 (2053)	528	1,563	-1,035	5.6	16.6	-11.0
66 (2054)	520	1,556	-1,036	5.6	16.7	-11.1
67 (2055)	512	1,550	-1,038	5.6	16.9	-11.3
68 (2056)	505	1,546	-1,040	5.6	17.0	-11.4
69 (2057)	499	1,542	-1,043	5.6	17.2	-11.6
70 (2058)	493	1,540	-1,047	5.5	17.3	-11.8
71 (2059)	487	1,538	-1,051	5.5	17.5	-12.0
72 (2060)	482	1,536	-1,054	5.6	17.7	-12.2

日本における外国人を含む．

表D-8 出生，死亡及び自然増加の実数ならびに率：出生中位～人口置換水準到達（死亡中位）推計（つづき）

年次	実数（1,000人）			率（人口1,000対）		
	出生	死亡	自然増加	出生	死亡	自然増加
平成 73 (2061)	478	1,543	−1,065	5.6	18.0	−12.4
74 (2062)	475	1,549	−1,074	5.6	18.3	−12.7
75 (2063)	472	1,553	−1,082	5.6	18.6	−12.9
76 (2064)	468	1,555	−1,087	5.7	18.9	−13.2
77 (2065)	465	1,555	−1,090	5.7	19.1	−13.4
78 (2066)	461	1,552	−1,091	5.7	19.3	−13.6
79 (2067)	457	1,546	−1,088	5.8	19.5	−13.7
80 (2068)	453	1,537	−1,084	5.8	19.7	−13.9
81 (2069)	449	1,525	−1,076	5.8	19.8	−14.0
82 (2070)	444	1,511	−1,066	5.8	19.9	−14.0
83 (2071)	440	1,494	−1,054	5.9	19.9	−14.1
84 (2072)	435	1,475	−1,040	5.9	20.0	−14.1
85 (2073)	430	1,454	−1,025	5.9	20.0	−14.1
86 (2074)	424	1,432	−1,008	5.9	19.9	−14.0
87 (2075)	419	1,409	−990	5.9	19.9	−14.0
88 (2076)	414	1,386	−972	5.9	19.8	−13.9
89 (2077)	409	1,362	−954	5.9	19.8	−13.8
90 (2078)	403	1,339	−936	5.9	19.7	−13.8
91 (2079)	398	1,316	−918	5.9	19.6	−13.7
92 (2080)	393	1,294	−901	5.9	19.5	−13.6
93 (2081)	388	1,273	−885	5.9	19.5	−13.6
94 (2082)	383	1,253	−870	5.9	19.4	−13.5
95 (2083)	379	1,234	−856	6.0	19.4	−13.5
96 (2084)	374	1,217	−842	6.0	19.4	−13.4
97 (2085)	370	1,200	−830	6.0	19.4	−13.4
98 (2086)	367	1,185	−818	6.0	19.4	−13.4
99 (2087)	363	1,170	−807	6.0	19.4	−13.4
100 (2088)	360	1,156	−796	6.0	19.4	−13.4
101 (2089)	357	1,142	−785	6.1	19.5	−13.4
102 (2090)	354	1,129	−775	6.1	19.5	−13.4
103 (2091)	352	1,117	−765	6.2	19.5	−13.4
104 (2092)	350	1,105	−755	6.2	19.6	−13.4
105 (2093)	348	1,093	−745	6.2	19.6	−13.4
106 (2094)	346	1,080	−735	6.3	19.7	−13.4
107 (2095)	344	1,068	−724	6.3	19.7	−13.4
108 (2096)	342	1,056	−714	6.4	19.7	−13.3
109 (2097)	340	1,043	−703	6.4	19.8	−13.3
110 (2098)	338	1,031	−692	6.5	19.8	−13.3
111 (2099)	337	1,018	−681	6.5	19.8	−13.2
112 (2100)	335	1,004	−670	6.6	19.8	−13.2
113 (2101)	333	991	−658	6.6	19.8	−13.1
114 (2102)	331	977	−646	6.7	19.8	−13.1
115 (2103)	329	963	−635	6.7	19.7	−13.0
116 (2104)	327	949	−623	6.8	19.7	−12.9
117 (2105)	324	935	−611	6.8	19.6	−12.8
118 (2106)	322	921	−599	6.9	19.6	−12.7
119 (2107)	320	907	−587	6.9	19.5	−12.6
120 (2108)	317	892	−575	6.9	19.5	−12.5
121 (2109)	315	878	−563	7.0	19.4	−12.4
122 (2110)	313	864	−551	7.0	19.3	−12.3

日本における外国人を含む．

平成 25 年 2 月 25 日　発行	定価は表紙に表示してあります。

日本の将来推計人口

―平成24年1月推計の解説および参考推計（条件付推計）―

編　集　国立社会保障・人口問題研究所
　　　　〒100-0011　東京都千代田区内幸町2－2－3
　　　　　　　　　　日比谷国際ビル6階
　　　　☎ 03(3595)2984

発　行　一般財団法人　厚生労働統計協会
　　　　〒106-0032　東京都港区六本木5－13－14
　　　　☎ 03(3586)3361　http://www.hws-kyokai.or.jp/

印　刷　大和綜合印刷株式会社

乱丁、落丁本は交換します。